治安管理处罚法实用教程

主　编　岳光辉

副主编　刘　轶　陈　韶

曹春艳　雷新明

撰稿人　（以姓氏笔画为序）

申剑锋　刘　轶　李　胜

杨纪恩　陈　韶　陈俊豪

岳光辉　周灵方　曹春艳

黄　曦　雷新明

中国人民公安大学出版社

·北京·

图书在版编目（CIP）数据

治安管理处罚法实用教程/岳光辉主编.—北京：中国人民公安大学出版社，2005.11

ISBN 978-7-81109-260-8

Ⅰ.治... Ⅱ.岳... Ⅲ.治安管理处罚法—中国—教材 Ⅳ.D922.144

中国版本图书馆 CIP 数据核字（2005）第 131238 号

治安管理处罚法实用教程

ZHIAN GUANLI CHUFAFA SHIYONG JIAOCHENG

岳光辉 主编

出版发行：中国人民公安大学出版社
地　　址：北京市西城区木樨地南里
邮政编码：100038
经　　销：新华书店
印　　刷：北京泰锐印刷有限责任公司

版　　次：2005 年 11 月第 1 版
印　　次：2021 年 1 月第 19 次
印　　张：12.125
开　　本：850 毫米×1168 毫米　1/32
字　　数：304 千字

ISBN 978-7-81109-260-8/D·253
定　　价：37.00 元

本社图书出现印装质量问题，由发行部负责调换

联系电话：(010) 83903254

E-mail：cpep@public.bta.net.cn

www.phcppsu.com.cn　　www.porclub.com.cn

前　言

2005年8月28日中华人民共和国第十届全国人民代表大会常务委员会第十七次会议通过了《中华人民共和国治安管理处罚法》，并将于2006年3月1日起施行。该法总结了1986年9月5日全国人大常委会通过的《中华人民共和国治安管理处罚条例》近20年与违反治安管理行为作斗争的经验，为了适应社会政治、经济及治安形势的发展变化的需要，在治安管理处罚条例的基础上进行了全面修订。修改的内容主要有以下几个方面：第一，明确规定了治安管理处罚法的基本原则。第二，明确了各级人民政府在社会治安综合治理中的职责。第三，完善了受保护的主体。第四，增加了应受处罚的违反治安管理行为。第五，适当提高了罚款的数额，缩小了治安拘留与罚款处罚自由裁量的幅度。第六，进一步完善了处罚的程序。

这部法律既是公安机关维护社会治安秩序，保障公共安全，保护公民、法人和其他组织合法权利的法律武器，是规范公安机关及其公安民警依法履行治安管理职责的重要法律，也是公民、法人和其他组织约束自身行为，保护自己合法权益的重要法律规范。这部法律的颁布实施，对于加强治安管理、促进社会和谐、维护社会稳定具有重要作用。

为了大力宣传、贯彻治安管理处罚法，我们编写了《治安管理处罚法实用教程》。在编写过程中，主要参考了自始至终参与起草、制定治安管理处罚法的公安部法制局局长柯良栋、治安局副局长吴明山主编并由中国人民公安大学出版社2005年9月出版的《治安管理处罚法释义与实务指南》一书，特别是在违反治安管理行为的定性方面，更是与该书保持了一致，同时，吸收和借鉴了相关教材、著作中的不少观点。在此，谨向有关领导和编著者表示衷心的感谢。

本教材立足于理论联系实际，主要结合了《中华人民共和国治安管理处罚法》、《中华人民共和国行政处罚法》、《中华人民共和国行政复议法》等有关法律和公安部发布的《公安机关办理行政案件程序规定》的有关规定。为了便于广大读者学习，本教材在体例上力求与治安管理处罚法保持一致，既具有理论性和系统性，更具有可操作性和实战性。因此，本教材不仅可以作为公安院校学生和在职民警培训教材使用，也可以作为公安民警自学时的参考书籍，还可以适用于广大公民学习。

参与本教材编写人员的具体分工如下：

雷新明：第一章

杨纪恩：第二章

申剑锋：第三章

黄　曦：第四章

周灵方：第五章　第六章

陈　韶：第七章　第九章

岳光辉：第八章　第十章　第十一章

刘　轶：第十二章　第十五章

李　胜：第十三章

曹春艳：第十四章

陈俊豪：第十六章

公安机关办理治安行政案件流程图、治安管理处罚种类搭配表由雷新明老师制作。由于水平有限，时间仓促，书中难免有疏漏和不妥之处，敬请读者批评指正。

岳光辉

2005年10月

目　录

第一章 概 述

第一节 《中华人民共和国治安管理处罚法》的产生

一、修订《中华人民共和国治安管理处罚条例》的必要性

1986年9月5日第六届全国人民代表大会常务委员会第十七次会议通过的《中华人民共和国治安管理处罚条例》是我国公安机关处理治安案件的基本法律依据，在维护社会治安秩序、保障公共安全、保护公民合法权益等方面发挥了重要作用。它的实施，对于我国行政法制建设和行政法学研究的发展和繁荣有着不可低估的作用。但是，随着我国社会经济的飞速发展，社会治安涌现出诸多新情况、新问题，给社会治安管理带来了严峻挑战，治安管理处罚条例已经不能满足现实需要。公安机关的治安管理工作日益复杂艰巨，正确理顺公安机关职责和职能，已成为当务之急。同时，自治安管理处罚条例颁布实施以来，我国法制建设迅速发展，治安管理处罚条例与相继制定和颁布实施的《中华人民共和国刑法》、《中华人民共和国行政处罚法》、《中华人民共和国行政复议法》、《中华人民共和国行政诉讼法》和《中华人民共和国道路交通安全法》等法律产生了不一致、不协调、不衔接甚至相互抵触的现象，为了从立法源头上从而保持法制的统一与协调，修订治安管理处罚条例已迫在眉睫。

第一，修订治安管理处罚条例，是社会治安形势发展的需

要。自从治安管理处罚条例实施以来，我国社会发生了广泛而深刻的变化，治安管理的领域不断拓展，治安管理的客体也随之出现了很多新内容，一些治安管理领域内明显具有社会危害性的行为和活动，治安管理处罚条例无法对其进行遏制，并且，治安管理处罚条例中的有些规定已不适合形势发展的需要。为维护社会治安秩序，保障公共安全，保护公民、法人和其他组织的合法权益，必须将那些明显具有社会危害性的行为纳入法的调整范围，将一些不该调整的内容清理出去。治安管理处罚条例的修订，正是对社会发展的回应。

第二，修订治安管理处罚条例，是保护公民、法人和其他组织合法权利的需要。一方面，随着我国经济的发展，人们的生活水平已经得到了大幅度提高，治安管理处罚条例规定对违反治安管理行为人的罚款数额明显偏低，不能有效地遏制违反治安管理行为，不利于保护公民、法人和其他组织的合法权益；另一方面，治安管理处罚条例对违反治安管理行为的处罚幅度太宽，自由裁量度过大，容易被公安机关滥用。因此，有必要加大罚款数额，细分罚款和行政拘留的处罚幅度，增加处罚形式，丰富公安机关对治安管理处置措施，加强对公安机关及其执法人员的执法监督，以切实保护公民、法人和其他组织的合法权益。

第三，修订治安管理处罚条例，是程序正义的需要。随着法治建设的不断深入，重实体轻程序观念的纠正，程序正义的理念不断深入人心，治安管理处罚条例对办理治安案件的程序规定过于简单而粗浅，对办理治安案件的有关规定很不全面，需要对其进行充实和完善，以更好规范公安机关的执法活动，维护人民群众的合法权益。

第四，修订治安管理处罚条例，是保障人权、建设社会主义和谐社会的需要。中华人民共和国成立后，人权事业在不断的发展，人民的人权意识、人权理念在不断增强。我国政府自 1980

年起先后签署、批准并加入了19个国际人权公约。《中华人民共和国宪法》也明确规定“国家尊重和保护人权”。把应有人权转化成实有人权，需要通过法律的确认和保障。因此，修订治安管理处罚条例，既是国际人权发展的需要和我国宪法的基本要求，也是建设社会主义和谐社会的必要要求。

第五，修订治安管理处罚条例，是法制协调发展的需要。法制协调发展的内容包括法制系统内部与外部的协调发展、法制系统内部之间的协调发展。法制系统外部环境包括经济、政治、文化、道德等多个方面。为了实现法制系统内部之间的协调发展，实现与刑法、行政处罚法、行政复议法和行政诉讼法等相关法律的衔接，需要对治安管理处罚条例的有关内容进行修正、增加和废止。吸收相应的法律、法规、规章的内容，删除一些已明显不必加以规范的内容，将一些不属治安管理处罚法调整的内容交由其他法律、法规调整，以实现法律体系的完整性和统一性。

二、修订治安管理处罚条例的指导思想

第一，适应社会治安形势发展的需要，补充完善治安管理处罚制度，严厉打击和惩治危害社会治安违法行为，为加强社会治安管理提供有力的法律武器。

第二，处理好治安管理处罚的法律与刑法、行政处罚法以及其他有关法律的衔接，维护法制统一，防止以罚代刑。

第三，在保证违反治安管理行为受到必要惩处的同时，规范警察权的行使，保护公民、法人和其他组织的合法权益不受侵犯。

三、制定治安管理处罚法的目的

立法目的是指制定法律所要实现的总体目标，是立法者希望通过立法所要达到或追求的一种社会效果。治安管理处罚法第1

条对治安管理处罚法的立法目的进行了明确规定。

(一) 维护社会治安秩序，保障公共安全

无秩序，则无自由；有秩序，并不等于有自由。在封建专制社会，有秩序，但无自由，因为这种秩序是以牺牲民众的自由为代价，满足封建专制统治的秩序。一个治安秩序没有保障的社会，一个公共安全无法实现的社会，人们的自由和幸福就无从谈起。只有到了社会主义社会，这种秩序与自由才是一致的。因此，在我们人民当家做主的国家，维护社会治安秩序，保障公共安全，才能使人们实现最大限度的自由。

(二) 保护公民、法人和其他组织的合法权益

保护公民、法人和其他组织的合法权益，包括两个方面：其一，对违反治安管理行为进行处罚，就是保护了公民、法人和其他组织的合法权益。只有通过对违反治安管理行为的处罚，才能使违法行为及时得到遏制，并能震慑其他违反治安管理行为人，也才能保护其他公民、法人和其他组织的合法权益。其二，既要保护受侵害的公民、法人和其他组织的合法权益，也要在处罚违反治安管理行为的同时，保护违反治安管理行为人的合法权益。

(三) 规范和保障公安机关及其人民警察依法履行治安管理职责

公安机关及其人民警察在解决突出的社会矛盾特别是突出的治安问题时，国家只有相应地赋予其较大的处罚和强制性权力，才能保障公安机关及其人民警察依法履行治安管理职责。但是，权力愈大，对社会造成危害的可能性也愈大。因此，治安管理处罚法不但在程序上增加了许多规范权力行使的内容，而且专门设定了执法监督一章，以规范公安机关及其人民警察依法履行治安管理职责，保障其权力正常行使。

四、治安管理处罚法对治安管理处罚条例的主要修改

从1986年颁布治安管理处罚条例到2005年制定治安管理处罚法，历经近20年。而这20年正是中华人民共和国成立以来，社会经济空前发展的最好时期。目前，我国改革开放正处在一个关键时期，为维护社会治安秩序，保持社会长期稳定，促进社会和谐发展，国家适时地对治安管理处罚条例进行修改，正是构建社会主义和谐社会的重要而正确的举措。

（一）总则部分的主要修改

1. 增加了基本原则。治安管理处罚的基本原则对于治安管理处罚的实施具有重要的指导作用。1986年通过的治安管理处罚条例仅在总则规定了“教育与处罚相结合”一个基本原则。1996年通过的行政处罚法，极大地丰富了治安管理处罚基本原则的内容。治安管理处罚法在总则部分进一步明确规定了以事实为根据、过罚相当、公开、公正、尊重和保护人权、教育与处罚相结合等六个基本原则。

2. 规定了政府在社会治安综合治理中的职责。社会治安问题，并不是简单的社会问题，而是各种社会矛盾交织在一起的综合反映。对待社会治安问题要运用系统论的观点，全面、深入地分析其产生的深层次原因，有针对性地采取有效措施。因此，治安管理处罚法规定各级人民政府应当加强社会治安综合治理，采取有效措施，化解社会矛盾，增进社会和谐，维护社会稳定。

3. 完善了受保护主体。受治安管理处罚条例保护的主体仅仅限于“公民”，这与当时的法人和其他组织不很发达有直接关系。但随着社会主义建设事业的发展和社会主义市场经济体制的建立与完善，法人和其他组织的数量明显增多，法人和其他组织的合法权益也应当受到保护。与此同时，法人和其他组织的违法情形也随之出现。治安管理处罚法把法人和其他组织纳入治安管

理范畴，并明确规定既保护公民的合法权益，也保护法人和其他组织的合法权益。

4. 理顺了行政责任和民事责任之间的关系，明确了治安管理权力对民事权利保护介入的深度。违反治安管理行为人在实施违反治安管理行为过程中，可能直接侵害了具体的对象，也可能没有侵害具体的对象。例如，殴打他人，它侵害了他人的人身权利，在承担行政责任的同时，还应当承担民事责任；而卖淫、嫖娼行为，本身并未侵害具体对象。根据《治安管理处罚法》第 8 条的规定，违反治安管理的行为对他人造成损害的，行为人或者其监护人应当依法承担民事责任。

《治安管理处罚法》第 9 条关于治安调解的规定，明确了治安管理权力对民事权利保护介入的深度。公安机关凡是给予违反治安管理行为人处罚的，不得就民事侵权进行处理。同时，公安机关对民事侵权调解处理的，也仅局限于因民间纠纷引起的情节较轻的违反治安管理行为。其目的在于使公安机关集中主要精力，维护社会治安秩序。民事赔偿问题属于民事法律调整的范畴，由公安机关处置，一方面牵扯公安机关的精力；另一方面，公安机关处理类似问题并不专业，处理难度大。

（二）分则部分的主要修改

1. 增加了章数和更改了部分章名。治安管理处罚条例除总则外，分则部分分为处罚的种类和运用、违反治安管理行为和处罚、裁决与执行三章。治安管理处罚法的分则在治安管理处罚条例分则的基础上增加了“执法监督”一章。同时，治安管理处罚法对治安管理处罚条例中“裁决与执行”章名更改为“决定与执行”，这种改变更科学、更合理，也更能与行政处罚法保持一致，体现了法律的统一性。

2. 在立法技术上，章下设节。治安管理处罚条例在立法体例上，章下没有分节，这与当时违反治安管理行为不多有关。现在，违反治安管理行为种类较多，章下设节，既便于扩大容纳量，也便于公安机关执法和人民群众学法。

3. 增加了行政处罚种类，提高了罚款处罚的幅度，减少了对罚款和行政拘留处罚的自由裁量幅度。治安管理处罚条例规定的治安管理处罚的种类只有警告、罚款、拘留三种。治安管理处罚法增加了吊销公安机关发放的许可证和对外国人附加适用的限期出境或者驱逐出境，并且还将拘留改为行政拘留，以与行政处罚法的规定保持一致。同时，治安管理处罚法将行政处罚法规定的“没收违法所得”、“没收非法财物”的处罚变更成了“追缴违法所得”、“收缴非法财物”的强制措施，以便于具体操作和运用。

治安管理处罚条例在实施过程中，我国社会发生了巨大变化，人们的生活水平已经有了明显提高，现正处在全面建设社会主义小康社会的重要战略时期。治安管理处罚条例规定的罚款幅度所体现的惩罚性，在遏制违反治安管理行为方面，已经显得软弱无力。因此，治安管理处罚法提高了罚款的幅度。

治安管理处罚条例规定的罚款和拘留的幅度很宽，在实际操作过程中，治安管理处罚的随意性太大，不便于正确实施治安管理处罚。治安管理处罚法将罚款细分成了六个档次，将行政拘留细分了三个档次。这样就可以避免治安管理处罚跨度过大，有利于公安机关正确行使自由裁量权。同时，对行政拘留合并执行的，规定了最高执行期限为20日。

4. 增加了治安管理强制措施的规定。公安机关在进行治安管理现场处置过程中，法律应赋予其必要的治安管理强制措施权，以提高行政效率，更好地维护公共秩序和社会秩序。根据《治安管理处罚法》的规定，公安机关在现场处置违反治安管理行为时，可以采取收缴、追缴、责令禁止进入特定场所、强行带离现场、责令疏散、取缔、扣押等治安管理强制措施。

5. 完善了处罚程序，取消了复议前置的原则规定和公安机关委托乡（镇）人民政府裁决治安案件的委托规定。治安管理处罚条例在治安管理处罚程序规定上比较简单。治安管理处罚法总结了实践经验，结合了当前的实际情况，对违反治安管理行为的调查、决定、执行和救济都规定了具体、细致的程序。对吊销许可证以及处2000元以上罚款的，规定了听证程序。

治安管理处罚条例规定了复议前置，即被裁决受治安管理处罚的人或者被侵害人不服公安机关或者乡（镇）人民政府裁决的，必须先向上一级公安机关申诉复议，不服上一级公安机关复议决定的，才能向人民法院提起诉讼。为了与行政处罚法保持一致，治安管理处罚法取消了复议前置，即被处罚人对治安管理处罚决定不服的，可以依法申请行政复议或者提起行政诉讼。同时，治安管理处罚法也取消了被侵害人对治安管理处罚决定不服申请复议和提起诉讼的法律救济措施。

当前公安机关的基层组织建设，已经广泛覆盖农村，同时从行政机关职能角度考虑，委托乡（镇）裁决治安案件的法律规定，与乡（镇）人民政府职能不相符合。因此，治安管理处罚法取消了委托乡（镇）人民政府裁决治安案件的规定。

6. 在治安管理处罚决定的执行方面进行了调整。治安管理处罚条例规定，对裁决拘留处罚的，原则上自动履行，只有在被处罚人无正当理由不履行行政拘留处罚的，公安机关才强制执行。治安管理处罚法结合行政拘留执行的实际，取消了行政拘留自动履行的方式，改为由公安机关直接送达拘留所执行。同时，治安管理处罚法还取消了治安管理处罚条例对被拘留人的伙食费用由自己负担的规定，治安管理处罚法实施后，被拘留人员的伙食费由国家财政负担。治安管理处罚条例规定，行为人无正当理由拒绝交纳罚款的，可以处15日以下拘留，治安管理处罚法则取消了这一规定，罚款的强制执行改为依照行政处罚法的规定执行。

五、治安管理处罚法的历史发展

治安管理处罚法的制定，以1957年10月22日颁布实施的第一部《中华人民共和国治安管理处罚条例》为标志。它制定后，经历了发展、停滞，也走过了恢复、再发展和完善时期。

(一) 创建、停滞阶段

中华人民共和国成立后，推翻了旧的社会制度，彻底废除了旧法统，并致力于社会主义法制建设。为了巩固和维护新生的中华人民共和国，1957年10月22日，第一届全国人民代表大会常务委员会第81次会议通过了《中华人民共和国治安管理处罚条例》，使得治安管理处罚立法优先于其他行政立法。有关治安管理处罚方面的法与新中国法制发展一样，也经历了曲折的发展过程。从1957年的治安管理处罚条例的创建和发展，到“文化大革命”“砸烂公、检、法”时期，该治安管理处罚条例处在停滞状态。

(二) 恢复、发展阶段

1978年党的十一届三中全会，为1957年的《治安管理处罚条例》继续实施提供了机会。1979年11月29日第五届全国人大常委会第12次会议通过的《关于中华人民共和国建国以来制定的法律、法令效力问题的决议》规定，从1954年9月20日第一届全国人民代表大会第1次会议制定中华人民共和国宪法以来，全国人民代表大会和全国人民代表大会常务委员会制定、批准的法律、法令，除了同第五届全国人民代表大会制定的宪法、法律和第五届全国人民代表大会常务委员会制定、批准的法令相抵触的以外，继续有效。1957年制定的治安管理处罚条例也得以恢复实施。

党的十一届三中全会后，党和国家的工作重心从“以阶级斗争为纲”转移到经济建设上来，国家的经济体制由计划经济发展到有计划的商品经济。1957年制定的治安管理处罚条例建立在计划经济上，面对改革开放后出现的社会治安管理的压力，已经不能满足社会治安管理工作的现实需要。1986年9月5日，第六届全国人大常务委员会第17次会议通过了新的《中华人民共和国治安管理处罚条例》，自1987年1月1日起实施。

（三）逐渐成熟与完善阶段

治安管理处罚条例颁布实施后，我国的法制建设又处在迅猛发展阶段。1989年制定了行政法领域具有里程碑意义的《中华人民共和国行政诉讼法》；1990年又制定了《行政复议条例》，建立起了行政系统内部监督、救济机制，1999年在此基础上制定了《中华人民共和国行政复议法》；1994年《中华人民共和国国家赔偿法》的出台标志着国家法律责任体系的进一步完善；1996年颁布的《中华人民共和国行政处罚法》则从规范行政权力及程序的角度揭开了行政程序立法的新篇章。治安管理处罚条例实施后，又出现了许多新的社会治安问题。例如，非法运输、买卖、存放、使用罂粟壳；利用会道门、封建迷信活动，扰乱社会秩序、危害公共利益、损害他人身体健康或者骗取财物等问题，需要对治安管理处罚条例进行完善。鉴于此，1994年5月12日第八届全国人大常务委员会第7次会议对治安管理处罚条例进行了个别修改。但随着经济社会的不断发展，治安管理处罚条例的有关违反治安管理的行为、处罚种类和幅度、处罚程序等方面的规定，已不适应新的社会治安形势的需要，如果通过个别修改或修正，又难以承载如此多的新内容，必须及时进行全面修订。

1997年8月，公安部会同有关部门全面启动了在治安管理处罚条例的基础上制定《中华人民共和国治安管理处罚法》的工作，于2002年4月将《中华人民共和国治安管理处罚法（送审稿)》报送国务院。国务院经过反复研究修改，形成了《中华人民共和国治安管理处罚法（草案)》（以下简称草案)，草案经2004年9月29日国务院第65次常务会议讨论通过，并作为议案提交全国人大常委会审议。2004年10月第十届全国人大常委会第12次会议对草案进行了首次审议。2005年6月第十届全国人大常委会第16次会议对草案进行了第二次审议。2005年8月28日第十届全国人大常委会第17次会议对草案进行了第3次审议，并获得通过。

第二节 治安管理处罚的法律依据

治安管理处罚的法律依据，是指公安机关给予违反治安管理行为人的处罚行为、处罚种类、处罚幅度所依据的法律规范，以及公安机关办理治安案件所适用程序的法律依据。

一、宪法

《宪法》第5条第3款、第4款、第5款规定：“一切法律、行政法规和地方性法规都不得同宪法相抵触。一切国家机关和武装力量、各政党和各社会团体、各企业事业组织都必须遵守宪法和法律。一切违反宪法和法律的行为，必须予以追究。任何组织或者个人都不得有超越宪法和法律的特权。”治安管理处罚法的创建，自始至终依据宪法，遵循宪法规定，特别是宪法规定的保护人权、保护私人合法财产、维护社会治安秩序等方面的规定。

二、法律

法律是国家最高国家权力机关制定的规范性文件，包括由全国人民代表大会制定的基本法律，如行政处罚法，也包括全国人民代表大会常务委员会制定的非基本法律。法律是治安管理处罚的主要依据。某些法律可能在整体上属于治安管理法；有的法律则仅有部分规范属于治安管理法。治安管理处罚的法律依据既包括治安管理处罚法、行政处罚法等，也包括治安管理处罚方面的单行法律，还包括附属于其他法律中的有关规定。例如，治安管理处罚法明确规定，办理治安案件程序，本法没有规定的，依据行政处罚法的规定。根据《中国人民银行法》第 43 条的规定，明知是伪造、变造的人民币而持有、使用，构成犯罪的，依法追究刑事责任；尚不够成犯罪的，由公安机关处 15 日以下拘留、1 万元以下罚款，这些规定，都是公安机关办理治安案件的基本依据。

三、行政法规和部门规章

行政法规是国务院根据宪法和法律制定的关于行政管理的规范性文件的总称，如 1999 年 7 月 1 日起施行的国务院颁布的《娱乐场所管理条例》。部门规章是指国务院各部委或直属机构制定的规范性文件的总称，其效力低于行政法规，如 1995 年公安部颁布实施的《典当业治安管理办法》。这些与治安管理处罚有关的行政法规、部门规章，是公安机关办理治安案件时，认定违反治安管理行为，决定处罚轻重的重要依据。

四、地方性法规、地方规章与自治条例、单行条例

地方性法规，是指省、自治区、直辖市的人民代表大会及其常务委员会，省、自治区、直辖市人民政府所在地的市和国务院批准的较大的市的人民代表大会及其常务委员会，在不与宪法、法律、行政法规相抵触的前提下，所制定的规范性文件的总称。地方规章，是指省、自治区、直辖市的人民政府，省、自治区、直辖市人民政府所在地的市人民政府和国务院批准的较大的市的人民政府根据法律、行政法规制定的规范性文件的总称。自治条

例和单行条例，是指民族区域自治地方的权力机关，依照宪法、民族区域自治法和其他法律规定的权限，结合当地的政治、经济和文化的特点，所制定的规范性文件。这些法规、规章对于治安管理处罚的实施起到了重要作用。

五、法律解释

法律解释，是指依法享有法律解释权的机关就法律规范在具体适用过程中，为进一步明确界限或进一步补充，以及如何运用所作的解释。根据1981年全国人大常委会通过的《关于加强法律解释工作的决议》规定的法律解释有：立法解释、行政解释、司法解释和地方解释，这些都是有权解释。同一法律规范制定主体，依法就该规范进行的解释与该法律规范具有同等的法律效力。这些解释常常涉及有关治安管理处罚的法律规范的适用问题，具有规范性，是治安管理处罚法的补充。例如，公安部于1987年发布的《关于执行〈治安管理处罚条例〉若干问题的解释》，它属于行政解释，也是治安管理处罚的法律依据。但是，对于公安部以通知、批复等形式发布的文件，不能笼统地认为具有对外的法律效力，如果它没有向社会公开发布，则只能规范公安机关内部办理治安案件的行为。

第三节 治安管理处罚法的法律效力

治安管理处罚法的效力，是指治安管理处罚法的约束力。治安管理处罚法的效力范围，就是治安管理处罚法的约束力范围，即在适用空间、时间两方面的效力范围。

一、治安管理处罚法的空间效力

治安管理处罚法的空间效力范围，是指治安管理处罚法在什么样的空间范围或地域范围有效，它要解决的是国家治安管理权的范围问题。《治安管理处罚法》第4条规定："在中华人民共和国领域内发生的违反治安管理行为，除法律有特别规定的外，适用本法。在中华人民共和国船舶和航空器内发生的违反治安管理行为，除法律有特别规定的外，适用本法。"从此规定看，我国治安管理处罚法仅规定了属地管辖原则。要正确适用该法，必须对"中华人民共和国领域"和"法律有特别规定"的含义进行正确理解。

中华人民共和国领域，是指我国国境以内的全部空间区域，包括领陆、领空、领水和领水的底土。我国对领土范围内的人、物和事件拥有排他的管辖权。根据国际公约，航行于公海或者停泊于外国港口的我国军用船舰、军用航空器或者悬挂中国国旗的其他船舶、航空器，主权属于国籍国。因此，中华人民共和国船舶和航空器也属于我国领土主权范围。中华人民共和国船舶和航空器，既可以是民用的，也可以是军用的；既可以是航行途中的，也可以是处于停泊状态的；既可以是航行或者停泊于我国领域内的，也可以是航行或者停泊于公海及公海上空的。

法律有特别规定，是指有除治安管理处罚法以外的法律对其有特别规定的，依照该特别法规定进行，而不适用治安管理处罚法。法律特别规定主要包括：

第一，享有外交特权和豁免权的外国人。1961年在联合国主持下订立的《维也纳外交关系公约》是关于外交特权和豁免权的基本法律文件，我国于1975年加入了该公约。根据1986年9月全国人大通过的《外交特权和豁免条例》第14条的规定，外交代表享有民事管辖豁免和行政管辖豁免。根据我国1990年10月通过的《领事特权和豁免条例》第14条的规定，领事官员和领馆行政技术人员执行职务的行为享有司法和行政管辖豁免。领事官员执行职务以外的行为的管辖豁免，按照中国与外国签订的双边条约、协定或者根据对等原则办理。对于这些享有外交特权和豁免权的外国人不受我国治安管理处罚法管辖。但这里要注意的是，享有外交特权和豁免权的有关人员承担着尊重我国法律、法规的义务，并不能任意违反治安管理。一旦发生此种情况，应当通过外交途径加以解决，诸如要求派遣国召回，宣布其为不受欢迎的人等。

第二，我国香港特别行政区和澳门特别行政区基本法作出的规定。由于我国政治历史原因，全国人民代表大会及其常务委员会通过的全国性法律的效力及于香港、澳门地区的非常有限，只有在中国香港、澳门特别行政区基本法附件三中列明的全国性法律，才能在香港、澳门地区实施。治安管理处罚条例未被列入基本法附件三，所以治安管理处罚法不适用于香港、澳门地区。我国台湾地区的政治状况及法律地位不同于香港、澳门，两岸统一的具体方式及进程还不能准确预测，但根据“一国两制”的基本构想，其未来的治安管理将仍然是独立的。这些情形属于对治安管理处罚法的属地管辖权的一种事实限制。

必须明确的是，在上述两种“法律有特别规定”的情形下，所谓不适用“本法”（《治安管理处罚法》），还包括不适用单行法、附属治安管理处罚规范等广义上的治安管理处罚法律范畴。

第三，治安管理处罚法施行后由国家立法机关制定的法律的规定。治安管理处罚法实施后国家立法机关对治安管理处罚法的修正案的规定以及制定的其他法律对治安管理处罚有规定的，应当按照“特别法优于普通法”的原则处理。此类情况，适用特别法。

第四，民族区域自治地方的权力机关依法制定的自治条例和单行条例。根据《宪法》和《立法法》的规定，民族区域自治地方的权力机关有权依法制定一些变通与补充的规定，但这些规定只能在该民族区域自治地方施行。

二、治安管理处罚法的时间效力

治安管理处罚法的时间效力，是指治安管理处罚法的生效时间、失效时间以及治安管理处罚法的溯及力问题。

(一) 生效时间

关于治安管理处罚法的生效时间，通常有两种规定方式：一是从公布之日起生效。例如，1957 年 10 月第一届全国人民代表大会常务委员会第 81 次会议通过的《中华人民共和国治安管理处罚条例》第 34 条规定："本条例自公布之日起施行。"二是从公布之后经过一段时间之后再施行。例如，1986 年 9 月第六届全国人民代表大会常务委员会第 17 次会议通过的《中华人民共和国治安管理处罚条例》第 45 条规定："本条例自 1987 年 1 月 1 日起施行……" 2005 年 8 月第十届全国人民代表大会常务委员会第 17 次会议通过的《中华人民共和国治安管理处罚法》第 119 条规定："本法自 2006 年 3 月 1 日起施行……"

(二) 失效时间

治安管理处罚法的失效时间也基本包括两种方式：一是由国家立法机关明确宣布某些法律失效。例如，2005 年 8 月第十届全国人民代表大会常务委员会第 17 次会议通过的《中华人民共和国治安管理处罚法》第 119 条规定："本法自 2006 年 3 月 1 日起施行。1986 年 9 月 5 日公布、1994 年 5 月 12 日修订公布的《中华人民共和国治安管理处罚条例》同时废止。"二是自然失效，即新法施行后代替了同类内容的旧法，或者由于原来特殊的立法条件已经消失，旧法自行废止。

(三) 治安管理处罚法的溯及力

治安管理处罚法的溯及力，是指治安管理处罚法生效后，对于其生效以前的违反治安管理行为未经治安调查或者尚未作出决定或者行为连续或继续到治安管理处罚法生效后的行为是否适用治安管理处罚法的问题。如果适用，就是有溯及力；如果不适用，就是没有溯及力。一般情况下，采用从旧兼从轻原则，即新法原则上没有溯及力，但新法处罚较轻的，则按照新法处理。

我国 1986 年通过的治安管理处罚条例对溯及力并无规定。1987 年 7 月公安部发布的《关于执行〈治安管理处罚条例〉若干问题的解释》明确了从旧兼从轻原则。《中华人民共和国立法法》第 84 条规定："法律、行政法规、地方性法规、自治条例和单行条例、规章不溯及既往，但为了更好地保护公民、法人和其他组织的权利和利益而作的特别规定除外。"治安管理处罚法原则上没有溯及力。但从法制实践来看，新法处罚较轻的应当适用新法。当然，处罚轻重应通过具体某种违反治安管理行为的法定处罚种类、幅度、并处与否进行判断。同种类的处罚，则通过法律规定的处罚幅度进行识别。一般情况下，限制人身自由的处罚重于罚款处罚，罚款处罚应重于警告处罚。

在实际操作中，要注意以下几种情况分别进行处理：

第一，当时的法律、法规、规章不认为是违反治安管理行为，而治安管理处罚法认为是违反治安管理行为的，适用当时的法律、法规、规章，即新法没有溯及力。但是，有些行为处在连续或继续状态，其行为终止在新法实施之后的，应当依照治安管理处罚法进行处理。

第二，当时的法律、法规、规章认为是违反治安管理行为，但治安管理处罚法不认为是违反治安管理行为的，应当依照治安管理处罚法处理，即认为其不属于违反治安管理行为。

第三，当时的法律、法规、规章和治安管理处罚法都认为是违反治安管理行为的，则依照从轻原则进行，即旧法处罚较轻的依旧法处罚，治安管理处罚法处罚较轻的依照治安管理处罚法处罚。但是，如其行为有连续或继续状态，且其行为终止在治安管理处罚法施行以后，则应当依照治安管理处罚法处罚。

第四，依照当时的法律、法规、规章已经作出了生效的处理决定的，该决定继续有效，对于未生效的决定，违反治安管理行为人是否提起复议或诉讼，都应当依照当时的法律、法规、规章进行处理。例如，依当时的法律、法规、规章作出决定后，违反治安管理行为人不服，不得未经复议直接提起诉讼。

第四节 治安管理处罚法的基本原则

治安管理处罚法的基本原则，是指指导和规范治安管理处罚法的立法、执法以及指导、规范治安案件查处、治安管理处罚的执行实施和行政争议的处理的基础性规范。它贯彻于治安管理处罚法的具体规范之中，同时它又高于治安管理处罚法的具体规范，体现治安管理处罚法的基本价值理念。《治安管理处罚法》第5条对治安管理处罚法的基本原则作出了明确的规定。

一、治安管理处罚法的实体性原则

（一）以事实为依据原则

以事实为依据，是指公安机关办理治安案件时，必须查明案件的真实情况，以客观存在的事实，作为治安管理处罚的依据。根据《行政处罚法》第4条的规定，设定和实施行政处罚必须以事实为依据。根据《治安管理处罚法》第5条的规定，治安管理处罚必须以事实为依据。

以事实为依据是治安管理处罚的基本原则，它贯穿于办理治安案件的受理、调查、决定和执行的全过程。首先，要求公安机关及其人民警察在办理案件时要树立尊重事实的思想观念，从客观公正的立场出发，按照事实的本来面目认识案件和处理案件。其次，要求公安机关及其办案民警在对案件进行调查时，要重证据，重调查研究，要全面收集证据，严禁刑讯逼供或者采用威胁、引诱、欺骗等非法手段收集证据，认真审查判断事实材料，不能偏听偏信、主观臆断，只调查行为人违法的一面，不调查核实行为人从轻、减轻或免予、不予处罚的事实材料。再次，对治安管理处罚案件进行决定时，要根据调查获得的事实材料进行全面分析，在事实的基础上作出公正评价。最后，治安管理处罚执行上，也要以事实为依据。例如，罚款的延期或分期缴纳，必须符合延期或分期缴纳的事实条件。

（二）尊重和保障人权原则

尊重和保障人权原则既是宪法的基本原则，也是治安管理处罚法贯彻宪法基本原则的生动体现。公安机关实施治安管理处罚，应当尊重和保障人权，保护公民的人格尊严，这既是依法行政的必然要求，又是“人民”公安的使命所在。治安管理处罚法以法律的形式明文规定尊重与保障人权，在治安管理处罚法的历史上尚属首次。

根据《治安管理处罚法》第5条第2款的规定，实施治安管理处罚，应当公开、公正，尊重和保障人权，保护公民的人格尊严。这一原则要求：第一，公安机关在实施治安管理处罚过程中，不仅要尊重和保障受侵害人的人权，也要尊重和保障违反治安管理行为人的人权，还要尊重和保障其他相关人的人权。这些都生动地体现了以人为本、保障人权的思想。不能以为违反治安管理行为人违法了，就可以降低对其人权的尊重和保障标准。第二，公安机关尊重与保障人权、保护公民人格尊严应当贯穿在实施治安管理处罚过程的始终。在治安案件查处的整个过程中，都必须始终不渝地尊重和保障人权，而不是仅局限于在调查、决定、执行的个别阶段或环节。

（三）过罚相当原则（比例原则）

过罚相当原则，又称之为比例原则。过罚相当，是指治安管理处罚应当与违反治安管理行为的性质、情节以及社会危害程度相当。简言之，就是重过重罚，轻过轻罚，罚当其过。治安管理处罚法规定的过罚相当原则，其具体含义有以下几个方面：

第一，治安管理处罚的立法在设定治安管理处罚的种类、规定违反治安管理行为及其对各种违反治安管理行为在处罚的配置上，应当根据其行为的性质确定其处罚的种类和处罚的幅度。不能对行为性质严重的，配置轻罚，对行为性质不严重的，配置重罚，这样就达不到惩戒作用。例如，如果侵犯财产权的处罚比侵犯人身权的处罚要重，这种“配罚”就不科学，也不合理。

第二，治安管理处罚在实施上，也应当坚持过罚相当原则。治安管理处罚法对不同种类的违反治安管理行为规定了不同的处罚种类和幅度，对同种违反治安管理行为，有的也规定了不同的处罚种类和处罚的幅度，在对违反治安管理行为人进行处罚时，就应当根据其违反治安管理行为的性质、情节和危害程度确定处罚种类和幅度。

第三，在决定处罚时，对于有从轻、减轻、不予处罚、从重处罚的情节，也要坚持过罚相当的原则，将其体现在处罚决定的内容上。例如，在同一违反治安管理行为中，对于情节相当且主动投案的，就不能与未主动投案的人作出相同的处罚。

二、治安管理处罚法的程序性原则

正当程序起源于英国古老的自然正义原则，该原则包括两个最基本的程序规则：第一，任何人或团体在行使权力可能使别人受到不利影响时必须听取对方意见，每一个人都有为自己辩护和防卫的权利。第二，任何人或团体不能作为自己案件的法官。20世纪中期以后，随着各国行政程序立法的发展，正当程序原则在世界许多国家得到确立和广泛适用。为了体现正当程序的精神，我国行政处罚法在此方面也规定了三个基本原则。

（一）公开原则

公开原则是指对违反治安管理行为处罚的法律依据要公开，公安机关在实施治安管理处罚过程中，除涉及国家秘密、商业秘密及个人隐私的外，必须向违反治安管理行为人和社会公开与行使职权有关的事项。公开原则，既是治安管理处罚法治精神贯穿于整个治安管理处罚程序的全过程，同时它又透过具体的法律条文融于每一个法律规范中。

第一，实施治安管理处罚的法律依据要依法公开。这里既包括法律制定活动应当公开，还包括法律依据在法定的公开刊物上公开发布。

第二，实施治安管理处罚行为要公开。这一要求有三个方面：其一，调查行为要公开。例如，根据《治安管理处罚法》第84条第1款的规定，询问笔录应当交被询问人核对。根据《治安管理处罚法》第85条第2款的规定，人民警察在公安机关以外询问被侵害人或者其他证人，应当出示工作证件。其二，处罚决定事前和事后要公开。例如，根据《治安管理处罚法》第94条第1款的规定，公安机关作出治安管理处罚决定前，应当告知违反治安管理行为人作出治安管理处罚的事实、理由及依据。在治安管理处罚决定作出后，应当依法将处罚决定书送达给被处罚人。

第三，听证要依法公开。对于吊销许可证或2000元以上的罚款，违法治安管理行为人要求听证的，除涉及国家秘密、商业秘密或者个人隐私的外，听证应当公开举行。

（二）公正原则

公正原则，是指公安机关行使职权的过程和结果可以为社会一般理性人所认同、接受。它的基本精神是要求公安机关及其人民警察平等对待不同身份、民族、性别和不同宗教信仰的违反治安管理行为人，要求公安机关及其人民警察没有私利，对相同性质和情节的违反治安管理行为给予相同的处罚，对不同性质和情节的违反治安管理行为给予不同的处罚。公正原则的具体要求有：第一，要求公安机关及其人民警察不得与案件有任何利害关系，以防止腐败和权力的滥用。第二，要充分保障被处罚人享有陈述、申辩、要求听证、提起复议、提起诉讼的权利，以便于被处罚人维护自己的合法权益，保证治安管理处罚的公正性。

（三）教育与处罚相结合原则

教育与处罚相结合原则的基本精神是：教育多数，处罚少数，区别对待；教育是目的，处罚是手段。办理治安案件应当坚持教育与处罚相结合的原则，要求公安机关及其人民警察在办理治安案件时要重在教育人们自觉遵守法律规范和自觉履行法律规定的义务。教育要贯穿于办理治安案件的全过程，而处罚仅是办理治安案件的结果。处罚仅适用于违反治安管理行为人，而教育既要教育违反治安管理行为人，同时又要教育群众自觉守法。

教育必须以处罚为后盾，教育不能代替处罚。教育与处罚相结合原则，要注意两者之间的辩证关系，处罚是手段，不是目的，目的是为了教育、改正违法行为。既不能一味地强调教育而忽视处罚，这样教育就显得苍白无力；也不能为了部门利益或本单位的利益，不讲教育只注重处罚，要把教育与处罚有机地结合起来。按照教育与处罚相结合的原则，在办理治安案件时，要充分发挥教育的作用，防止以处罚代替教育或重处罚轻教育，为处罚而处罚的简单化做法。通过治安管理处罚，达到既增强广大群众维护社会治安的积极性和主动性，又可以教育广大群众提高遵纪守法的自觉性的目的。

第五节 政府加强社会治安综合治理的职责

一、社会治安综合治理的概念

社会治安综合治理，是指在各级党委和政府的统一领导下，各部门协调一致，齐抓共管，依靠广大人民群众，运用政治的、经济的、行政的、法律的、文化的、教育的等多种手段，整治社会治安，打击犯罪和预防犯罪，保障社会稳定，为社会主义现代化建设和改革开放创造良好的社会环境。

构建和谐社会，维护社会稳定，除了要加强社会治安管理外，更需要各级政府采取社会治安综合治理措施。改革开放以来，我国社会治安稳定，经济持续快速增长，人民生活不断提高，其主要原因，就是始终不渝地坚持和加强社会治安的综合治理，为改革开放、经济发展提供了良好的社会治安环境。否则，我们的改革开放和社会主义现代化建设就难以顺利进行，也不可能出现今天的大好局面。因此，社会治安综合治理，是解决我国社会治安问题的最佳途径，是维护社会稳定，实现国家长治久安的必由之路。

二、社会治安综合治理的方针、任务和措施

（一）社会治安综合治理的方针

1981年6月，党中央在批转中央政法委召开的五大城市治安座谈会议纪要时，第一次正式明确了“社会治安综合治理”的方针。1992年2月19日，中共中央、国务院作出了《关于加强社会治安综合治理的决定》。1992年3月19日，全国人大常委会颁布了《关于加强社会治安综合治理的决定》，使开展社会治安

综合治理工作有了法律依据和法律武器。2001 年 1 月 15 日，党中央、国务院又制定下发了《关于进一步加强社会治安综合治理的意见》。社会治安综合治理的方针，是在党中央总结历史经验后明确提出，在中国特色社会主义理论指导下形成，并在实践“三个代表”重要思想中进一步发展的新时期建设中国特色社会主义国家社会治安工作的基本方针。社会治安综合治理坚持“打防结合，标本兼治”的方针。

（二）社会治安综合治理的任务

根据全国人大常委会颁布的《关于加强社会治安综合治理的决定》的规定，社会治安综合治理的任务是：

1. 打击各种危害社会的违法犯罪活动，依法严惩严重危害社会治安的刑事犯罪分子。

2. 采取各种措施，严密管理制度，加强治安防范工作，堵塞违法犯罪活动的漏洞。

3. 加强对全体公民特别是青少年的思想政治教育和法制教育，提高文化、道德素质，增强法制观念。

4. 鼓励群众自觉维护社会秩序，同违法犯罪行为作斗争。

5. 积极调解、疏导民间纠纷，缓解社会矛盾，消除不安定因素。

6. 加强对违法犯罪人员的教育、挽救、改造工作，妥善安置刑满释放和解除劳教的人员，减少重新违法犯罪。

（三）社会治安综合治理的措施

实行社会治安综合治理的方法和手段是多种多样的。但其主要的措施有以下几个方面：

第一，进一步提高对“打防结合，预防为主”方针重要性的认识，切实加强对治安防范工作的领导。打击违法犯罪活动，是社会治安综合治理的首要环节，是维护良好社会治安秩序的必要手段。要把加强治安防范，做好基础工作，作为解决社会治安问题，实现长治久安的一项战略任务来抓，切实加强对治安防范工作的领导，大力推动治安防范措施的落实。并做到始终如一，常抓不懈，务求实效。

第二，进一步健全和完善全社会齐抓共管的社会治安综合治理工作机制，各部门要密切配合，认真落实治安防范措施。治安防范是一项覆盖全社会的工作，涉及社会各个领域、各个部门和各个行业。做好治安防范工作，必须组织发动社会各方面的力量，各有关部门齐抓共管，才能奏效。

第三，充分发动群众，实行群防群治，推动治安防范工作社会化。开展基层安全创建活动，是发动群众参与社会治安综合治理、加强治安防范的有效载体。要大力加强居（村）委会、治保会、调委会建设，完善工作机制。城市新建的居民小区，要按照《居民委员会组织法》的要求，及时建立居委会、治保会、调委会等群众性自治组织，促进基层安全创建活动的深入开展和治安防范措施的落实。

第四，增强治安防范工作的实效。当前，我国流动人口中的违法犯罪、刑满释放和解除劳教人员的重新违法犯罪、青少年违法犯罪和吸毒人员违法犯罪是影响社会治安的突出问题。这四个群体都是犯罪率较高的群体。搞好治安防范必须做好这些人员的工作，加强对他们的教育、管理。

第五，加强政法、综合治理队伍建设，健全和完善责任机制，规范治安防范工作。政法、综治队伍是搞好治安防范工作的主力军。建设一支坚强有力的政法、综治队伍，是做好治安防范工作，落实治安防范措施的重要保证。进一步健全和完善责任机制，首先要严格实行社会治安综合治理领导责任制，要进一步规范各机关、团体、企事业单位、社会组织和公民个人的治安防范责任。

第六，严格执行责任制，确保社会治安综合治理各项措施的落实。建立健全各项工作中的规章制度，消除产生违法、犯罪的条件，堵塞工作漏洞，整顿管理秩序。

第七，加强法制和道德教育，进一步落实预防青少年违法犯罪的工作措施。加强青少年活动场所的建设与管理，查禁淫秽色情活动和各种非法出版物，消除黄赌毒等社会丑恶现象对青少年的不良影响，在全社会形成关心青少年健康成长、预防和减少违法犯罪的良好氛围。

三、政府在社会治安综合治理中的责任

政府在社会治安综合治理工作中，具有“龙头”的作用。政府在社会治安综合治理工作中，要采取有效措施，化解社会矛盾，增进社会和谐，维护社会稳定。政府在社会治安综合治理中的责任主要有：

(一) 维护社会稳定的政治责任

社会治安问题的形成，是社会各种矛盾相互作用的集中反映和表现。社会治安不仅是一个重大的社会问题，也是一个重大的政治问题，各级人民政府要切实负起维护社会稳定的政治责任。在改革、发展、稳定中，稳定是基础，没有稳定的社会环境，改革不可能深入进行，国家政治、经济、文化等事业也不可能得到发展。

(二) 社会治安综合治理的领导责任

鉴于社会治安在我国政治、社会生活中的重要地位以及其复杂性和艰巨性，维护社会治安的任务和责任，并不是哪个部门能够胜任的，这就要求各级人民政府要切实担当起社会治安综合治理的领导责任，领导政府各个部门对社会治安综合治理进行齐抓共管，领导广大群众同各种违法犯罪作斗争。

(三) 化解社会矛盾，建设中国特色社会主义和谐社会的责任

目前，我国改革进入到了攻坚阶段，维护社会稳定，增进社

会和谐至关重要。当前，我国各种关系基本协调，政局基本稳定，社会基本和谐。但是，应当清醒地看到，在基本协调、稳定、和谐的前提下，人民内部各类关系和矛盾出现了一些值得警惕的新问题，集中到一点就是，在经济持续增长、人民生活水平不断提高的情况下，人民内部一些关系与矛盾趋于复杂和紧张，存在某些不安定的隐患、不和谐的因素，影响社会协调健康发展。因此，各级人民政府要积极化解各种社会矛盾，切实履行增进社会和谐、建设社会主义和谐社会的责任。

四、公安机关在社会治安综合治理中应发挥的作用

公安机关在社会治安综合治理工作中，肩负着打击和预防违法犯罪的双重职能，是搞好治安防范工作的主力军。打击违法犯罪的目的是为了预防违法犯罪，预防违法犯罪则是为保护公民、法人或者其他组织的合法权益，切实保证宪法、法律的实施。公安机关在社会治安综合治理中应通过自己的职能发挥其作用。

（一）要当好党委和政府的参谋和助手

公安机关处在社会治安管理的第一线，能够及时了解社会治安动态，收集社会治安情况。要求公安机关不仅要随时向党委和政府报告情况，使党委和政府及时掌握社会治安动态，对公安工作耳聪目明，心中有数，而且还要发挥公安机关自身积极主动的精神，为党委和政府多出主意，多想办法，当好党委、政府的参谋和助手。必要时，公安机关可以提出几套方案，作为党委和政府制定决策和对策时的参考。

（二）充分发挥公安机关的职能作用，依法严惩各种违反治安管理行为和犯罪分子

我国公安机关是国家政权的重要组成部分，是具有武装性质的治安行政和刑事司法机关。我国正处在改革与发展的重要战略机遇期，首先要保证社会稳定，没有稳定的社会环境，改革发展

就无法进行，已经取得的成果也会受到破坏。因此，我们必须充分发挥公安机关的职能作用，依法处罚各种违反治安管理行为，严惩犯罪分子，以保障社会稳定，维护社会秩序，保护人民群众的生命财产。

（三）坚持“打防并举、标本兼治、重在治本”的原则

在公安工作中，要打防并举，不能重打轻防，也不能重防轻打。打是为了防，防是为了不打。因此，要坚持“标”和“本”同时治理，而重点在治本，这也是两点论与重点论的实践运用。

（四）配合有关部门搞好维护社会稳定的各项工作。

稳定工作，是全社会的共同责任。维护稳定也是国家机关、政府各部门的共同职责。国家各机关、政府各部门要积极主动肩负维护社会稳定的工作。但是，影响社会稳定的工作，除了通过说服教育和运用行政的、经济的、文化的等手段解决外，还必须借助于法律手段进行处置。对于因违反治安管理、刑事犯罪而影响社会稳定的，公安机关要积极主动地与有关部门配合，共同搞好社会稳定工作。

思考题：

1.《中华人民共和国治安管理处罚法》是如何产生的？

2. 公安机关进行治安管理处罚的法律依据有哪些？

3.《治安管理处罚法》第 4 条第 1 款规定：“在中华人民共和国领域内发生的违反治安管理行为，除法律有特别规定的外，适用本法。”你认为“除法律有特别规定的外”的法律主要应包括哪些？

4. 试述《治安管理处罚法》的基本原则。

5. 联系实际，浅谈政府在社会治安综合治理中的作用。

第二章　违反治安管理行为

第一节　违反治安管理行为的含义

一、违反治安管理行为的概念

《治安管理处罚法》第2条规定："扰乱公共秩序，妨害公共安全，侵犯人身权利、财产权利，妨害社会管理，具有社会危害性，依照《中华人民共和国刑法》的规定构成犯罪的，依法追究刑事责任；尚不够刑事处罚的，由公安机关依照本法给予治安管理处罚。"这一规定揭示了违反治安管理行为的本质特征和法律属性，澄清了违反治安管理行为与犯罪行为的区别，是正确理解和准确认定违反治安管理行为的基本依据。根据这一规定和其他治安管理法律、法规的有关规定，可以归纳出违反治安管理行为的概念：违反治安管理行为，是指行为人违反治安管理法律、法规，扰乱社会秩序，妨害公共安全，侵犯人身权利、财产权利，妨害社会管理，尚不构成刑事犯罪，依法应受到治安管理处罚的行为。

二、违反治安管理行为的特征

通过对违反治安管理行为的概念进行界定，可以看出它具有以下特征：

（一）具有社会危害性

社会危害性是违反治安管理行为的本质特征，任何违反治安管理行为都具有一定的社会危害性，不具有社会危害性的行为不是违反治安管理行为。违反治安管理行为的社会危害性主要体现在三个方面：一是违反治安管理行为必须是以作为或不作为的形式表现出来，任何违法动机没有表现为外在行动，都不构成违反治安管理行为。二是违反治安管理行为的社会危害性主要体现在扰乱社会秩序，妨害公共安全，侵犯人身权利、财产权利，妨害社会管理等方面，这几个方面概括了违反治安管理行为社会危害性的全部内容。三是违反治安管理行为的社会危害性必须已经造成或者可能造成危害结果。作为社会危害性表现形式的危害结果，可以是物质损害结果，也可以是非物质损害结果。假如某种行为根本没有也不可能造成危害结果，就不构成违反治安管理行为，也不应当给予治安管理处罚。

（二）具有治安行政违法性

违反治安管理行为是违反治安行政管理法律、法规的行为，即具有治安行政违法性的特征。治安行政违法性也是违反治安管理行为社会危害性在法律上的体现。治安管理法律、法规根据各种违法行为的社会危害程度，对违反治安管理行为作出了明确规定，这就使违反治安管理行为不仅具有社会危害性，而且具有治安行政违法性。社会危害性是治安行政违法性的基础，没有社会危害性就谈不上治安行政违法性。但并不是所有具有社会危害性的行为都是治安行政违法行为，仅仅具有社会危害性却没有违反治安行政法律、法规，也不构成违反治安管理行为。

（三）应受治安管理处罚性

应受治安管理处罚性，是由违反治安管理行为的社会危害性和治安行政违法性决定的。社会危害性是违反治安管理行为在质的方面的体现，应当受到治安管理处罚是对其社会危害程度在量的方面的要求，表明了行为的社会危害性达到了需要运用警察强制力给予治安管理处罚的程度。各种违反治安管理行为达到了法律、法规规定的质与量的统一，就构成违反治安管理行为，应当受到治安管理处罚。应受治安管理处罚，并不是说对所有的违反治安管理行为人都需要给予治安管理处罚，对具备某些特定条件的，则不予处罚。

违反治安管理行为应当受到治安管理处罚，包含两层意思：一是治安管理处罚是违反治安管理行为必须承担的法律责任，任何一种具有社会危害性并违反治安管理法律、法规的行为，只要被认定为违反治安管理行为，公安机关就应当受理并进行调查，依法决定治安管理处罚。二是治安管理处罚只适用于违反治安管理行为，不能适用于其他行为。

以上三个特征是违反治安管理行为必须具备的基本特征，三者紧密联系，缺一不可。其中，社会危害性是行政违法性和应受治安管理处罚性的基础，行政违法性是社会危害性在法律上的表现，应受治安管理处罚性是行政违法性的法律后果。判断某种行为是否构成违反治安管理行为，应同时从以上三个特征综合衡量。

第二节　违反治安管理行为的构成要件

违反治安管理行为的构成要件，是指治安管理法律、法规所规定的决定某一行为的社会危害性及其行为的危害程度，而为该行为构成违反治安管理行为所必要的一切主观要件和客观要件的总和。违反治安管理行为的构成要件是对违反治安管理行为概念的进一步说明，揭示了违反治安管理行为是如何构成的，违反治安管理行为需要具备哪些要件等问题。通过分析违反治安管理行为的构成要件，能够认定哪些行为是违反治安管理行为。虽然各种具体的违反治安管理行为的构成不一样，但它们都是由违反治安管理行为的客体、客观方面、主体和主观方面等四部分组成。

一、违反治安管理行为的客体

法律意义上的客体，通常是指主体的权利和义务所指向的对象。违反治安管理行为的客体，是指由治安管理法律规范所保护的，而被违反治安管理行为所侵害的社会关系。违反治安管理行为的客体是构成违反治安管理行为的必要要件之一，任何违反治安管理行为，无论其表现形式怎样，都侵害了法律所保护的社会关系，从而具有社会危害性，应当受到治安行政处罚。没有或者不可能侵害任何法律所保护的社会关系的行为，绝不可能构成违反治安管理行为。按照违反治安管理行为所侵害社会关系范围的不同，可以将违反治安管理行为的客体分为三个层次：一般客体、同类客体和直接客体。

（一）一般客体

一般客体，是指一切违反治安管理行为共同侵害的客体。一切违反治安管理行为共同侵害的客体是治安管理法律、法规所保护的，而被行为人所侵害的治安行政法律关系，这是一切违反治安管理行为的共同特征和本质属性。虽然治安管理法律、法规规定的违反治安管理行为种类很多，不同种类的违反治安管理行为侵害的具体的社会关系各不相同，但抽象概括后可以归纳为一个整体，即治安管理法律、法规所保护的而被行为人所侵害的治安行政法律关系，这是一切违反治安管理行为侵害的一般客体。

（二）同类客体

同类客体，是指某一类型的违反治安管理行为共同侵害的客体，即某一类的违反治安管理行为所侵害的具有共性的社会关系。按照不同的分类方式，违反治安管理行为划分的类别也不相同。治安管理处罚法将违反治安管理行为划分为扰乱公共秩序行为，妨害公共安全行为，侵犯人身权利、财产权利行为，妨害社会管理行为。这些行为侵害的同类客体分别为：社会的公共秩序，社会的公共安全，公民的人身权利、财产权利，社会管理秩序。当然，我们也可以结合其他治安管理法律、法规，按照治安管理业务范围的不同，划分为侵害公共复杂场所管理秩序、户口管理秩序、特种行业管理秩序、危险物品管理秩序等类型的违法行为，从而确定它们的同类客体。

（三）直接客体

直接客体，是指某一具体的违反治安管理行为直接侵害的客体，是法律规范所保护的社会关系的具体部分。具体的违反治安管理行为，侵害的是具体的社会关系。违反治安管理行为的直接客体揭示了具体违反治安管理行为所侵害社会关系的性质以及危害程度的轻重，明确直接客体有利于办案人员正确界定具体的违反治安管理行为，从而作出恰当的处罚决定。

违反治安管理行为的客体和对象不是同一个概念，二者既有联系又有区别。二者的联系主要体现在：违反治安管理行为的客体是一种社会关系，而违反治安管理行为的对象则是社会关系的主体或者物质体现。也可以说，违反治安管理行为的客体是对象的内在本质特征，而违反治安管理行为的对象则是客体的外在表现形式。违反治安管理行为人针对具体的对象实施危害行为，从而侵害违反治安管理行为的客体。

二者的主要区别体现在：一是违反治安管理行为的客体作为一种社会意识，是抽象的、无形的；而违反治安管理行为的对象是具体的人或者物，是客观实在的，可以感知的。二是违反治安管理行为的性质由客体决定，而不是由侵害的对象决定。同一对象存在的方式不同，反映的社会关系也不同。例如，同样是盗窃井盖，盗窃路面井盖是危害公共安全行为，盗窃库存的井盖则是盗窃行为。同样，不同的对象以相同的方式存在，又可以反映相同的社会关系。例如，《治安管理处罚法》第 30 条、第 31 条规定中涉及爆炸性、毒害性、放射性、腐蚀性等危险物质的违法行为，共同侵害的客体都是公共安全。

二、违反治安管理行为的客观方面

违反治安管理行为的客观方面，是指违反治安管理行为外在的表现形式，包括危害行为、危害结果、危害行为与危害结果之间的内在因果关系，以及实施违法行为的时间、地点、方法和手段等。在构成要件中居于核心地位的是危害行为，没有危害行为就不存在违反治安管理。而具体的危害行为都以特定的内容、性质、形式表现出来，都是在一定的时间、地点以一定的方式实施，多数情况下都造成了实际的危害后果。违反治安管理行为的客观方面可分为必要要件和选择要件。

（一）必要要件

必要要件是一切违反治安管理行为必须具备的客观条件，主要包括三个方面的内容：

1. 必须具有危害行为。这里的危害行为，是指行为人实施的，而治安管理法律、法规明令禁止的具有社会危害性的行为。治安管理法律、法规明令禁止的行为，客观表现形式多种多样，概括地讲，包括作为和不作为两种形式。作为，是指行为人为了达到某种目的积极实施治安管理法律、法规所禁止的行为。例如，公然侮辱他人、殴打他人、盗窃公私财物、组织播放淫秽音像等违反治安管理行为，都是以作为的形式出现，这种形式在违反治安管理行为当中占绝大多数。不作为，是指行为人消极地拒绝履行治安管理法律、法规规定的职责义务而构成违反治安管理的行为。例如，在车辆、行人通行的地方施工，对沟井坎穴不设覆盖物、防围和警示标志的；房屋出租人不按规定登记承租人姓名；未经许可，擅自经营按照国家规定需要由公安机关许可的行业等行为都是以不作为的形式出现。无论是作为还是不作为，都是行为人主观意识的外在体现，如果只有主观意愿而没有具体行动，就不构成违反治安管理行为。

2. 必须具有危害结果。危害结果，是指危害行为对治安管理法律、法规所保护的客体所造成的损害或可能造成的损害。治安管理法律、法规所保护的客体有物质性的，也有非物质性的，这就决定了违反治安管理行为的危害结果也有物质性和非物质性的区别，但无论哪种形式，都损害了国家治安管理法律、法规所保护的社会关系。

不同类型的违反治安管理行为，其危害社会结果的表现也不同。有的违反治安管理行为只要实施了治安管理法律、法规所禁止的行为，不管是否发生危害结果都应认定为违反治安管理行为，例如，擅自移动使用中的航空设施，强行进入航空器驾驶舱，未经批准安装使用电网等行为；有的违反治安管理行为必须有物质性危害结果发生，如盗窃、诈骗、哄抢、抢夺公私财物等行为；有的违反治安管理行为，法律虽然未明确规定危害后果，但应当是已造成实际危害后果的行为，例如，损毁铁路设施设备，故意损毁公私财物，毁弃他人邮件等行为；有的违反治安管理行为的危害结果是侵害公民名誉权、隐私权或者妨害社会管理秩序等非物质性的，例如，公然侮辱他人，偷窥、偷拍、窃听、散布他人隐私，卖淫、嫖娼，组织播放淫秽音像，以营利为目的为赌博提供条件，吸食注射毒品等行为。

3. 行为和结果必须具有因果关系。行为和结果之间的因果关系是指危害行为和危害结果之间存在一种内在的、必然的联系，二者不可分割，缺一不可。单独存在的危害行为和危害结果，都不能构成违反治安管理行为。要构成违反治安管理行为，则行为人的危害行为和危害结果之间要存在必然的因果关系，即行为人的危害行为是危害结果发生的原因，危害结果是由行为人的危害行为所引发和决定的。

(二) 选择要件

选择要件是指某些违反治安管理行为在客观方面必须具备的特殊要件，主要是指违反治安管理行为的时间、地点、方法和手段等。对于某些违反治安管理行为，除了具备一切违反治安管理行为客观方面都必须具备的危害行为和危害结果外，还必须具备法定的时间、地点、方法和手段等选择要件，否则就不构成违反治安管理行为。例如，旅馆业等单位的人员在公安机关查处黄、赌、毒活动时为违法犯罪行为人通风报信行为，在公共场所拉客招嫖行为，在公共场所停放尸体行为等，就有行为时间和地点的特殊要求。行为只有按照法律规定的时间、地点、方法和手段来实施，才可能构成违反治安管理行为。

三、违反治安管理行为的主体

主体是相对于客体而言，哲学上的主体是指有认识和实践能力的人。法律上的主体是指依法享有权利和承担义务的自然人和法人。违反治安管理行为的主体，则是指实施了治安行政法律、法规明令禁止的危害行为并应当受到治安管理处罚的人。研究违反治安管理行为的主体，目的在于确定具备什么条件的人实施了危害社会的行为才构成违反治安管理行为，应当受到治安管理处罚。根据《治安管理处罚法》的规定，违反治安管理行为的主体，既可以是自然人，也可是单位。

(一) 违反治安管理的自然人

自然人是法律专用名词，是指在民事上能享受权利和承担义务的公民。自然人作为违反治安管理行为的主体，必须符合以下条件：

1. 达到法定责任年龄。责任年龄，是指法律规定的行为人对自己违反治安管理行为应当承担法律责任所必须达到的年龄限度。达到责任年龄是对违反治安管理行为人实施治安管理处罚的必要条件，实施了违反治安管理行为的人，只有达到法定责任年龄的情况下，才构成违反治安管理行为的主体，才承担法律责任；反之，没有达到法定责任年龄的人，即使实施了危害社会的行为，也不应该受到治安管理处罚。

违反治安管理行为是行为人根据自己的判断作出的有意识的行为，这种意识主要表现在行为人对自己行为社会意义的认知、判断和控制，即责任能力。行为人的认知能力、判断能力和控制能力是随着年龄的增长而逐步提高的。《治安管理处罚法》第12条对违反治安管理行为的责任年龄作了明确划分："已满十四周岁不满十八周岁的违反治安管理的，从轻或者减轻处罚；不满十四周岁的人违反治安管理的，不予处罚，但是应当责令其监护人严加管教。"从中我们可以看出：

（1）未满14周岁的人处于免除法律责任的年龄阶段，违反治安管理不需承担法律责任，但其监护人应该履行监管职责，严加管教。

（2）已满14周岁不满18周岁的人处于减轻法律责任的年龄阶段，违反治安管理的，要承担部分法律责任，依法从轻或者减轻处罚。

（3）已满18周岁的人处于负完全法律责任的年龄阶段，违反治安管理的，要承担全部法律责任。

2. 具备责任能力。责任能力包括行为人自身的辨认能力和控制能力，辨认能力是指行为人辨别自己行为的性质、意义和后果的能力。控制能力是指行为人依照自己的意志来支配自己行动的能力。一般来说，只要达到法定的责任年龄，即视为具备了责任能力。但是，一部分达到法定责任年龄的人，由于精神疾病或生理缺陷而在一定条件下丧失了责任能力，他们违反治安管理不承担法律责任或只承担部分法律责任。《治安管理处罚法》第13条、第14条、第15条对三种特殊情况的责任能力作了规定。

（1）精神病人的责任能力。《治安管理处罚法》第13条规定："精神病人在不能辨认或者不能控制自己行为的时候违反治安管理的，不予处罚，但是应当责令其监护人严加看管和治疗。间歇性的精神病人在精神正常的时候违反治安管理的，应当给予处罚。"精神病人由于大脑功能紊乱，导致感觉、知觉、记忆、思维、感情、行为等方面处在异常状态。精神病人不具备责任能力的前提是不能辨认自己或者不能控制自己的行为。精神病人只有在这种前提下实施违反治安管理行为，才不承担法律责任，但是应当责令其监护人严加看管和治疗，以防其再次危害社会。如果精神病人虽然精神异常，但只是辨认能力或者行为自控能力较差，或者属于间歇性精神病人在精神正常的时候违反治安管理，都视为具备责任能力，构成违反治安管理的主体，应当受到处罚。

（2）盲人或又聋又哑的人的责任能力。《治安管理处罚法》第14条规定："盲人或者又聋又哑的人违反治安管理的，可以从轻、减轻或者不予处罚。"盲人是指双目失明，完全丧失视力的人，不包括视力极差或者单目完全丧失视力的人。又聋又哑的人是指聋哑兼备，完全丧失听力和言语表达能力的人。这两种人并没有完全丧失辨认或者控制自己行为的能力，但由于部分生理机能存在缺陷，丧失或者部分丧失感知外部事物的能力，导致其辨认事物、接受教育和行为自控的能力受到限制，属于限制责任能力的人。因此，盲人或又聋又哑的人实施违反治安管理的行为，可以从轻、减轻或者不予处罚。

（3）醉酒的人的责任能力。《治安管理处罚法》第15条第1款规定："醉酒的人违反治安管理的，应当给予处罚。"醉酒的人饮酒后出现神经麻醉，行为能力可能无法自控，但不属于无责任能力的人。从主观上来说，醉酒是行为人自我放纵不加节制的结果，不管是生理性醉酒还是病理性醉酒，行为人在饮酒前就应当预料到醉酒后可能实施危害社会行为的后果。另一方面，行为人醉酒后并没有完全丧失辨认或者控制自己行为的能力，只是自我的辨认或者控制能力相对减弱，所以，醉酒的人实施违反治安管理行为，应当承担完全的法律责任。

（二）违反治安管理的单位

单位违反治安管理是指机关、团体、企事业单位的主管人员、直接责任人违反治安管理法律、法规的规定，实施危害社会的行为，依法应当受到治安管理处罚。单位违反治安管理行为，只能是单位的主管人员或者直接责任人以单位的名义并为单位的利益，在其职务范围内实施的，或者是不履行其法定职责而违反治安管理的行为。如果行为人只是个人的行为或者只是借用单位名义牟取私利，或者实施违反治安管理行为超出其法定职责范围或者组织授权范围，应认定是个人违反治安管理行为。

四、违反治安管理的主观方面

违反治安管理的主观方面，是指违反治安管理行为人对自己实施危害社会行为的结果所抱的心理态度，即违反治安管理行为人的主观过错。其中，主观过错是一切违反治安管理行为构成必须具备的主观要件，至于是否发生了此种结果，以及是否以此种结果的发生为构成违反治安管理行为的要件，不影响对行为人的主观过错的认定。违反治安管理行为人具有主观过错是承担治安管理法律责任和应受到治安管理处罚的前提基础。主观过错的表现形式有两种：故意和过失。

（一）故意

违反治安管理行为的故意，是指行为人明知自己实施的行为会发生危害社会的结果，仍希望或放任这种结果发生的心理态度。在这样的心理态度下实施危害社会的行为就是故意违反治安管理行为。构成违反治安管理行为的故意，具有两种必备条件：

一是认识因素，即行为人在实施行为时就已经预料到自己的行为将会发生危害社会的结果，其中“将会发生”包含了必然发生和可能发生两种情形。行为人明知自己的行为必然或者可能发生危害社会的结果，是构成违反治安管理行为不可或缺的认识因素。二是意志因素，即行为对危害结果的发生所抱有希望或者放任的态度。希望和放任是违反治安管理故意的两种表现形式。行为人的认识因素和意志因素是构成违反治安管理行为故意的必要条件，只有同时具备这两个因素，才能构成故意违反治安管理行为。根据违反治安管理行为人认识因素和意志因素的不同，可以将故意分为直接故意和间接故意两种。

直接故意是指行为人明知自己的行为必然会发生某种危害社会的结果，仍希望这种结果发生的心理态度。希望危害结果的发生是行为人实施违反治安管理行为的直接目的，换言之，行为之所以要实施违反治安管理行为，其目的就在于追求某种危害社会的结果发生。

间接故意是指行为人明知自己的行为可能会发生危害结果，仍放任这种结果发生的心理态度。放任危害结果的发生，表明行为人实施违反治安管理行为的直接目的不是危害结果的发生，而是为了追求危害结果以外的目的，这种目的可能是危害社会的其他结果，也可能是不具有社会危害性的结果。正因为行为人是为了追求危害结果以外的目的，才导致其采取放任的态度，对危害结果不闻不问、听之任之。

（二）过失

违反治安管理行为的过失，是指行为人应当预见自己的行为可能发生危害社会的结果，由于疏忽大意而没有预见，或者已经预料到而轻信能够避免，导致发生危害结果的一种主观心理态度。违反治安管理行为的过失可分为疏忽大意的过失和过于自信的过失。

疏忽大意的过失，是指行为人应当预见自己的行为可能发生危害社会的结果，由于疏忽大意而没有预见，导致发生危害结果的主观心理态度。过于自信的过失，是指行为人已经预见到自己的行为可能发生危害社会的结果，但轻信能够避免，导致危害结果发生的主观心理态度。

正确区别违反治安管理行为的故意和过失，对于查处治安案件、正确定性处罚具有重要意义。治安管理法律、法规对各种违反治安管理行为在主观上的具体要求是不一样的，有些行为只能由故意构成，有些行为故意和过失均可构成，这就要求办案民警正确认识行为人的主观心理态度，准确判断行为人是故意还是过失，以便正确认定违反治安管理行为的主观过错，作出客观公正的处罚。

第三节 违反治安管理行为与相关行为的比较

一、违反治安管理行为与犯罪行为的比较

（一）违反治安管理行为与犯罪行为的联系

1. 二者的产生原因关联密切。违反治安管理行为与犯罪行为的产生，都是政治、经济、文化等方面消极因素共同作用的结果，在违反治安管理行为与犯罪行为的形成过程中，往往存在着很多种发展变化的可能性，但是由于某些消极因素处于主导地位，与其他各种条件互为因果关系，并且产生综合作用，可能构成违反治安管理行为，也可能转化为刑事犯罪。

2. 二者侵害的客体部分相同。二者侵害的客体都是法律、法规所保护的社会关系。治安管理处罚法等法律、法规规定的违反治安管理行为，很多都与犯罪行为侵犯的客体相同，例如，违

反危险物质管理规定的违反治安管理行为与制造、买卖、储存、运输、邮寄、携带、使用危险物质罪侵犯的客体都是公共安全，殴打他人、故意伤害他人与伤害罪侵犯的客体都是公民人身权利，阻碍执行公务行为与妨害公务罪侵犯的客体都是社会管理秩序等。

3. 二者的表现方式、作案手法相同或相近。例如，盗窃、诈骗、抢夺的违反治安管理行为与盗窃、诈骗、抢夺的犯罪行为，都是以非法占有公私财物为目的，采用秘密窃取、坑蒙拐骗、公开抢夺等手法作案。

（二）违反治安管理行为与犯罪行为的区别

1. 行为性质不同。违反治安管理行为和犯罪行为都对社会具有危害性，都是违反国家法律、法规的行为，但二者的性质截然不同。违反治安管理行为触犯的是治安行政法律、法规，属于行政违法行为；犯罪行为触犯的是刑事法律规范，属于刑事犯罪行为。

2. 社会危害程度不同。违法犯罪行为的危害程度，是指违法犯罪行为对我国法律、法规所保护的客体造成的损害程度，这种损害有物质性和非物质性之分，因此危害结果也可以表现为物质性和非物质性两种情况。物质性的结果通常根据财物的数量、重量、状态或者价值直接计量；非物质性的结果往往是抽象无形的，一般无法计量，但可以根据案件的全部事实和情节，来确定非物质性结果危害的严重程度。危害程度是否严重是区别违反治安管理行为与犯罪行为的重要标志。犯罪行为情节恶劣、手段残忍、侵财数额大、行为次数多、后果严重、具有较大的社会危害性；相比之下，违反治安管理行为情节较轻、侵财数额不大、行为次数不多、后果较轻、社会危害性较小。

3. 承担的法律责任不同。违反治安管理行为应当承担行政法律责任，依法受到治安管理处罚；犯罪行为应当承担刑事法律责任，依法受到刑事处罚。

此外，主体是否特定、对象是否特定、是否以此为业、是否为首要分子等，也是区别犯罪行为与违反治安管理行为的重要标志。

二、违反治安管理行为与民事违法行为的比较

（一）违反治安管理行为与民事违法行为的联系

民事违法行为是指民事主体违反民事法律、法规，应当承担民事法律责任的行为。违反治安管理行为与民事违法行为的联系主要体现在：对于因民间纠纷引起的打架斗殴或者损毁他人财物等违反治安管理行为，情节较轻且应承担民事法律责任的，公安机关可就赔偿损失、负担医疗费用等民事责任进行调解处理，当事人达成协议的，公安机关不予处罚。

（二）违反治安管理行为与民事违法行为的区别

1. 二者违反的法律规范不同。违反治安管理行为违反的是治安行政法律、法规，属于行政违法行为；民事违法行为违反的是民事法律、法规。治安行政法律、法规调整的是公安机关治安管理部门在履行职责过程中发生的执法机关与行政相对方之间的权利和义务关系；民事法律、法规调整的是公民与公民、公民与法人、法人与法人等平等主体之间的人身、财产、声誉等方面的社会关系。

2. 二者调整的社会关系不同。治安行政法律关系的双方法律地位是不对等的，其中执法机关处于强势地位，而行政相对人处于弱势地位；民事法律、法规调整的社会关系最显著的特点是，民事法律关系的参加人地位是平等的，他们作为平等的民事主体参加诉讼活动。

3. 二者承担的法律责任不同。违反治安管理行为人承担的法律责任，主要是治安行政处罚；民事违法行为承担民事法律

责任。

三、违反治安管理行为与其他行政违法行为的比较

（一）违反治安管理行为与其他行政违法行为的联系

1. 都是妨害国家行政管理活动行为。不管是公安行政管理，还是工商、税务、财政、金融、海关、教育、文化、体育、卫生等行政管理，都是为了管理国家公共事务，维护社会秩序。违反治安管理行为与其他行政违法行为一样，都破坏了社会正常的行政管理秩序，是妨害国家行政管理活动的行为。

2. 都是行政违法行为。二者都触犯了行政管理法律、法规，实施了行政法律、法规所保护的而被行为人所侵害的社会关系，都是行政违法行为。

3. 都是应依法给予行政管理处罚的行为。二者都是行政违法行为，都应承担行政法律责任，由行政机关给予行政管理处罚。

（二）违反治安管理行为与其他行政违法行为的区别

1. 触犯的行政法律、法规不同。违反治安管理行为触犯的是治安管理处罚法等治安行政管理法律、法规；其他行政违法行为则分别触犯了工商、税务、财政、金融、海关、教育、文化、体育、卫生等行政管理法律、法规。

2. 适用处罚的种类不同。违反治安管理行为适用的处罚种类主要有四种：警告、罚款、拘留和吊销公安机关发放的许可证；其他行政违法行为不能适用拘留，但除了实施警告和罚款处罚外，还可适用没收违法所得，没收非法财物，责令停产停业，暂扣或者吊销许可证，暂扣或者吊销执照等处罚。

3. 处罚的机关不同。违反治安管理行为，由公安机关给予处罚；其他行政违法行为，分别由工商、税务、财政、金融、海关、教育、文化、体育、卫生等行政管理部门依照法律规定给予

行政处罚。

思考题：

1. 违反治安管理行为具有哪些特征？

2. 违反治安管理行为客观方面的必要要件包括哪些内容？

3. 精神病人、盲人或又聋又哑的人、醉酒的人的责任能力如何认定？

4. 如何区别违反治安管理行为与犯罪行为？

第三章　治安管理处罚及相关法律措施

第一节　治安管理处罚概述

治安管理处罚是我国行政处罚的重要组成部分。治安管理处罚具有行政处罚的共同特征，它与刑事处罚、民事责任、行政处分等有着明显的区别。

一、行政处罚的含义

行政处罚是指行政机关或其他行政主体依照法定权限和程序对违反行政法规范尚未构成犯罪的相对方给予行政制裁的具体行政行为。行政处罚的主要法律依据是行政处罚法。从行政处罚的含义分析，其具有以下几个特征：

第一，行政处罚的主体是行政机关或法律、法规授权的其他行政主体。这里应当注意两点：一是某一特定行政机关是否拥有处罚权以及拥有何种、多大范围的处罚权，都由法律、法规予以明确的规定。二是除行政机关行使处罚权外，法律、法规、规章还授权某些组织行使处罚权，一些行政机关在执法过程中又委托某些组织行使处罚权，因此，行政处罚的主体有行政机关、综合执法机构、被授权组织和受委托组织。

第二，行政处罚的适用对象是违反行政法律规范尚未构成犯罪的行政管理相对人。行政管理相对人既可以是公民，也可以是法人和其他组织。

第三，行政处罚的适用前提是行政管理相对人有违反行政法律、法规的行为。但这只是必要要件，最终是否给予相对人以行政处罚，还要综合其他方面的情况，如客观上的危害情况、主观方面的动机、目的等，全面加以分析，依法作出处理决定。

第四，行政处罚的性质是一种以惩戒违法为目的，具有制裁性的具体行政行为。行政处罚是国家运用行政权力对违法行为采取的一种制裁。

二、治安管理处罚的含义

治安管理处罚是公安行政处罚的重要组成部分。治安管理处罚有狭义、广义之分。狭义的治安管理处罚是指公安机关依照治安管理处罚法对违反治安管理行为人所运用的行政处罚；广义的治安管理处罚，是指公安机关根据治安管理处罚法以及与治安管理处罚相关的法律、行政法规、部门规章、地方性法规和地方性规章等规范性文件，对违反治安管理行为人所运用的行政处罚。治安管理处罚具有以下几个特征：

（一）治安管理处罚是维护社会治安秩序的一种行政处罚方法

行政处罚方法是指国家行政机关依据国家行政法律、法规规定，对违反行政法律行为人所实施的行政制裁。治安管理处罚是由公安机关适用的，公安机关是国家的治安行政机关，因而，治安管理处罚是维护社会治安秩序的方法，具有行政处罚的共同特点。

（二）治安管理处罚的对象只能是违反治安管理行为人

治安管理处罚适用的对象只能是违反法律规范，构成违反治安管理行为而被国家公安机关依法实施治安管理处罚的行为人。对于已经构成犯罪的人，或者实施了其他违法行为的人，以及只有一般错误，尚不构成违反治安管理行为的人，都不能给予治安管理处罚。

（三）治安管理处罚适用的主体只能是公安机关

治安管理处罚只能由公安机关依照法律的规定运用，这是国家赋予公安机关的专属权力，其他国家机关、社会团体、企事业单位，均不能适用治安管理处罚。

（四）构成治安管理处罚法律关系双方的法律地位具有差异性

公安机关进行治安管理活动，是依法行使国家赋予的治安行政管理权，其作出的具体行政行为，是国家意志的体现，是公安机关的单方行为，无须相对人同意或认可。因而作为构成治安管理处罚法律关系的当事人之一，公安机关始终处于主导、支配的一方。

（五）治安管理处罚具有武装行政强制性

处罚方法具有强制性，是任何法律制裁所共有的，但是武装行政强制性则是其他行政处罚所不具有的，而属于治安管理处罚所特有的一个显著特点。例如，在强制传唤、行政拘留送达执行中，公安机关认为有必要的，可以使用械具。

三、治安管理处罚与其他法律制裁的区别

（一）与刑罚的区别

刑罚是人民法院依法对犯罪分子适用的刑事处罚方法。治安管理处罚与刑罚的区别主要有以下三个方面：

1. 两者的性质不同。治安管理处罚是对违反治安管理但尚未构成刑事犯罪的人适用的行政处罚方法，而刑罚是对犯罪分子适用的刑事处罚方法。

2. 两者的严厉程度不同。治安管理处罚远没有刑罚严厉。治安管理处罚最重的方法是拘留，拘留的期限为1日至15日，即使合并执行最高也不得超过20日。刑罚则要严厉得多，它既可以剥夺犯罪分子的财产权利和政治权利，也可以限制或剥夺犯罪

分子的人身自由；在剥夺人身自由时，既可以短期剥夺，也可以长期剥夺乃至终身剥夺，在最严重时，甚至可以剥夺犯罪分子的生命。

3. 两者的适用程序不同。治安管理处罚是由公安机关依照治安管理处罚法的规定适用的，而刑罚是由人民法院依照刑事诉讼法规定的程序适用的。治安管理处罚属于行政管理，而行政管理讲究效率，以便使行政法律关系及时、迅速地稳定下来，因而公安机关在适用治安管理处罚时，主要适用治安管理处罚法规定的简便易行的程序；而刑罚则十分严厉，它剥夺的往往是公民的重大权利，因而特别讲求慎重，必须由专门的审判机关即人民法院按照刑事诉讼法规定的严格、复杂的程序进行。

（二）与民事责任的区别

民事责任是民事违法行为人所承担的法律责任，是由人民法院依照民法的规定并且按照民事诉讼法规定的程序对民事违法行为人适用的。治安管理处罚除了在法律依据、适用对象和适用机关同民事责任不同外，还有两个重大的区别：一是治安管理处罚所依据的法律是行政法律，它所调节的是行政法律关系，因而违反治安管理的人所受的治安管理处罚是国家给予的制裁，受处罚人因此而承担的责任是直接对国家承担的责任。民事责任的依据是民法，而民法所调整的是平等的主体之间的财产关系和人身关系，因而民事违法行为人所承担的民事责任，是对因其侵权行为受到损害的人所承担的责任，而不是对国家承担的责任。二是适用治安管理处罚时，要求做到处罚的严厉程度与行为的危害程度大体相当，即过罚相当，但并不要求做到也无法做到两者完全等量；民事责任侵权人承担的责任与被侵害人受到的损失是等价的，即损害多少，赔偿多少。

（三）与行政处分的区别

行政处分是国家机关、社会团体、企业、事业单位对本单位内部违反纪律、政策、法律的人所适用的纪律处分方法。治安管理处罚与行政处分的区别主要有：

1. 适用主体不同。治安管理处罚只能由公安机关适用；而行政处分的适用单位不限于公安机关也不限于其他国家机关，只要是合法的组织都可适用。

2. 适用范围不同。治安管理处罚是公安机关在对外部管理活动中所适用的强制方法，而行政处分则是国家机关和其他组织在内部管理活动中所适用的纪律处分。

3. 适用对象不同。治安管理处罚所适用的对象是实施了违反治安管理行为的社会成员，而行政处分适用的对象则是实施了违反纪律、政策、法律的本单位内部职工。

4. 法律救济途径不同。不服公安机关关于治安管理处罚决定的，可以申请行政复议或者提起行政诉讼；不服行政处分的，只能向上级领导部门申述，不能申请行政复议或者提起行政诉讼。

第二节　治安管理处罚的种类

根据《治安管理处罚法》第10条的规定，治安管理处罚的种类有警告、罚款、行政拘留、吊销公安机关发放的许可证以及限期出境或者驱逐出境。这是关于治安管理处罚种类的界定。其中，吊销公安机关发放的许可证以及限期出境或者驱逐出境，是治安管理处罚法新增加的治安管理处罚种类。

一、警告

警告是公安机关依法对违反治安管理行为人所作出的正式谴责和告诫，指出其违法行为及其危害，使其引起警觉、不致再犯的一种治安管理处罚。警告是治安管理处罚方法中最轻的一种。

警告是一种申诫罚，它的特点主要表现为：警告是针对违法者的精神上或者名誉、荣誉等方面所作的惩戒。警告不直接剥夺违法者的实体权利，但是会对违法者的实体权利带来一定的影响。

（一）警告的适用范围

警告主要适用于一些初次、偶然违反治安管理，情节轻微，违法后认错态度较好的行为人。《治安管理处罚法》中有 10 条（分别是第 23 条、第 24 条、第 32 条、第 36 条、第 41 条、第 45 条、第 50 条、第 58 条、第 63 条、第 75 条）规定中的行为可以适用警告。

（二）警告处罚的实际内容

警告作为一种处罚方法，其实际内容主要包括两点：一是谴责，即向行为人指出其违反治安管理行为的危害性。二是告诫，即责令行为人及时改正错误，保证以后不再犯。

警告与罚款、拘留比较，没有规定处罚幅度，没有一般警告、严重警告之分，也没有合并处罚的规定。

（三）警告与批评教育、警告处分的区别

警告与批评教育不同，主要反映在两个方面：一是在适用程序上。二是在适用的法律后果上。在形式上，警告要由公安机关依法作出决定，填写决定书，并按照法定程序执行。在法律后果上，根据《治安管理处罚法》第 20 条的规定，违反治安管理，6 个月内曾受过治安管理处罚的，应当从重处罚。

警告处罚与警告处分也有着本质的区别。警告处罚是一种治安管理处罚方法，属于行政处罚范畴，它是由公安机关依法对外进行治安管理过程中所采用的处罚；警告处分是一种行政处分方法，它是行政机关以及合法组织在对内管理时所采取的一种处分，警告处分还可以分为警告和严重警告两种。

二、罚款

罚款是公安机关决定违反治安管理行为人在一定期限内向国家缴纳一定数额金钱的治安管理处罚。它通过给予违反治安管理行为人经济上的处罚，从而达到惩戒、制裁以及教育、挽救的目的。

（一）罚款的适用范围

罚款的方法比较灵活，其适用范围非常广泛，但也不是所有的违反治安管理行为都可以适用罚款。根据《治安管理处罚法》的规定，有 12 条规定（分别是第 28 条、第 29 条、第 30 条、第 31 条、第 33 条、第 39 条、第 44 条、第 45 条、第 55 条、第 74 条以及第 34 条第 1 款、第 41 条第 2 款）中的行为不得适用罚款。

（二）罚款的幅度规定

治安管理处罚法对不同性质的违反治安管理行为，规定了几种不同的罚款幅度，大致可分为：（1）200 元以下。（2）500 元以下和 200 元以上 500 元以下。（3）1000 元以下和 500 元以上 1000 元以下。（4）2000 元以下和 500 元以上 2000 元以下。（5）3000 元以下和 500 元以上 3000 元以下。（6）5000 元以下和 1000 元以上 5000 元以下。同时治安管理处罚法对很多行为规定了两种不同的处罚幅度，根据情节较轻或较重，罚款的幅度都会有所不同。这样的规定，便于公安机关在决定罚款处罚时，根据每个具体违法治安管理行为的性质、情节、后果及违反治安管理行为人的态度等情况，综合分析评价，分别适用不同幅度的罚款处罚。也可以说，这样的规定是过罚相当原则的体现，标志着我国法制建设的进步。

（三）罚款与相关措施的区别

1. 罚款与罚金的区别。治安管理处罚法中规定的罚款是一种行政处罚，罚金则是人民法院依法对已构成犯罪的被告人处以交纳一定数额金钱的一种刑罚。两者之间有着根本的区别。

（1）两者的性质不同。罚款是一种治安行政处罚方法；罚金是刑罚，属于刑罚中的附加罚。

（2）两者的适用对象不同。罚款适用于违反治安管理行为人，罚金适用于触犯刑律的刑事被告人。

（3）两者的法律依据不同。罚款由治安管理处罚法规定，罚金由刑法规定。

（4）两者的适用主体及程序不同。罚款由公安机关依据治安管理法律、法规规定的程序决定并执行，罚金必须由人民法院依据刑事诉讼法规定的程序来判处。

2. 罚款与民事责任中损害赔偿的区别。治安管理处罚中的罚款也不同于民事责任中的损害赔偿。罚款是行政处罚，罚款的款项上缴国库，而损害赔偿不是处罚，损害赔偿是对被侵害人的经济赔偿。

（四）适用罚款应注意的问题

适用罚款处罚决定时应注意以下几个问题：

1. 适用罚款应注意单处与并处的条件。治安管理处罚法中对单处和并处的规定非常明确，凡条款中注明“可并处……元以下罚款”的，表示对该行为罚款可以和其他处罚并处，凡条款中注明“处……拘留或者……元以下罚款”的，表示对该行为只能单处，不能并处。

2. 要防止重罚款轻警告或者以罚款代替行政拘留的现象。公安机关应将违法行为的情节、后果等诸方面因素予以综合考虑，作出准确的行为危害程度的判断，然后根据过罚相当的原则，作出恰当的处罚决定。能够以警告处罚解决问题的，不应适用罚款，罚款起不到教育效果应当决定行政拘留的，也决不能以罚款代替。

3. 决定罚款应当考虑被处罚人的经济承受能力。如果罚款数额偏大，或是明显超出被处罚人的经济承受能力，不但难以执行，而且达不到教育的目的。

三、行政拘留

行政拘留是公安机关依法将违反治安管理行为人在一定时间内限制其人身自由的一种治安行政处罚方法，是治安管理处罚种类中最严厉的一种处罚。

（一）行政拘留的适用对象

行政拘留主要适用于违反治安管理情节较为严重的行为人。拘留的对象只能是自然人，不能是法人或其他组织。

根据《全国人民代表大会和地方各级人民代表大会代表法》第30条第2款和第3款的规定，对县级以上的各级人民代表大会代表决定行政拘留，应当经该级人民代表大会主席团或者人民代表大会常务委员会许可。对乡、民族乡、镇的人民代表大会代表决定行政拘留，公安机关应当在决定后立即报告乡、民族乡、镇的人民代表大会。

（二）行政拘留的期限

行政拘留的期限为1日以上15日以下。治安管理处罚法将拘留的期限分为三个等级，分别是5日以下、5日以上10日以下以及15日以下。对违反治安管理行为人如何确定行政拘留的具体处罚，应当根据违反治安管理行为的性质、情节、后果、行为人的主观态度等综合情况予以确定。

根据《治安管理处罚法》第16条的规定，行政拘留处罚合并执行的，最长不超过20日。根据《刑法》的规定，对犯罪分子判处拘役的最低刑期为1个月，违反治安管理行为不构成犯罪，限制人身自由的时间应当低于刑法规定的最低刑期。因此，治安管理处罚法的这一规定是合情合理的。

（三）行政拘留与刑事拘留、司法拘留的区别

我国目前适用的拘留有三种：行政拘留、刑事拘留和司法拘留。这三种拘留之间有着严格的区别，不容混淆。

刑事拘留，是公安机关或者人民检察院根据刑事诉讼法的规定，在紧急情况下，对现行犯罪分子或重大犯罪嫌疑人采取的临时性限制人身自由的强制措施，其目的是防止他们逃避侦查、审判或继续进行犯罪活动，危害社会。

司法拘留，是人民法院对妨碍行政、民事以及刑事诉讼秩序的行为人，采取限制其人身自由的一种司法处分。

行政拘留与刑事拘留、司法拘留的区别主要在于：

1. 性质不同。刑事拘留是一种刑事强制措施，司法拘留是一种司法强制措施，行政拘留是一种行政处罚。

2. 目的不同。刑事拘留在于防止现行犯或重大嫌疑分子等逃避侦查、审判或继续危害社会；司法拘留在于对妨害诉讼活动情节严重的人，在一定时间内限制其人身自由，以保证诉讼活动的顺利进行；行政拘留的目的在于惩罚和教育违反治安管理行为人。

3. 适用机关不同。刑事拘留由公安机关决定并执行，司法拘留由人民法院决定并交公安机关执行，行政拘留由公安机关决定。

4. 适用对象不同。刑事拘留是公安机关对现行犯或重大犯罪嫌疑人在法定的紧急情况下适用的；司法拘留适用于妨害民事、行政诉讼情节严重，但尚未构成犯罪的人；行政拘留针对的是违反治安管理行为人。

5. 拘留的期限不同。刑事拘留一般为 10 日至 14 日，符合法定情形的最多不超过 37 日；司法拘留和行政拘留为 1 日以上，15 日以下。

6. 法律后果不同。刑事拘留后可能会变更为其他刑事强制

措施，如逮捕、取保候审、监视居住等，也可能被释放，或者转变为治安管理处罚；被处司法拘留的行为人，如果确有悔改表现，保证以后不再妨害诉讼的顺利进行，可以提前解除拘留；行政拘留属于行政处罚，执行完毕，立即解除。

7. 执行场所不同。被处刑事拘留的人收押于看守所监管，司法拘留和行政拘留都在拘留所执行。

四、吊销公安机关发放的许可证

吊销许可证是治安管理处罚法新增加的一种治安管理处罚。吊销公安机关发放的许可证，是指公安机关依法收回违反治安管理行为人已获得的从事某项活动的权利或资格的证书，从而剥夺相对人从事某种特许权利或者资格的治安管理处罚。公安机关发放的许可证，即公安机关进行行政审批后，允许相对人从事某项活动的权利或者资格的证书，如公安机关发给典当行业的特种行业许可证等。国务院 2002 年 11 月、2003 年 2 月、2004 年 5 月先后公布了三批取消的行政审批项目，涉及公安部门的有 67 项，其中 46 项涉及治安管理工作，如娱乐场所经营单位设立治安审核、废旧金属收购企业特种行业许可证核发、匕首佩带证核发、管制刀具经销审批和特种刀具购买证核发等。目前，公安机关保留的行政审批项目还有旅馆业、典当业、公章刻制业等特种行业许可，以及保安服务企业和保安培训机构许可等。

适用吊销公安机关发放的许可证处罚时应当注意以下两个问题：第一，这里所指的许可证，特指公安机关发放的许可证，不包括其他行政机关发放的许可证，其他行政机关发放的许可证，如工商行政部门发放的营业执照等，公安机关无权吊销。第二，应当正确区分“吊销”与“撤销”、“撤回”、“注销”的区别。“吊销”许可证是一种行政处罚方法，而“撤销”、“撤回”、“注销”属于行政管理措施，公安机关依据行政许可法的规定执行即可。

五、限期出境与驱逐出境

限期出境，是指公安机关对违反治安管理的外国人，限定其在一定期限内离开中华人民共和国国境的治安管理处罚。驱逐出境，是指公安机关对违反治安管理的外国人，强迫其离开中华人民共和国国境的治安管理处罚。

根据《治安管理处罚法》第 10 条第 2 款的规定，对违反治安管理的外国人，可以附加适用限期出境或者驱逐出境。因此，限期出境与驱逐出境的适用对象只能是外国人。这里所指的外国人，是指依照《中华人民共和国国籍法》的规定不具有中国国籍的人，包括具有外国国籍的人和无国籍人。对违反治安管理的我国公民，包括香港、澳门特别行政区居民和台湾地区居民，不能适用限期出境与驱逐出境。

需要注意的是，限期出境与驱逐出境都只是附加处罚，它们应当与其他处罚并处，不能单独适用。同时，本法规定限期出境或驱逐出境只是“可以”对违反治安管理的外国人适用，而不是“应当”，也就是说，对违反治安管理的外国人不是一律都要适用限期出境或驱逐出境，而是要由公安机关根据案件的具体情况，灵活掌握运用。

第三节　与治安管理处罚相关的法律措施

《治安管理处罚法》对于违反治安管理行为，除规定了几种治安管理处罚种类外，还规定了一些非治安管理处罚的其他法律措施，可称之为治安管理处罚相关的法律措施。

一、收缴与追缴

《治安管理处罚法》第11条规定："办理治安案件所查获的毒品、淫秽物品等违禁品，赌具、赌资，吸食、注射毒品的用具以及直接用于实施违反治安管理行为的本人所有的工具，应当收缴，按照规定处理。违反治安管理所得的财物，追缴退还被侵害人；没有被侵害人的，登记造册，公开拍卖或者按照国家有关规定处理，所得款项上缴国库。"治安管理处罚法没有将行政处罚法中规定的没收（即没收违法所得、没收非法财物）的处罚纳入到治安管理处罚种类当中，而是变通地规定了收缴和追缴两种行政强制措施。

（一）收缴

收缴，是指公安机关将违反治安管理行为人实施违反治安管理行为的非法财物依法予以收回并上缴的法律措施。收缴的适用范围是非法财物，主要包括：第一，办理治安案件中所查获的毒品、淫秽物品等违禁品。第二，赌具、赌资，吸食、注射毒品的用具。第三，直接用于实施违反治安管理行为的本人所有的工具。需要特别指出的是，认定"直接用于实施违反治安管理行为的本人所有的工具"应当注意以下两点：第一，该工具是"直接"而非"间接"用于实施违反治安管理行为的工具。第二，该工具属于违反治安管理行为人"本人所有"而非"他人所有"，即行为人本人对工具拥有合法的所有权，不包含违反治安管理行为人租、借或通过非法手段获得的他人所有的工具。

根据《治安管理处罚法》第11条第1款的规定，公安机关对收缴的违反治安管理的非法财物应当"按照规定处理"。按照规定处理，是指按照法律、法规、规章以及国务院、公安机关、财政部门的有关规定，予以销毁或者上缴国库。根据《公安机关办理行政案件程序规定》第154条的规定，收缴财物应当经县级以上公安机关负责人批准，并制作收缴清单，待处罚决定生效后，按照规定处理。对收缴的现金、金银、有价证券等，可以直接上缴国库；对收缴的物品，应将其拍卖或变卖后，将所得款项上缴国库；对收缴的违禁品，应在固定证据后，经县级以上公安机关负责人批准，统一登记造册后予以销毁，其中属于淫秽物品、毒品的，分别由县级以上公安机关治安部门、禁毒部门组织销毁。

（二）追缴

追缴，是指公安机关依法将违反治安管理行为人因实施违反治安管理行为所得的赃款赃物和非法利益追回的法律措施，主要适用于办理治安案件中所查获的违反治安管理的违法所得。当违法所得表现为一定的物时，违法所得除包括一定的物外，还包括该物所可能发生的天然孳息，以及利用该物进行经营所获得的物质利益；当违法所得表现为一定的货币时，违法所得除包括一定的货币外，还包括该货币所可能发生的法定孳息。

根据《治安管理处罚法》第 11 条第 2 款的规定，公安机关对追缴的违反治安管理的违法所得，有合法所有人的，应退还原主；没有合法所有人的，公安机关应当登记造册，公开拍卖或者按照国家有关规定处理，所得款项上缴国库。

根据《公安机关办理行政案件程序规定》的规定，对于应当退还原主的财物，应当通知原主在 6 个月内前来领取；对原主不明确的，应当采取公告方式告知原主认领。在通知原主后或者公告认领后 6 个月内无人认领的，按无主财物处理，上缴国库。特殊情况下，可酌情延长期限，但延长期限最多不超过 3 个月。对容易腐烂、灭损或者无法保管的其他物品，应当及时退还原主；对找不到原主的，经县级以上公安机关负责人批准，可以在拍照或录像后变卖，变卖所得款项再按规定退还原主或上缴国库。

二、约束

《治安管理处罚法》第 15 条第 2 款规定："醉酒的人在醉酒状态中，对本人有危险或者对他人的人身、财产或者公共安全有威胁的，应当对其采取保护性措施约束至酒醒。"在实际工作中，一些醉酒的人在醉酒状态中极易肇事，对本人、他人的人身、财产或者公共安全都有威胁。在这种情况下，公安机关有权依法对醉酒状态的人加以约束，直至恢复常态。适用约束措施时应当注意以下几个问题：

第一，约束的对象只能是处于醉酒状态中的对本人有危险或者对他人的人身、财产甚至公共安全有威胁的醉酒人。如果一个人醉酒后只是一些吵闹行为，或是有家人守护，既不对本人造成危险，也不给他人的人身、财产或者公共安全带来威胁，就不能也没有必要对其采取约束。

第二，约束是一项保护性措施，约束的程度，应以不伤害醉酒人为原则。约束过程中，应严加监护，一旦醉酒人酒醒，约束立即解除。公安机关在约束的同时，应尽快通知其所在单位和家属，或由他们带回看管。

第三，约束是法律赋予公安机关和人民警察的一种紧急处置权。这一措施的主要特征在于紧迫性，因此，1987 年 7 月 7 日公安部印发的《关于执行〈治安管理处罚条例〉若干问题的解释》中规定，约束时可以使用约束带或警绳等械具，但不能使用手铐、脚镣。

三、责令严加管教

责令严加管教的适用对象是特定的违反治安管理行为人的监护人。不满 14 周岁的人违反治安管理的，根据《治安管理处罚法》的规定，不予处罚，但是应当责令其监护人严格进行管理和教育。

四、责令严加看管和治疗

责令严加看管和治疗的适用对象是精神病人的监护人。精神病人在无法辨认或无法控制自己行为的时候违反治安管理的，不予处罚，但是应当责令其监护人严加看管和治疗。

五、责令停止活动和立即疏散

举办文化、体育等大型群体性活动，必须严格按照国家相关规定，提供相应安全保障，并接受公安机关的督促和检查。根据《群众性文化体育活动治安管理办法》的规定，参与群体性活动人数超过200人的，属于公安机关治安管理范围。根据《治安管理处罚法》第38条的规定，如果大型群体性活动的操作违反有关规定，有发生安全事故危险的，公安机关可以责令停止活动，立即疏散。

适用责令停止活动、立即疏散措施应注意以下两点：第一，对“有发生安全事故危险”的理解。在实践中，这种危险应当是一种可能性，并且是一种现实可能性，是否“有发生安全事故危险”，应当由公安机关依据有关证据来判断。第二，对“停止活动”的理解。相关的宣传、推广、售票等前期准备工作，都属于“活动”的内容。只要公安机关认定“有发生安全事故危险”的可能，就可以责令停止活动，包括活动的前期准备工作。

六、禁止进入特定场所与强行带离现场

禁止进入特定场所与强行带离现场适用于《治安管理处罚法》第24条规定的因扰乱体育比赛秩序被处以拘留处罚的行为人。根据该条规定，对因扰乱体育比赛秩序被处以拘留处罚的，可以同时责令其12个月内不得进入体育场馆观看同类比赛。违

反规定进入体育场馆的，可以强行带离现场。治安管理处罚法将扰乱大型群众性体育比赛秩序的违反治安管理行为纳入处罚的范围，意味着我国已开始借鉴其他国家打击“足球流氓”的经验，通过立法方式确保大型群众性体育比赛的正常进行。

禁止进入特定场所的适用条件有：第一，行为人实施了扰乱体育比赛秩序行为。第二，行为人因扰乱体育比赛秩序的行为被处以行政拘留处罚。这两个条件必须同时具备，但即使是同时具备了上述两个条件，也并不意味着一定要采取禁止进入特定场所的措施，治安管理处罚法规定的是“可以”而不是“应当”。此外，还应当注意的是，根据《治安管理处罚法》的规定，适用禁止进入特定场所的措施，只能禁止行为人观看“同类”比赛，例如，行为人在足球比赛中扰乱比赛秩序被禁止进入场地观看同类比赛，但被禁止人仍然可以进入场地观看橄榄球等其他比赛项目。

强行带离现场，是指公安机关的人民警察在依法履行治安管理和制止违法犯罪职责时，将危害社会治安秩序或者威胁公共安全的人，强行带离违法犯罪或者突发事件现场的行政强制措施。治安管理处罚法规定的强行带离现场，只适用于违反禁止进入特定场所观看同类比赛措施的行为人。执行中，人民警察只要通过强行带离现场而达到禁止其观看同类比赛的目的即可，不一定需要采取强制措施，对于服从公安机关带离命令的可以不强制，对于拒不接受带离命令的，应当强制，并可以根据治安管理处罚法的规定按拒绝、阻碍人民警察依法执行职务的行为，予以相应处罚。

七、取缔

根据《治安管理处罚法》第 54 条的规定，未经许可，擅自经营按照国家规定需要由公安机关许可的行业的，除了给予相应的治安管理处罚以外，一律予以取缔。

适用取缔措施时应当注意，适用的对象不同，则适用主体的分工不同。例如，根据《社会团体登记管理条例》第35条的规定，未经登记，擅自以社会团体名义进行活动，以及被撤销登记的社会团体继续以社会团体名义进行活动的，由登记管理机关予以取缔，没收非法财产。由此可见，取缔非法社团的职责在民政部门，公安机关的职责是按照治安管理处罚法的规定对非法团体给予处罚。而根据《治安管理处罚法》的规定，未经许可擅自经营按照国家规定需要由公安机关许可的行业的，则应当由公安机关予以取缔。

八、承担民事责任

《治安管理处罚法》第8条规定："违反治安管理的行为对他人造成损害的，行为人或者其监护人应当依法承担民事责任。"民事责任，是指由民法规定的对民事违法行为人采取的一种以恢复被损害的权利为目的，并与一定的民事制裁措施相联系的国家强制形式。违反治安管理行为应当承担的民事责任，是一种侵权的民事责任，又称为侵权损害的民事责任。违反治安管理行为应当承担的法律责任，包括行政法律责任和民事法律责任，也就是说，违反治安管理行为人不仅应当依法受到治安管理处罚，而且应当依法承担民事责任。

（一）民事责任的承担主体

违反治安管理行为侵害他人财产或者人身权利，致使他人造成损害的，由行为人本人依法承担民事法律责任。但是，如果违反治安管理行为人是无民事行为能力人或者限制民事行为能力人，则由行为人的监护人依法承担民事责任。根据《民法通则》的规定，无民事行为能力人包括不满10周岁的未成年人和不能辨别自己行为的精神病人，限制民事行为能力人包括已满10周岁不满18周岁的未成年人和不能完全辨别自己行为的精神病人，呆傻等智力不全的人的民事责任的确定，适用精神病人的有关规定。

此外，《治安管理处罚法》第75条第1款对饲养动物干扰他人正常生活，或者放任动物恐吓他人的违反治安管理行为作了明确的规定，因违反本条规定引起民事责任的，可以根据《民法通则》第127条的规定，饲养动物造成他人损害的，动物饲养人或者管理人应当承担民事责任，由于受害人的过错造成损害的，动物饲养人或者管理人不承担民事责任，由于第三人的过错造成损害的，第三人应当承担民事责任。

（二）民事责任的裁决机关

根据治安管理处罚法的相关精神，公安机关在办理治安案件过程中，对一般的民事权益的争执，不再通过决定的程序予以判别和裁定，而是告知当事人就民事争议向人民法院提起民事诉讼。因此，民事责任的裁决机关是人民法院。但是，公安机关在适用治安调解的过程中，不可避免地要面对当事人承担民事责任的问题，公安机关非常有必要对当事人就民事争执提出指导性意见，以促成当事人化解矛盾，达成协议，促进安定团结。

（三）承担民事责任的方式

根据《民法通则》的规定，承担民事责任的主要方式可分为以下三类：

1.停止侵害、排除妨碍、消除危险，这三种方式，都是以防止或者除去损害为目的，属于防止性的责任方式。

2.返还财产、恢复原状、修理、重作、更换、赔偿损失，这几种方式，是以恢复权利的原状为目的，属于回复性的责任方式。

3.消除影响、恢复名誉、赔礼道歉，这三种方式均属于非财产责任方式。

（四）损害赔偿

违反治安管理行为人承担民事责任方式最常见的一种就是损害赔偿，它是指违反治安管理行为人致人损害应负的民事责任。损害赔偿的范围主要包括：

1. 人身伤害的赔偿范围。违反治安管理行为造成他人人身伤害的，要负担医疗费用。负担医疗费用是指由违反治安管理行为造成的直接经济损失，包括：医药费、住院费、住院期间合理的伙食补贴费和必要的专人看护费、因伤害看病所乘坐的合理的交通工具费、合理的营养费、因伤害造成误工的工资以及公安机关认为应该赔偿的其他费用。其中，被侵害人如有固定收入，误工工资的赔偿应以其固定收入为标准按日来计算，被侵害人如属于无固定工作者，其误工工资以行为地上年度人均收入为标准按日计算。

2. 财产的损害赔偿。对违反治安管理行为对他人的财产造成损害的，根据财产损失全部赔偿的原则，如能恢复原状的，责令恢复原状，对不能恢复原状的，应按财物损坏当时其实际所有价值来进行等价赔偿。一般情况下，赔偿范围应包括直接损失和被害人失去的“可得利益”。需赔偿的“可得利益”应同时具备三个条件：第一，必须是当事人已经预见或者能够预见的利益，即当事人能够合理预见的利益。第二，必须是可以期待、必然能得到的利益，即可得利益是一种未来利益，它在违反治安管理行为发生时并没有为受害人所实际享有，但是它是受害人必然能够得到的利益。第三，必须是直接因违反治安管理行为所丧失的利益，即如果违反治安管理行为没有发生，利益不会丧失。

3. 精神损害赔偿。根据最高人民法院《关于确定民事侵权精神损害赔偿责任若干问题的解释》的规定，精神损害赔偿的范围包括四种情形：一是侵害他人生命权、健康权、身体权、姓名权、肖像权、名誉权、荣誉权、人身自由权等人格权，给他人造成精神损害的。二是侵犯监护身份权非法使被监护人脱离监护，给监护人造成精神损害的。三是侵害死者人格权或非法利用、侵害遗体、遗骨给死者近亲属造成精神损害的。四是灭失或毁损他人具有人格象征意义的特定纪念物品而造成精神损害。符合以上范围情形的则可以请求精神损害赔偿，反之，不符合以上范围情形的则不得请求精神损害赔偿。

此外，对于混合过错（即行为人与被侵害人对侵害的发生都有过错的）的行为人，应根据各自的过错来决定赔偿份额，分别承担自己过错所应承担的责任。对二人以上共同违反治安管理且造成损失的，除各行为人对被侵害人的实际损失负连带责任以外，应依据各行为人的过错程度，按比例分担。

九、劳动教养

《治安管理处罚法》第76条规定："有本法第六十七条、第六十八条、第七十条的行为，屡教不改的，可以按照国家规定采取强制性教育措施。"此处所指的强制性教育措施，目前针对的是劳动教养。治安管理处罚法不直接规定劳动教养，而是用强制性教育措施来代替，原因在于，目前全国人大正在准备制定一部统一的专门规定强制性教育措施的法律——违法行为矫治法，将把所有的强制性教育措施（如劳动教养、收容教养等）一并纳入，统一规范适用的行为、对象、作出矫治决定的主管部门以及程序等问题，因此，治安管理处罚法作出了这样的规定，以便与以后制定的违法行为矫治法衔接。

（一）劳动教养的性质

从劳动教养的现有规定看，劳动教养是对被劳动教养人实行的强制性教育改造的行政措施，是处理人民内部矛盾的一种方法。因此，劳动教养不是行政处罚体系，也不属于刑事制裁，而是一种行政强制措施。

（二）劳动教养的法律依据

目前，实行劳动教养的国家规定有：1957 年 8 月 1 日全国人大常委会批准的国务院《关于劳动教养的决定》，1979 年 11 月 29 日全国人大常委会批准的国务院《关于劳动教养的补充规定》，1982 年 1 月 21 日国务院转发由公安部制定的《劳动教养试行办法》，1990 年 12 月 28 日全国人大常委会通过的全国人大常委会《关于禁毒的决定》，1991 年 9 月 4 日全国人大常委会通过的全国人大常委会《关于严禁卖淫嫖娼的决定》。

根据《中华人民共和国立法法》第 8 条、第 9 条的规定，限制人身自由的强制措施和处罚必须制定法律，因此，我们亟盼着违法行为矫治法的尽早出台，以便让劳动教养获得合法规范的法律地位。

（三）劳动教养适用的范围

治安管理处罚法只规定了对三类屡教不改的行为可以采取劳动教养，即：引诱、容留、介绍他人卖淫行为，制作、运输、复制、出售、出租淫秽物品行为和利用计算机信息网络、电话以及其他通讯工具传播淫秽信息行为，赌博和为赌博提供条件行为。

根据《公安机关办理劳动教养案件规定》第 9 条的规定，对年满 16 周岁、具有下列情形之一的，应当依法决定劳动教养：

1. 危害国家安全情节显著轻微，尚不够刑事处罚的。

2. 结伙杀人、抢劫、强奸、放火、绑架、爆炸或者拐卖妇女、儿童的犯罪团伙中，尚不够刑事处罚的。

3. 有强制猥亵、侮辱妇女，猥亵儿童，聚众淫乱，引诱未成年人聚众淫乱，非法拘禁，盗窃，诈骗，伪造、倒卖发票，倒卖车票、船票；伪造有价票证，倒卖伪造的有价票证，抢夺，聚众哄抢，敲诈勒索，招摇撞骗，伪造、变造、买卖国家机关公文、证件、印章，以及窝藏、转移、收购、销售赃物的违法犯罪行为，被依法判处刑罚执行期满后 5 年内又实施前述行为之一，或者被公安机关依法予以罚款、行政拘留、收容教养、劳动教养执行期满后3年内又实施前述行为之一，尚不够刑事处罚的。

4. 制造恐怖气氛、造成公众心理恐慌、危害公共安全，组织、利用会道门、邪教组织、利用迷信破坏国家法律实施，聚众斗殴，寻衅滋事，煽动闹事，强买强卖、欺行霸市，或者称霸一方、为非作恶、欺压群众、恶习较深、扰乱社会治安秩序，尚不够刑事处罚的。

5. 无理取闹，扰乱生产秩序、工作秩序、教学科研秩序或者生活秩序，且拒绝、阻碍国家机关工作人员依法执行职务，未使用暴力、威胁方法的。

6. 教唆他人违法犯罪，尚不够刑事处罚的。

7. 介绍、容留他人卖淫、嫖娼，引诱他人卖淫，赌博或者为赌博提供条件，制作、复制、出售、出租或者传播淫秽物品，情节较重，尚不够刑事处罚的。

8. 因卖淫、嫖娼被公安机关依法予以警告、罚款或者行政拘留后又卖淫、嫖娼的。

9. 吸食、注射毒品成瘾，经过强制戒除后又吸食、注射毒品的。

10. 有法律规定的其他应当劳动教养情形的。

对实施危害国家安全、危害公共安全、侵犯公民人身权利、侵犯财产、妨害社会管理秩序的犯罪行为人，因犯罪情节轻微人民检察院不起诉、人民法院免予刑事处罚，符合劳动教养条件的，可以依法决定劳动教养。

同时，根据规定，下列人员不能决定劳动教养：

第一，对违法犯罪未成年人中的初犯、在校学生，且其父母或者其他监护人有实际管教能力的，不得决定劳动教养，但是应当依法责令其父母或者其他监护人严加管教。

第二，对精神病人、呆傻人员不得决定劳动教养。

第三，对盲、聋、哑人，严重病患者，怀孕或者哺乳自己不满1周岁婴儿的妇女，以及年满60周岁又有疾病等丧失劳动能力者，一般不决定劳动教养；确有必要劳动教养的，可以同时决定劳动教养所外执行。

第四，对在中华人民共和国领域内违法犯罪的外国人、无国籍人、华侨，在大陆违法犯罪的台湾居民和在内地违法犯罪的香港、澳门特别行政区居民，不得决定劳动教养。

违法犯罪嫌疑人为抗拒审查、逃避惩罚而自伤、自残，符合劳动教养条件的，应当依法决定劳动教养。

（四）劳动教养的地域范围

根据有关法律和国务院《关于劳动教养的决定》、国务院《关于劳动教养的补充规定》的规定，劳动教养的地域范围主要表现为以下几个方面：

1. 对大中城市人口的劳动教养不予限制。

2. 对农村人员有限制地予以劳动教养：对家居农村而流窜到城市、铁路沿线和大型厂矿作案，符合劳动教养条件的人；铁路沿线、交通要道口城镇吃商品粮的人（现可适用于居住在城镇的人）；对农村的地痞、流氓、村霸可以适用劳动教养，但要严格审查，从严审批。

3. 不限制地域范围的特定对象有：强制戒除后又吸食注射毒品的，卖淫、嫖娼的，引诱、介绍、容留卖淫行为的，制作、复制、出售、出租或者传播淫秽物品的，赌博和为赌博提供条件的。

（五）劳动教养的审批

我国现行的劳动教养管理工作，由劳动教养管理委员会领导和管理。省、自治区、直辖市和大中城市人民政府组成的劳动教养管理委员会，领导和管理劳动教养工作，审查批准收容劳动教养人员。劳动教养管理委员会下设办事机构，负责日常工作的处理。

（六）劳动教养的期限

劳动教养的期限为1年以上3年以下，其中每3个月为一个档次。特殊情况下可以酌情延期，但延长期最长不得超过1年。

思考题：

1. 治安管理处罚的特征有哪些？
2. 请区别治安管理处罚与刑罚。
3. 试述行政拘留与刑事拘留、司法拘留的区别。
4. 收缴的范围包括哪些？
5. 禁止进入特定场所的适用条件有哪些？

第四章　治安管理处罚的适用

第一节　治安管理处罚适用概述

一、治安管理处罚适用的含义

治安管理处罚适用是指公安机关根据治安管理处罚法关于治安管理处罚的规定，以决定的方式将治安管理处罚的原则、规则等规定适用于具体的违反治安管理行为的行政执法活动。根据《行政处罚法》的有关规定，没有法定依据或不遵守法定程序的，行政处罚无效。为便于执法，治安管理处罚法对违反治安管理行为、治安管理处罚的种类、幅度、适用对象、情形、情节及决定的程序等都作了明确的具体的规定。治安管理处罚的适用就是将这些规定运用于具体的违反治安管理行为。同时，治安管理处罚是一种行政法律制裁。只有公安机关才能行使治安管理处罚权，其他任何机关、单位均无权实施治安管理处罚。对治安管理处罚不服的，可以依法申请行政复议、提起行政诉讼。因此，治安管理处罚的适用均应遵守各种相关的法定原则、规则等，否则，极易造成不当执法。例如，《行政处罚法》第四章关于“行政处罚的管辖和适用”中有关行政机关实施行政处罚时，应当责令当事人改正或者限期改正违法行为；对当事人的同一个违法行为，不得给予两次以上罚款的行政处罚等规定也适用于治安管理处罚。

二、治安管理处罚适用的意义

治安管理处罚的适用，对于实现治安管理处罚的任务和目的具有十分重要的意义。

由于违反治安管理行为是一种十分复杂的社会现象，各种违反治安管理行为的方式方法千差万别，治安管理处罚法不可能对每个具体的违反治安管理行为作出具体的处罚规定，而只能对治安管理处罚作一些原则性规定。因此，法律赋予公安机关一定的自由裁量权，其目的是为了让公安机关及其人民警察根据不同地区、不同时期、不同性质、不同情节的违法行为作出比较切合实际的、社会效果比较好的具体行政行为，这就要求根据实际情况，具体问题具体分析，适当地运用治安管理处罚权，由公安机关根据现实的违反治安管理行为的不同情形加以适用。因此，治安管理处罚的适用是实现治安管理处罚法任务不可缺少的一个重要环节。没有这个环节，治安管理处罚的原则规定就会无所适从，不能落到实处，治安管理处罚法的任务就无法实现。

治安管理处罚的目的，是通过处罚对违反治安管理者进行教育，使其不再违法，同时也对社会起警示教育作用，预防其他人违法。公安机关在实施治安管理处罚中，选择的处罚方法要同违法行为相适应。如果处罚本身不合法，也不可能对被处罚人和其他社会成员起到教育作用；即使处罚合法，但不够适当，也不可能起到教育作用。该重罚的轻罚，被处罚人就会有侥幸心理，不可能接受教训，其他人也不会从中受到教育；该轻罚的重罚，被处罚人就会产生对抗心理，而且也会失去社会认同，不可能起到教育作用，从而处罚也就不能达到预期的社会效果。

三、治安管理处罚适用的主要内容

规范、明确的治安管理处罚适用规则，是规范和保障公安机关及其人民警察依法履行治安管理职责，充分保护公民、法人或者其他组织合法权益的必然要求。公安机关虽然在实施治安管理处罚时，拥有一定的自由裁量权，但在治安管理处罚执法中除必须遵循行政处罚法和治安管理处罚法的基本原则之外还应遵循治安管理处罚法中关于处罚的适用规则，不得违反。治安管理处罚法第二章对“处罚的种类和适用”作了专门的规定，在处罚的适用方面主要内容有：主体责任年龄，几类特殊主体违反治安管理行为的责任，处罚合并适用规则，共同违反治安管理以及教唆、胁迫、诱骗他人违反治安管理的处罚规定，单位违反治安管理的原则性规定，减轻、从轻、从重处罚及不予处罚情形的规定，不执行行政拘留的几种情形以及治安管理处罚追究时效等。

此外，对具体违反治安管理行为的单处、并处和可以并处的处罚规定，以及治安管理处罚法中对一些特定行为的处罚规定等也应属于治安管理处罚的适用范围。

第二节　治安管理处罚的具体适用

一、数种违反治安管理行为与处罚

（一）数种违反治安管理行为的认定

在实践中，存在某一具体的违反治安管理行为人（行为主体）在一段时间内实施多种性质不同的违反治安管理行为的情况。对于这些违反治安管理行为人如何处罚，达到既惩罚违反治安管理行为人，又体现对当事人人权的保护和教育违反治安管理行为人的目的，是法律应明确规定的。为了使公安机关高效率地处理治安案件，维护治安秩序，同时保护公民、法人和其他组织的合法权益。《治安管理处罚法》第16条规定：“有两种以上违反治安管理行为的，分别决定，合并执行。行政拘留处罚合并执行的，最长不超过二十日。”这里所说的“有两种以上”，是专指某一具体的违反治安管理行为人有两种以上违反治安管理行为。例如，行为人连续实施两起“盗窃”，一次在甲地，另一次在乙地，这就属于两次实施同一性质的盗窃行为，不属于本条规定的有两种以上违反治安管理行为的情况。又如，行为人上午在公交车上实施“盗窃”，下午又在某处“抢夺”他人财物，这就属于本条规定的有两种以上违反治安管理行为的情况。根据违反治安管理行为所侵犯的客体不同，“两种以上违反治安管理行为”大体有以下几种情形：一是同类不同项的行为。二是不同类也不同项的行为。三是同项不同名的行为。

值得注意的是，下列情形不应视为“两种以上违反治安管理行为”：

1. 预备行为，主要是指以实施一种违反治安管理行为为条件，而预谋实施另一种违反治安管理行为，由于意志之外或者中止等多种原因，致使另一种违反治安管理行为尚未能得以实现。

2. 牵连行为，即一种行为造成了多种危害结果，以实施某一违反治安管理行为为目的，而实施该行为的方法结果又触犯了其他条款。

3. 想像竞合行为，是指行为人以一个违反治安管理的故意，实施一种行为，触犯治安管理处罚法规定的两种行为的名称。

4. 吸收行为，是指事实上是数个不同的行为，其中一个行为吸收另一个行为。

5. 继续行为，是指一种违反治安管理行为在一定时间处于持续状态。这种行为的不法状态没有改变之前，始终在持续之中，只有在不法状态结束时，其行为才告结束。

6. 连续行为，是指行为人在一定时间内连续数次实施治安管理处罚法规定的同一种性质完全相同的违反治安管理行为。这些行为都不能适用“分别决定，合并执行”的规定。

（二）对数种违反治安管理行为的处罚

1. 分别决定。分别决定，是指公安机关对违反治安管理行为人所实施的数种违反治安管理的行为，分别决定处罚。分别决定有利于分清违法行为的事实、明确责任、为当事人依法寻求法律救济提供方便。分别决定的前提是违反治安管理行为人实施了两个以上不同性质（种类）的违反治安管理行为，应当就违反治安管理行为人的数种行为分别作出治安管理处罚决定。需要说明的是，对数种违反治安管理行为制作处罚决定书时，虽然是分别决定处罚，但表现形式是对数种违反治安管理行为只产生一个决定结果，制作一份《治安管理处罚决定书》，而不是几个互相独立的决定结果，制作几份《治安管理处罚决定书》。

2. 合并执行。合并执行，是指对数个违反治安管理行为分别作出决定后，合并起来执行。治安管理处罚法主要采取的是并科原则即相加规定，处两个以上罚款的，按数额相加执行；处两个以上拘留的，按天数相加执行；处两种以上处罚的，同时执行；处两个以上警告的，同时执行。这样规定，既体现了过罚相当原则，也有利于提高执行效益。不同种类的处罚之间不能相互折合计算，如罚款不能折算为拘留，拘留也不能折算为罚款。关于合并执行的最高期限，治安管理处罚法对于罚款合并执行的最高数额没有限制，但是对行政拘留采取的是限制加重的一种特殊并科原则，设定了 20 日的最高期限限制。设定拘留合并执行最高期限主要是考虑：作为限制人身自由的最严厉的行政处罚，拘留期限不宜过长，主要还是警示教育行为人。违反治安管理行为并不构成犯罪，剥夺人身自由的行政拘留时间应低于刑法规定的最低人身自由刑，而且应低于刑法规定的最低人身自由刑（拘役最低刑期 1 个月）以下。

二、共同违反治安管理行为与处罚

《治安管理处罚法》第17条规定："共同违反治安管理的，根据违反治安管理行为人在违反治安管理行为中所起的作用，分别处罚。教唆、胁迫、诱骗他人违反治安管理的，按照其教唆、胁迫、诱骗的行为处罚。"该条是对共同违反治安管理行为处罚的具体规定。

（一）共同违反治安管理行为的认定

共同的违反治安管理行为，是指两人以上共同实施同一违反治安管理行为。两个或两个以上行为人的行为指向是同一违反治安管理行为，并互相联系、互相配合，形成一个有机联系的违反治安管理活动的整体。共同违反治安管理行为必须同时具备三个条件：一是从主体上看，必须是两个以上具有责任能力的自然人。二是在客观方面，必须是两个以上行为人均全部共同参与实施了违反治安管理行为。三是在主观上，必须是两个以上的行为人具有共同违反治安管理行为的主观故意。

（二）对共同违反治安管理行为的处罚

1. 关于共同违反治安管理行为的一般处罚原则。在通常情况下，共同违法行为中的行为人在违法行为中所起的作用不同，有起主要作用的人和次要作用的人，有策划者和参与者，有组织者和被胁迫者，有主导地位和从属地位者等。共同违反治安管理行为人中所起的作用是多层次的，起主要作用的行为人中他们各自所起的作用也有大小之分，如组织策划者、骨干作用者、积极参与者；起次要作用的行为人中他们各自所起的作用也有大小之分，如一般参与者、附和参与者、被胁迫参与者。因此，对共同违反治安管理的行为人，应根据过罚相当原则，根据他们在违反治安管理行为中的地位主次、作用大小、情节轻重等情况分别给予处罚。根据规定，对处于主导地位、起主要作用的行为人，应当比对一般参与者或者处于次要地位、服从地位甚至受胁迫者、情节较轻者的处罚重。

分别处罚，是指对共同违反治安管理的行为人，要根据他们在同一违反治安管理行为中的违法情节、作用，明确应负的法律责任。因此，“分别处罚”常见的是分别作出不同的处罚。但如果这些行为人中所起的作用大小相当甚至一样，那么“分别处罚”也可以表现为分别相同的处罚。特别指出的是，如果两人以上共同实施多次多种违反治安管理行为时，那么，就应逐一分解，先将每种违反治安管理行为按照《治安管理处罚法》第17条的规定，根据行为人所起的作用分别处罚；然后再对每个行为人按照《治安管理处罚法》第16条分别决定，合并执行的规定处理。

2. 关于教唆、胁迫、诱骗他人违反治安管理的处罚。教唆，是指故意引起他人产生违反治安管理行为意图的怂恿行为。这种怂恿教唆的意图可以是用口头、书面表达的形式作出，也可以是以打手势、使眼色等一些肢体语言表达，甚至还可以是间接通过他人传授教唆意图，或直接向被教唆人示意。胁迫，是指采取威胁、要挟、逼迫等手段，强制他人实施违反治安管理行为的行为。胁迫既可以是采取暴力胁迫，也可以是采取非暴力胁迫，如损坏名誉、占有或者扣押财物等。诱骗，是指采取以物质或其他方式引诱或者蒙骗他人，让他人实施或者参与实施违反治安管理行为。诱骗一般是以物质引诱或者隐瞒事实真相等方式手段进行。以上三种行为只要实施其中一种即可处罚。教唆、胁迫、诱骗他人违反治安管理的，包括三种情况：一是被教唆人、被胁迫人、被诱骗人实施了被教唆、被胁迫、被诱骗的违反治安管理行为。二是被教唆人、被胁迫人、被诱骗人既没有实施被教唆、被胁迫、被诱骗的违反治安管理行为，也没有实施其他违反治安管理行为。三是被教唆人、被胁迫人、被诱骗人实施了违反治安管理的行为，但该行为不是教唆人、胁迫人、诱骗人所教唆、胁迫、诱骗其实施的行为。不论是哪种情况，均不影响教唆人、胁迫人、诱骗人“教唆、胁迫、诱骗他人违反治安管理的”行为成立。根据规定，教唆、胁迫、诱骗他人违反治安管理的，按照其所教唆、胁迫、诱骗的行为处罚；被教唆人、被胁迫人、被诱骗人违反治安管理的，按其所实施的行为处罚。

三、单位违反治安管理行为与处罚

《治安管理处罚法》第18条规定：“单位违反治安管理的，对其直接负责的主管人员和其他直接责任人员依照本法的规定处罚。其他法律、行政法规对同一行为规定给予单位处罚的，依照其规定处罚。”该条是对单位违反治安管理行为处罚的具体规定。

（一）单位违反治安管理行为的含义

单位违反治安管理行为，是指机关、团体、公司、企业、事业单位实施了依法应当给予治安管理处罚的行为。在实践中，大量违反治安管理行为的主体是自然人，单位作为社会活动的一个重要主体，并不是违反治安管理行为中的主要主体。但是，一些特定行业，如典当业、旅馆业、废旧物品收购业等，经常存在违反治安管理的情况，且大多既违反了经济管理、行政管理方面的法律、行政法规，同时又违反了治安管理的法律、法规。

（二）单位违反治安管理行为的特征

单位违反治安管理行为的特征主要表现在两个方面：一是行为的主体，这里的单位是个广义概念，既包括机关、团体、公司、企事业单位，也包括不具备法人资格的其他组织等。二是单位违反治安管理必须是在单位意志支配下，由单位成员实施的违反治安管理行为，包括作为和不作为两种形式，主要表现为单位领导决定、单位领导集体研究、单位不作为等情形。

（三）对单位违反治安管理行为的处罚

根据规定，单位违反治安管理行为的，对其直接负责的主管人员和其他直接责任人员进行处罚。直接负责的主管人员，是指单位中利用自己的职权，以命令、指示等方式指示单位职工进行违反治安管理行为的人员。其他直接责任人员，是指该违反治安管理行为的直接实施人员。直接负责的主管人员和其他直接责任人员，可以包括单位的职工、雇员，也可以包括单位的分管领导人和主要领导人。直接责任人员可能是一人，也可能是多人，还可能就是直接负责的主管人员。如果单位违反治安管理的行为是直接负责的主管人员一人所为的，只对其给予处罚；如果既存在直接负责的主管人员，也存在直接责任人员，则对他们都应当依法给予处罚。

其他法律、行政法规对同一行为规定给予单位处罚的，依照其规定处罚。该规定较妥当地处理好了治安管理处罚和一般行政处罚的衔接，既实现了对违法行为的惩罚，又不违反“一事不再罚”的行政处罚原则。

四、减轻处罚或者不予处罚

违反治安管理行为是具有一定社会危害性的行为，对违反治安管理行为给予处罚的直接依据是其行为的社会危害性以及该行为造成的后果。因此，对于违反治安管理行为，应当根据行为的性质、情节、危害后果及其程度、行为人的主观过错等，来决定给予其治安管理处罚。对于情节特别轻微、认错态度好，或者主观恶性小甚至是因为上当受骗而违反治安管理的，应当减轻或者不予处罚。这对高效处理治安案件，及时化解社会矛盾，以及帮助当事人改正错误，减少和预防违反治安管理行为，都有重要的意义。

减轻处罚，是指在法定的处罚方式和处罚幅度最低限以下，对违反治安管理行为人适用处罚。在处罚的轻重程度上，它介于从轻处罚和不予处罚之间，即在本应给予处罚的种类档次以下的一种降格处罚，或者同一处罚幅度最低限以下处罚。也就是突破法律处罚的规定限制。此外，适用减轻处罚时，应注意它与从轻处罚的区别。

不予处罚，是指依照法律的规定，考虑到法定的特殊情况存在，对本应给予处罚的违反治安管理行为人免除对其适用处罚，不再追究其法律责任。

根据《治安管理处罚法》第19条的规定，违反治安管理有下列情形之一的，减轻处罚或者不予处罚：

（一）情节特别轻微的

行为人违反治安管理，具有一定社会危害性，但违反治安管理的行为有不同情节，有的行为虽然违反治安管理，但是情节特别轻微，其社会危害性尚未达到应当受治安管理处罚的程度，如盗窃他人财物数额极少，殴打他人未造成任何伤害等，应当根据过罚相当原则，减轻处罚或者不予处罚。

（二）主动消除或者减轻违法后果，并取得被侵害人谅解的

这种情形主要是指，违反治安管理行为人主观上已经认识到行为的危害性，主动认错或者认错态度较好，并积极主动地采取措施消除或者减轻违法行为所造成的损害后果，被侵害人也能谅解的。这一规定更加强调消除后果的客观效果以及被侵害人的态度，这也防止了执法机关片面强调违反治安管理行为人的积极努力，而忽视对被侵害人利益的保护。

（三）出于他人胁迫或者诱骗的

在实践中，受诱骗人或者被胁迫人是在不能完全控制自己行为的情况下而违反治安管理，其主观方面恶性不大、过错不重，并且受诱骗人、被胁迫人往往是未成年人，其主观恶性很小，因此对这些人违反治安管理，通过批评教育，可以达到预期的目的。

（四）主动投案，向公安机关如实陈述自己的违法行为的

违反治安管理行为人主动投案，并如实陈述违法事实，这类似于刑法中的自首，表明行为人内心已经认识到自己的行为应受谴责，说明行为人主观恶性不深，因此有必要减轻处罚甚至不予处罚，这不但是过罚相当原则的要求，也有利于达到批评教育行为人的目的。如果还严格按照法律规定给予相应的处罚，效果势必不甚理想，甚至会影响到违反治安管理行为人违法后向公安机关主动投案，违背立法原意。

（五）有立功表现的

所谓有立功表现，是指违反治安管理行为人能主动揭发、检举他人的违法犯罪，并经查证其揭发、检举属实的情形，以及在日常生产、生活中舍己救人、见义勇为等情形。违反治安管理行为人能认识到错误，积极主动揭发、检举违法犯罪，配合公安机关查办、处理违法犯罪行为，这说明违反治安管理行为人主观恶性不大，应当予以减轻甚至不予处罚。这样规定有利于违反治安管理行为人积极配合执法机关的工作，以自己的实际行动展示其确有悔改之心，有利于对违反治安管理行为人的教育和转化。

这里需要强调两点，第一，这里所说的五种情形是“应当”减轻处罚或者不予处罚的情形，即必须减轻处罚或者不予处罚，而不是“可以”减轻处罚或者不予处罚。第二，具备上述五种情形之一，并不必然就不予处罚，对违反治安管理行为人是应当减轻处罚还是应当不予处罚，这必须根据实际情况由公安机关决定。当然，如果要处罚，则必须减轻处罚。

此外，治安管理处罚法还有几个法条体现了减轻处罚、不予处罚的适用规定。《治安管理处罚法》第 12 条对已满 14 周岁不满 18 周岁的人违反治安管理的，有应当减轻处罚的规定，对不满 14 周岁的人违反治安管理的，有应当不予处罚的规定。第 13 条对精神病人在不能辨认或者不能控制自己行为的时候违反治安

管理的，有应当不予处罚的规定。第 14 条对盲人或者又聋又哑的人违反治安管理的，有可以从轻、减轻或者不予处罚的规定。第 9 条对因民间纠纷引起的打架斗殴或者损毁他人财物等违反治安管理行为，情节较轻的，公安机关可以调解处理。经公安机关调解，当事人达成协议并已履行的，应当不予处罚。第 71 条对非法种植罂粟不满 500 株或者其他少量毒品原植物的，在成熟前自行铲除的，应当不予处罚。

五、从轻处罚

从轻处罚，是指在法定的处罚方式和处罚幅度内，对违反治安管理行为人在法律规定的处罚方式内选择较轻的处罚种类，或者在同一处罚种类的处罚幅度内选择较低的额度进行处罚。当然，从轻处罚既不是绝对要选择适用最轻的处罚方式种类，也不是一定要在幅度最低限进行处罚。

治安管理处罚法中有两个法条涉及从轻处罚的规定：第一，《治安管理处罚法》第 12 条对已满 14 周岁不满 18 周岁的人违反治安管理的，有应当从轻或者减轻处罚的规定。第二，《治安管理处罚法》第 14 条对盲人或者又聋又哑的人违反治安管理的，有可以从轻、减轻或者不予处罚的规定。

六、从重处罚

违反治安管理行为有情节轻微、危害后果不大、主观恶性不大的情形，同样存在违反治安管理行为情节严重、危害后果严重、主观恶性较大的情形。因此，治安管理处罚法在规定应当减轻处罚或者不予处罚的情形的同时，对一些应当从重处罚的情形也作了规定。

从重处罚，是对违反治安管理行为人在可能的处罚方式中选择较重的或在同一类处罚种类中处罚幅度内选择较高的额度进行处罚。从重处罚可以是法定最高处罚，但不必然是法定最高处罚。另外，必须注意到从重处罚不是加重处罚，加重处罚是指可以超越法律规定的处罚种类和幅度进行处罚，加重处罚不符合处罚法定原则，在立法中已不再规定适用。

根据《治安管理处罚法》第 20 条的规定，违反治安管理有下列情形之一的，从重处罚：

（一）有较严重后果的

违法行为造成的后果是否严重，是对行为人予以处罚的重要依据。所谓有较严重后果，是违反治安管理行为已经造成较为严重的后果，例如，造成他人身伤害较重，公私财物损毁较重，造成正常工作秩序或社会公共秩序严重混乱等。在此，要注意将违反治安管理后果严重与犯罪行为危害程度相区分。如果后果严重程度达到构成犯罪的程度，应当依照刑法的规定，追究其刑事责任而非违反治安管理责任。

（二）教唆、胁迫、诱骗他人违反治安管理的

教唆、胁迫、诱骗他人违反治安管理的行为，具有较大社会危害性，行为人的主观恶性较深，因此不管被教唆人、胁迫人、诱骗人有没有实施其所教唆、胁迫、诱骗的违反治安管理的行为，对教唆人、胁迫人、诱骗人都应当予以从重处罚。

（三）对报案人、控告人、举报人、证人打击报复的

违反治安管理的人，不但不对自己的行为认真反省、悔改，反而对报案人、控告人、举报人、证人进行打击报复，这足以说明行为人没有真正认识错误，恶性较大。因此，有必要对打击报复报案人、控告人、举报人、证人的行为予以严惩。实践证明，我们惩治违法犯罪分子必须依靠人民群众的配合。这样规定，是保护公民、法人和其他组织的合法权益的必然要求，有助于鼓励公民和单位与违法犯罪作斗争，在发现违法犯罪时能及时向公安机关报案、控告、检举并积极配合执法部门的工作，以保证执法

机关及时、准确地查处违法犯罪。

(四) 6个月内曾受过治安管理处罚的

违反治安管理行为人在6个月内曾受过治安管理处罚，说明行为人在6个月内有多次违反治安管理行为，而且先前的一些行为已被公安机关处理，在6个月内再次违反治安管理，说明行为人主观恶性较深，且置公安机关的处罚和教育于不顾，多次违反治安管理行为可能是同一性质的也可能是不同性质的，不论哪种情况，只有通过严惩，才能达到教育行为人的目的。值得注意的是，行为人在6个月内多次实施两种以上违反治安管理行为，如果均尚未受到过治安管理处罚的，这属于《治安管理处罚法》第16条规定的“分别决定，合并执行”的问题，不属于从重处罚的问题。6个月内曾受到过治安管理处罚的，包括因违反治安管理而受到过警告、罚款、行政拘留、吊销公安机关发放的许可证等任何一种处罚。只要在6个月内接受第二次治安管理处罚，不管是不是同类处罚，也不管是不是由同一公安机关作出的，均符合本条的规定。

此外，需要指出的是，阻碍人民警察依法执行职务和冒充军警人员招摇撞骗的违反治安管理行为，依照治安管理处罚法的相关规定，属于应当从重处罚的范畴。

七、追究时效

(一) 追究时效的含义

违反治安管理行为的追究时效，是指违反治安管理行为发生一段时间后，没有被公安机关发现的，不再追究违反治安管理行为人违反治安管理责任的法律制度。时效的规定，是教育与处罚相结合原则的充分体现，对妄图侥幸逃避处罚的违法者起一种积极的约束作用，同时有利于保护公民、法人或者其他组织的合法权益，增强他们同违法行为作斗争的积极性和主动性，有利于增强公安机关的责任感和提高公安机关的执法效能。《治安管理处罚法》第22条规定："违反治安管理行为在六个月内没有被公安机关发现的，不再处罚。前款规定的期限，从违反治安管理行为发生之日起计算；违反治安管理行为有连续或者继续状态的，从行为终了之日起计算。"

（二）追究时效的期限

从治安管理处罚法的规定看，我国违反治安管理行为的追究时效为6个月，即违反治安管理行为发生后，在6个月内没有被公安机关发现的，不再追究行为人的违反治安管理责任，行为人不受治安管理处罚。所谓"六个月内没有被公安机关发现"，是指自违反治安管理行为发生之日起6个月内公安机关没有受理该违反治安管理行为。受理就视为公安机关已经发现了违反治安管理行为。行为人不能到案接受处罚，或者说行为人逃避、藏匿，使公安机关无法决定处罚，不能视为没有被公安机关发现。

根据规定，6个月的追究时效的期限从违反治安管理行为发现之日起计算，至6个月后的同一日的前一日止。行为发生之日，是指违反治安管理行为完成或停止之日。例如，2005年1月3日发生违反治安管理行为，对该违反治安管理行为的6个月的追究时效的期限截止日期为2005年7月2日。如果是2005年7月3日或者以后公安机关发现，就已经超过了6个月的期限，不得再追究违反治安管理责任。

根据规定，违反治安管理行为有连续或者继续状态的，从行为终了之日起计算。例如，甲某在2005年5月5日进行了嫖娼，同年8月5日和10月4日又分别进行了两次嫖娼，这三次嫖娼均属于同一种性质的违反治安管理行为，属于连续状态。因此，对甲某嫖娼行为6个月的追究期限就应当从2005年10月4日起计算，至2006年4月3日止。如果公安机关在2006年4月4日或者以后才发现甲某的嫖娼行为，由于已经超过6个月的追究时效，就不能再追究甲某的违反治安管理责任了。

（三）不再处罚

不再处罚，是专指超过追究时效的期限，不再追究违反治安管理行为人受处罚制裁的法律责任。不再处罚并不等于不再处理，对违反治安管理的行为人仍然可以进行教育，只是不受处罚，但这并不影响其应该承担的其他法律责任，例如，治安管理处罚法第 8 条中规定的民事责任等和其他与治安管理处罚相关的法定辅助措施等。

八、单处与并处

（一）单处

单处是指对一种违反治安管理行为适用一种治安处罚，它是相对于并处而言的。在治安管理处罚法中，单处有两种情形：一是治安管理处罚法某些条文中明确规定，对某一些违反治安管理行为只能适用法律明确规定的某一种具体的处罚种类，对这些行为不能适用其他种类的处罚，如治安管理处罚法中共有 11 个法条规定了对其中的具有较为严重的社会危害性行为只能适用行政拘留处罚，不能适用警告、罚款等处罚种类，没有可供选择的余地，这些行为具有较为严重的社会危害性，这样规定，限制了公安机关的自由裁量权，防止了以罚代拘，符合立法精神。二是治安管理处罚法有一些条文中规定了对一些违反治安管理行为设置了多种可供选择的处罚种类，只能选择其中一种处罚。如选择了罚款的处罚，就不能再实施拘留的处罚，反之选择了拘留的处罚，就不能再实施罚款的处罚。只能择一而行之。

（二）并处

并处是指对一种违反治安管理行为，给予某种处罚的同时，再给予另一种处罚。并处必须在法律明文规定的范围内进行，不能突破这个界限。在治安管理处罚法中，并处有几种情形：一是

“应当并处”的。治安管理处罚法中共有 17 处规定有必须并处的内容，应当并处的则不能适用一种处罚，这是一种法律的硬性规定。二是“可以并处”的。治安管理处罚法中共有 28 处规定有可以并处的内容，可以并处的则是既可并处，又可以单处。可以并处的规定，应理解为既可以并处，又可以不并处，如果没有并处则属于单处，执法中据情选择适用。

思考题：

1. 治安管理处罚的适用包括哪些方面的主要内容？
2. 从轻处罚、减轻处罚在实践工作中如何运用？
3. 如何正确理解《治安管理处罚法》第 16 条“分别决定，合并执行”的规定？
4. 如何理解追究时效的相关规定？
5. 综述治安管理处罚法对并处适用的有关内容。

第五章　治安调解

第一节　治安调解概述

调解，是指在第三人的主持和教育疏导下，促使双方当事人交换意见、互谅互让、以一定条件和解，从而解决纠纷的一种方法。在我国，调解大致可分为人民调解、司法调解、行政调解、仲裁调解、法院调解五种。公安机关对因民间纠纷引起的治安案件所进行的调解，属于行政调解。因为调解的是治安案件，并且一般由公安机关治安管理部门主持，所以将这种调解称为“治安调解”。

一、治安调解的概念

根据《治安管理处罚法》第9条的规定，对于因民间纠纷引起的打架斗殴或者损毁他人财物等违反治安管理行为，情节较轻的，公安机关可以调解处理。根据这一规定，作为对违反治安管理行为的一种处理方法的调解，是指对于因民间纠纷引起的打架斗殴或者损毁他人财物等违反治安管理行为，不给予治安管理处罚，而采取在公安机关主持下，由双方当事人互相协商，自愿达成解决争议协议的处理方法。

二、治安调解的意义

治安调解是公安机关对于因民间纠纷引起的打架斗殴或者损毁他人财物等违反管理行为进行处理的一种特殊方法，是公安机关办理治安案件的一种方式，也是公安机关进行治安行政管理活动之一。它体现了我国公安机关在治安管理中坚持教育与处罚相结合的原则。公安机关对于因民间纠纷引起的情节较轻的违反管理行为进行调解，对妥善解决民间纠纷，缓解人民内部矛盾，减少违法犯罪和不安定因素，促进社会治安稳定与社会的和谐发展具有十分重要的意义。

（一）有利于人民内部安定团结

民间纠纷在现实生活中经常发生，往往由于纠纷双方当事人缺乏正确的态度，互不相让，引起打架斗殴或者毁损他人财物，从而违反治安管理。公安机关对这类行为调解处理，引导当事人正确对待自己，正确对待他人，促使双方互谅互让，自愿达成解决矛盾的协议，就可以使他们消除隔阂，加强团结，从而有利于社会的安定。

（二）有利于教育群众遵守国家的法律

有的群众由于缺乏法律知识，在发生纠纷时，往往不择手段，不计后果。在这种情况下，公安机关调解处理，可以就事论法，开展法制宣传，对群众进行守法教育，使群众懂得哪些是法律允许做的，哪些是法律要求做的，哪些是法律禁止做的，从而增强法律意识，自觉遵守国家的法律。

（三）有利于预防犯罪

当前社会上发生的相当数量的犯罪，特别是一些杀人、放火、爆炸等严重犯罪，往往是因民间纠纷没有得到及时正确的处理，造成矛盾激化而引起的。这类犯罪往往经历了由单纯的纠纷发展到违反治安管理，再由违反治安管理发展到犯罪的过程。因此，对于因民间纠纷引起的打架斗殴或者毁损他人财物等违反治安管理行为，公安机关调解处理，可以通过对当事人进行说服教育，消除他们之间的对立情绪，缓和他们之间的矛盾，引导他们用正当的手段解决争议，从而达到防止他们铤而走险，为了报复对方而实施犯罪的目的。

三、治安调解的适用条件

适用调解处理，必须严格按照法定条件，并不是所有的违反治安管理行为都适用治安调解处理。根据《治安管理处罚法》第9条的规定，公安机关可以调解处理的，是因民间纠纷引起的打架斗殴或者损毁他人财物等违反治安管理行为。《公安机关办理行政案件程序规定》第145条第1款规定："公安机关对违反治安管理的下列行政案件可以调解处理：（一）因民间纠纷引起的打架斗殴造成轻微伤害的；（二）因民间纠纷造成他人财物损毁，情节轻微的；（三）其他因民间纠纷引起的违反治安管理行为，情节轻微的。"由此可见，具备下列条件的，才可以适用调解处理：

（一）当事人至少一方已构成违反治安管理行为

根据《治安管理处罚法》的规定，有违反治安管理行为的存在是进行治安调解的前提条件。要进行治安调解，必须先行查明至少一方当事人已经构成了违反治安管理行为。对不构成违反治安管理的行为，或者当事人是违反民事、刑事法律或其他行政法规的行为，则不属于公安机关治安调解的范围。对触犯刑事法律的当事人，应当按照刑事诉讼程序予以处理；对不构成违反治安管理行为的民间纠纷，应当告知当事人向人民法院或者基层人民调解组织申请处理。

（二）必须实施了打架斗殴或者损毁他人财物等违反治安管理行为

根据《治安管理处罚法》第9条的规定，能够予以治安调解的应只限于"打架斗殴或者损毁他人财物等违反治安管理行为"。此处的"等"应作"等内"还是"等外"解，在理论界存在有较大的分歧，为此，《公安机关办理行政案件程序规定》第145条第1款第3项明确规定“其他因民间纠纷引起的违反治安管理行为”亦可以调解处理，即明确说明了此处应作“等外”解。2004年5月18日最高人民法院发布的《关于审理行政案件适用法律规范问题的座谈会纪要》也作了明确规定，在裁判案件中解释法律规范，是人民法院适用法律的重要组成部分。法律规范在列举其适用的典型事项后，又以“等”、“其他”等概括性用语表示的事项，均为明文列举的事项以外的事项，且其所概括的情形应为列举事项类似的事项。因此，在实践工作中，对因民间纠纷引起的侮辱行为、诽谤行为、非法限制他人人身自由行为、非法侵入他人住宅行为、干扰他人正常生活行为等违反治安管理行为，也可以调解处理。

（三）必须是由于民间纠纷引起的

根据规定，能够适用治安调解的违反治安管理行为必须是由于民间纠纷所引起的，对以扰乱公共秩序为目的发生的结伙斗殴行为，在没有民间纠纷的前提下发生的殴打他人行为，故意损毁他人财物的行为，非法限制他人人身自由行为等，不能适用治安调解。

在此，应当正确理解民间纠纷的含义。目前，理论界对民间纠纷的含义没有一个统一的界定，一般认为，民间纠纷是指公民之间在公共生活中因为家庭、邻里、婚姻、继承、抚养、礼仪、财产等民间关系发生的有关人身、财产权益的争议，以及由日常生活琐事而引起的纠纷。构成民间纠纷，必须同时具备两个条件：第一，双方当事人之间存在一定的民事权益争执。第二，双方之间具有一种经常交往的关系或者联系。

（四）必须是情节轻微的违反治安管理行为

能够进行治安调解的行为，除了应当构成违反治安管理行为外，还必须是情节轻微的。因为通过调解达成协议，双方当事人履行调解协议后，对行为人的违法行为就不能再予处罚，如果对较严重的违反治安管理行为也进行调解，则势必放纵这些违反治安管理行为人。同时，对于情节严重的行为，当事人中的一方一般不会同意调解，即使调解，难度也会很大。因此，根据规定，必须是情节轻微的违反治安管理行为，才能进行治安调解。

只有上述四个条件同时具备，才能运用治安调解处理的方式，缺少其中任何一个条件，都不能进行治安调解处理。

值得注意的是，并不是对符合上述条件的违反治安管理行为，公安机关就一定要进行调解，因为治安管理处罚法规定的是“……公安机关可以调解处理”。“可以”调解也就意味着“可以”不调解。这就要求公安机关在作出是否予以调解处理的决定前，应当对双方当事人的矛盾纠纷认真地进行调查研究，看双方当事人对调解有无诚意，有无接受教育引导的可能；通过调解能否消除矛盾，平息事态，从而达到使双方不再违反治安管理的目的。所以，公安机关应当从治安案件的实际情况出发，具体问题具体分析，把着眼点放在如何处理更有利于教育违反治安管理行为人，增进双方团结上，不要盲目地进行调解。在实践中，对因民间纠纷引起的违反治安管理行为，不适宜选择调解的，主要包括以下情形：第一，违反治安管理行为后果比较严重，情节比较恶劣的。第二，违反治安管理行为人不认错的。第三，违反治安管理行为人利用民间纠纷打击报复的。第四，违反治安管理行为人一贯蛮不讲理，无事生非，欺压群众的。第五，当事人在调解过程中或者达成调解协议后，又重新挑起事端，制造新矛盾或者再次违反治安管理的。

四、适用治安调解的原则

根据《公安机关办理行政案件程序规定》第 146 条、第 147 条的规定，公安机关在进行治安调解处理时，应当遵循公开、合法、公正、自愿、及时的原则，注重教育疏导，化解矛盾。

（一）公开原则

为了增加公安机关在进行治安调解时的透明度，加强对治安调解的监督和便于教育群众，治安调解应当适用公开原则。根据《公安机关办理行政案件程序规定》第146条的规定，公安机关调解处理的行政案件，应当公开进行。“阳光是最好的防腐剂”，在治安调解中适用公开原则，可以遏制公安机关的腐败和滥用职权。公开原则要求公安机关在调解纠纷的过程中，允许公众，特别是新闻记者在场旁听，从而保证社会公众对治安调解的参与，有利于加强对公安机关的监督，增强公安机关的责任感。公开调解，也是治安调解协议获得当事人乃至公众认可的基础。对于当事人来说，即使事后对不利于自己的协议不服，但由于该协议是通过公开的程序作出的，他的不满也就失去了基础。因此，以公开的方式进行治安调解，更有利于保护双方当事人的利益，也更有利于调解协议的执行。

当然，公开原则也不是治安调解的绝对要求。根据《公安机关办理行政案件程序规定》第146条的规定，对涉及个人隐私及违反治安管理行为人和受害人都要求不公开调解的案件，公安机关应当不予公开调解。

（二）合法原则

调解合法是治安调解有效的前提条件，它包括程序合法和实体合法。其要求在调解纠纷的程序上，要尊重当事人的意愿，不得强行调解；在调解纠纷的依据上，要把国家法律、法规作为调解纠纷的主要依据，不能充当“和事佬”，无原则的“和稀泥”；在纠纷经调解达成的协议内容上，必须符合我国法律和政策的规定，不得损害国家、集体利益和他人的合法权益。

（三）公正原则

所谓公正，是指“公平正直、没有偏私”。公安机关在进行治安调解时，要求在主观上对纠纷各方当事人应公正对待、一视同仁，不能区别对待，更不能感情用事；在客观上要正确把握公正性标准，充分考虑到每一个可以进行治安调解的违反治安管理行为的具体情况，认真分析其原因、危害及纠纷各方当事人的态度等方面情况，以保证调解的质量。

（四）自愿原则

“意思自治”是民事法律所规定的基本原则。治安调解只存在自愿调解，不存在强制调解。公安机关在进行治安调解前，要在进行法制教育的前提下，了解双方当事人是否愿意使用调解这一方法来处理此次纠纷，如果双方均表示愿意调解或者有愿意调解的意思表示，才能进行治安调解；在进行治安调解中，双方当事人均有权随时中止调解，公安机关不得强迫；在治安调解后，各方当事人是否达成协议，必须尊重当事人的意思，不能强迫或变相强迫当事人达成调解协议。调解协议是在法律允许的范围内，自愿协商，相互让步达成的结果。如果各方当事人达不成协议即应终结调解。

（五）及时原则

治安调解的主要目的是及时消除纠纷双方当事人之间的隔阂，使双方言归于好，增进彼此之间的团结，预防和减少违法犯罪活动的发生。因此，因民间纠纷引起的违反治安管理行为发生后，公安机关要认真进行调查分析，对符合治安调解条件，认为可以调解处理的，要迅速介入，及时进行调解处理，防止因此产生报复、上访等事件的发生；对不符合治安调解处理的条件或者公安机关认为不适宜治安调解的或者治安调解不成的，公安机关也要及时依法对违法当事人予以处罚，以防止纠纷当事人进行报复或再生事端。

（六）教育和疏导原则

这是对公安机关进行调解时在方法上的要求。公安机关对因民间纠纷引起的违反治安管理行为的行政案件进行调解，目的就是查清事实，讲清道理，解决纷争，化解矛盾，相互谅解，达成协议。凡是通过调解的方式能够解决当事人之间的纠纷，就不一定采取治安处罚的手段进行处理，公安机关通过调解处理，可以教育当事人自觉遵守国家的法律、法规，通过合法途径或者手段解决权益纠纷，使当事人双方不再继续违反治安管理。

第二节　治安调解的程序

一、治安调解的基本程序

治安调解的基本方法是说服教育，依法疏导，明确是非，促使双方当事人互谅互让，协商言和，使纠纷得以妥善解决。进行治安调解时，应遵循以下程序：

（一）依法受理

受理是治安调解的第一道程序，要做好受理工作，必须抓住两个环节：

1. 认真接待，稳定情绪。《人民警察法》第 21 条规定："……对公民提出解决纠纷的要求，应当给予帮助……"公民向人民警察提出解决纠纷的要求，这是人民群众出于对人民警察作为执法者公正处理问题的信任。然而，并不是所有的纠纷都在公安机关治安调解范围之内，由于人民群众对调解纠纷的法律分工不明确，不了解哪些纠纷属于治安调解，哪些属于法院调解，哪些属于人民调解。但是，人民警察还是应该先做好接待工作，稳定纠纷当事人的情绪。如果当事人在纠纷中造成伤害的，应要求其先到指定的医院就诊。人民警察如能及时对纠纷双方进行耐心的思想教育工作，晓之以法、明之以理、动之以情，这对于预防矛盾的激化，维护人民群众生产、工作和生活秩序，保障社会稳定具有重要意义，同时也有利于提高人民警察的威信。所以，人民警察对公民提出解决纠纷的要求应当给予帮助，不可借口推诿。

2. 分清纠纷类型，作出正确处置。对公民提出解决纠纷的要求，人民警察应根据问题的性质和程度，给予不同的帮助。属于以财产、婚姻等民事关系为主要内容的民事纠纷，不构成违反治安管理的，应告知当事人到有关人民法院或者人民调解组织申请处理；基于合同关系而发生的纠纷，告知公民到法院或仲裁机关等有关机构解决。对于符合治安调解条件的，予以调解处理；对于构成违反治安管理行为，不符合调解条件的，则应依法予以治安处罚；对构成犯罪的，依法追究刑事责任。

对所发生的纠纷，无论是受理或不受理的，公安机关都要分别登记。凡构成违反治安管理行为的，应当受理。

（二）查明纠纷主要事实，分清是非责任

决定受理后，公安机关应当根据案件的性质，开展调查工作，认真调查纠纷的具体情况、动向、产生的原因，了解案件的事实，掌握当事人双方的意见和请求、群众对此事的看法，全面掌握第一手材料。对治安纠纷的调查，应当像办理其他治安案件一样，询问违反治安管理行为人，询问当事人，询问证人，现场勘验，收集当事人提交的物证、书证等，对所获取的材料要进行分析，去粗取精，去伪存真，力求全面、准确、充分，只有在对纠纷的主要事实查明以后，才能分清双方当事人的是非责任，才便于正确进行治安调解，否则，只会出现久调不解甚至使纠纷激化、转化。

（三）斡旋劝说，促进治安调解

斡旋劝说是纠纷调解的重要环节。治安调解人员在进行治安调解过程中，应遵循以下步骤：

1. 分别对纠纷当事人进行治安调解。因为双方当事人由于矛盾没有缓解，情绪没有稳定，还处于对立状态，在这种情况下，不宜让他们同时参加调解。治安调解人员应该分别与被调解者进行交谈，从而保证交流的质量。

2. 引导纠纷当事人进一步认清纠纷的事实真相，逐步分清自己的责任。

3. 治安调解人员依据国家法律、党的政策、社会公德，对当事人进行说服疏导，以提高当事人的思想道德觉悟、法律意识。

4. 在了解全部事实真相的基础上，把握时机，依法明断是非，分清责任，并提出公正合理的调解意见。

5. 调解工作做通后，纠纷当事人双方意见达成一致，表示愿意接受治安调解。

(四) 依法办事，结束治安调解

结束治安调解有两种情况：一是经过自愿协商达成协议，治安调解成立而结束。二是经过协商不能达成协议，治安调解不成而结束或者治安调解达成协议后又反悔的。

1. 达成协议，治安调解成立而结束调解。

(1) 制作调解笔录。应当将治安调解的基本情况记入调解笔录，由双方当事人核对后签名或盖章。案情特别简单，不需要制作《治安调解书》的，应当将治安调解过程、协议记入调解笔录。

(2) 制作《治安调解书》。治安调解达成协议，应制作《治安调解书》，并加盖调解机关公章。《治安调解书》的内容包括当事人的基本情况、简明案由、达成的协议内容、时间、双方当事人及主持调解的人民民警的签名。《治安调解书》一式三份，双方当事人各执一份，公安机关留一份备案。治安调解协议自《治安调解书》送达双方当事人手中，双方当事人均表示同意时起生效。

(3) 归档立卷。由于治安调解的前提是违反治安管理行为，公安机关在调解处理前，往往已通过受理，立为治安案件，形成一定的案件材料。因此，有必要归档立卷存档，制作治安调解案卷。

2. 治安调解不成或达成协议后反悔的。《治安管理处罚法》第9条规定："……经公安机关调解，当事人达成协议的，不予处罚。经调解未达成协议或者达成协议后不履行的，公安机关应当依照本法的规定对违反治安管理行为人给予处罚，并告知当事人可以就民事争议依法向人民法院提起民事诉讼。"根据该规定，公安机关对治安调解不成或达成协议后反悔的，有权终止调解。经治安调解达成的协议，如果当事人一方或双方没有履行或者没有完全履行，在一方或双方向公安机关提出并且经过核查属实后，公安机关有权撤销调解协议。对调解不成或达成协议后《治安调解书》送达前反悔的，对治安违法部分由公安机关依法给予治安处罚；对民事侵权行为及其所造成的损失和伤害部分的调解处理不服的，应告知当事人到人民法院按民事案件起诉。

二、进行治安调解应当注意的问题

为了保证治安调解的质量，必须认真规范公安机关进行治安调解的行为。根据《治安管理处罚法》和《公安机关办理行政案件程序规定》的规定，公安机关在进行治安调解时应当注意以下问题：

（一）讲究调解的效率

为了提高治安调解的效率，避免出现久调不解的状况，《公安机关办理行政案件程序规定》第150条规定："调解一般为一次，必要时可以增加一次……"这就要求公安机关在决定受理调解纠纷后，应当迅速查清案件事实情况，认真组织调解，及时调结案件，不能久调不解。同时，为了推动治安调解的进程，加强对纠纷双方当事人的说服与教育工作，公安机关在进行治安调解时，可以邀请当事人所在居委会、村委会的人员或者为双方当事人熟悉、为人公正的人员参加。一般情况下，公安机关对纠纷的调解只能调解一次；在特殊情况下，如纠纷双方当事人仍坚持要进行调解处理，或者当事人所在居委会、村委会认为进行调解处理将更为合适，或者公安机关认为再进行一次调解将会较快地达成治安调解协议的，公安机关可以决定再调解一次。

（二）注意保障未成年人的合法权益

由于未成年人的身心尚未完全发育成熟，加之社会经验不足，决定了其在双方当事人之间处于弱势地位。为了在治安调解中保障未成年人的合法权益，《公安机关办理行政案件程序规定》第148条规定：“当事人中有未成年人的，调解时未成年当事人的父母或者其他监护人应当在场。”这就要求公安机关在对涉及未成年人的案件进行治安调解时，必须通知其父母或者其他监护人到场。在达成的治安调解协议中，除了未成年的当事人应当签名以外，还应当要求其父母或者其他监护人签名。

值得指出的是，对未成年人的父母或其他监护人不在场而达成的治安调解协议，该协议是否有效或者经公安机关通知后未成年人的父母或其他监护人不参加调解，公安机关能否进行治安调解的问题，《公安机关办理行政案件程序规定》没有作出具体规定。笔者认为，对未成年人的父母或其他监护人不在场而达成的治安调解协议是否有效，应当从两个方面进行理解：一是事后追认或默认，即未成年人的父母或其他监护人事后认可该治安调解协议或者执行该治安调解协议的，视为该调解协议有效。二是事后否认或拒绝，即未成年人的父母或其他监护人事后不认可或拒绝执行该治安调解协议的，则应视为该调解协议无效。对经公安机关通知，未成年人的父母或其他监护人不参加治安调解的，应视为其不同意调解处理，该案则不能进行治安调解处理。

(三) 注意调解的方式方法

调解的方式方法对于做好调解工作至关重要。在进行调解工作中，在调解的方式方法上应当坚持“四宜四不宜”:

1. 宜解不宜结。就是从解决双方当事人的矛盾入手，通过调解，进行教育、疏导，促使双方重归于好。

2. 宜和不宜激。在调解时，先要努力缓和双方当事人的对立情绪，然后再讲理讲法，分清是非，使矛盾得到解决。

3. 宜缓不宜急。就是在处理时不要急于下结论，因为这类案件的当事人在纠纷发生的一段时间内，双方对立情绪都很大，此时调解难度很大，一旦双方冷静下来后，是能够认识错误的。急于下结论不利于消除矛盾。

4. 宜宽不宜严。就是当这类案件调解不成，需要对违反治安管理行为人进行处罚时，要尽量依法从轻处理，以避免双方矛盾再次激化。

(四) 做好调查取证工作

对于符合调解处理条件的案件，公安机关受理后，不论将来是否适用调解处理，都要及时做好深入细致的调查取证工作。目前在实践中存在一种错误倾向，就是有的公安民警认为，既然是可以适用调解处理的治安案件，到时候组织双方当事人调解即可，没有必要花时间、精力去做调查取证工作。一旦调解不成或出现调解协议不履行的情况，就可能事过境迁，该有的证据无法取到，不仅导致难以认定是哪一方的过错，造成案件调解不下去，而且等到需要作出处罚决定时，也因为事实不清、证据不足而处罚不了。这不仅不利于化解矛盾、解决纠纷，而且影响法律的尊严和公安机关的威信。因此，即使对可以适用调解的案件，公安机关也必须及时依法调查取证，查清事实真相，收集足够的证据。这既可以为调解创造有利条件，便于说服教育当事人，也可以为调解不成时作出处罚决定奠定坚实的基础。

（五）正确理解治安调解协议的法律效力

公安机关对违反治安管理行为调解处理，是一种执法活动。在公安机关主持下，双方当事人自愿达成调解协议，自《治安调解书》送达双方当事人手中，双方当事人均表示同意时起即具有法律效力，当事人和公安机关都要受调解协议的约束：当事人应当履行协议所规定自己承担的义务，不能在没有正当理由的情况下，拒绝或者拖延履行义务；公安机关在协议没有被依法撤销前，不能再对同一违反治安管理行为裁决处罚。

值得注意的是，治安调解达成的协议虽然具有法律效力，但不能强制执行。当事人无正当理由拒绝或者拖延履行协议所规定的义务的，公安机关应当进行说服教育，促使其提高认识，自觉履行。如果双方当事人或者一方当事人拒绝接受教育，坚持不履行协议的，公安机关可以依照一方或双方当事人的请求，撤销调解协议，依法对违反治安管理行为人予以处罚；对违法行为造成的损害赔偿纠纷，应当告知纠纷各方向人民法院提起民事诉讼。不得用行政手段强制当事人接受调解或强制执行调解协议。

思考题：

1. 简述治安调解的范围和条件。
2. 简述治安调解的原则。
3. 简述治安调解的程序。
4. 试述治安调解应当注意的问题。

第六章　扰乱公共秩序行为

第一节　扰乱公共秩序行为的构成

公共秩序是指人们在长期社会生活中所形成的公共生活有条不紊的社会状态，是维护国家、社会存在和发展所必需的秩序，它一般通过法律、法规和公共生活准则、道德规范来调整和规范。良好的公共秩序是人们正常从事工作、生产、营业、教学、科研和生活的必要条件，也是人类社会之所以能够存在、延续并不断向前发展的基本条件之一。遵守和维护公共秩序，是我国宪法规定的内容，也是每一个公民应尽的义务和起码的道德要求。扰乱公共秩序行为是指以故意扰乱和破坏法律、法规所确立的公共生活准则和公共行为规范，尚不够刑事处罚的行为。这类违反治安管理行为涉及范围较广，包括生产秩序、工作秩序、教学科研秩序、营业秩序、交通秩序、公共场所秩序、群众生活秩序等。扰乱公共秩序行为较严重地影响了社会的生产、工作和生活秩序，是公安机关依法查处违反治安管理行为的重点之一。从扰乱公共秩序行为的概念分析，构成扰乱公共秩序行为必须具备四个要件。

一、行为侵犯的客体是社会公共秩序

社会公共秩序的范围很广，包括国家机关、企事业单位的工作秩序、生产秩序、营业秩序、教学秩序、科研秩序、医疗秩序、公共场所的活动秩序、公共交通工具上的秩序、人们的生活

秩序以及其他公共生活准则等。扰乱公共秩序行为的特点，就在于它破坏了公共秩序和社会管理秩序的稳定与正常状态，使人们的生产、工作、学习和社会生活受到严重的影响，如使人们精神惊恐不安，工作生活处于无序状态，不能正常进行。

二、行为的客观方面表现为行为人实施了扰乱公共秩序，破坏了正常的生活准则，尚不构刑事处罚的行为

构成这类行为有的要求必须造成一定的危害后果，有的则规定只要实施了一定行为即可构成。在实践中，如果行为人实施违法行为给社会造成了较为严重的危害后果，符合犯罪构成要件，应该按照刑法的有关规定，追究行为人的刑事责任。从空间范围上看，扰乱公共秩序的行为大多发生在公共场所，但是也有一部分扰乱公共秩序的行为发生在非公共场所，所以，不能把发生在公共场所作为扰乱公共秩序行为的惟一客观特征。

三、行为的主体只能是自然人

实施扰乱公共秩序行为的主体，只能是达到责任年龄，具有责任能力的自然人，单位不能构成本类行为的主体。

四、行为的主观方面必须是出于故意

扰乱公共秩序行为的主观方面均出于故意，过失不能构成此类行为，即扰乱公共秩序的行为人有着明确的主观故意，即通过破坏来达到其主观目的或者是精神上的满足。

第二节 扰乱公共秩序行为的认定与处罚

一、扰乱单位秩序行为

（一）扰乱单位秩序行为的构成

扰乱单位秩序行为，是指扰乱机关、团体、企业、事业单位的秩序，致使工作、生产、营业、医疗、教学、科研不能正常进行，尚未造成严重损失，依法应当予以治安管理处罚的行为。该行为的主要法律特征是：

1. 行为侵犯的客体是社会秩序，即机关、团体、企业、事业单位正常管理活动的秩序。

2. 行为的客观方面表现为扰乱机关、团体、企业、事业单位的秩序的行为，并且造成这些单位的工作、生产、营业、医疗、教学、科研不能正常进行的危害结果。在实践中，扰乱公共场所秩序的行为表现形式很多，例如，在单位内起哄、闹事、辱骂；擅自封闭单位的出入通道；占据单位工作场所；纠缠单位职工，使其无法工作等。构成本行为的前提是尚未造成严重损失，即未造成停产停业或者重大经济损失等情形。认定时，要注意一些单位职工群众对政府一些部门或者本单位内部的一些决策、规章制度和处理结果不满而采取一些过激的行为，但是通过劝阻、制止和说服教育，行为人改正或者终止了自己的行为，没有造成影响和损失的，则可不予处罚。

（二）扰乱单位秩序行为与相关行为的区别

1. 与聚众扰乱社会秩序罪的区别。二者的区别在于是否造成了严重损失。构成犯罪的严重损失，一般是指行为人聚众扰乱社会秩序的行为导致生产、营业单位较长时间不能正常生产或营业，造成严重损失；导致党政机关不能正常工作，造成不良影响；导致教学、科研机构不能正常进行教学、科研工作，严重阻碍了教学、科研工作等情形。聚众扰乱社会秩序罪的主体仅限于聚众的首要分子和积极参加者，对于一般的参与者，不以犯罪论处，可视情节以违反治安管理行为论处。

2. 与聚众冲击国家机关罪的区别。二者的主要区别是：

(1) 行为侵犯的客体不同。前者侵犯的既有国家机关的工作秩序，又有社会团体、企业、事业单位的秩序；后者侵犯的客体仅仅是国家机关的工作秩序。

(2) 危害程度不同。前者是致使单位的工作、生产不能正常进行，但尚未造成严重损失；后者是致使国家机关的工作无法进行，并且造成了严重损失。

(3) 行为的情节不同。前者情节较轻，后者情节较重。

(4) 主体不同。前者既可以由个人实施，也可以群体共同实施；后者则只能是聚众实施，并且构成犯罪的仅仅是实施扰乱单位秩序的首要分子和积极参加者，对其他普通参加者，可予以治安管理处罚。

(三) 扰乱单位秩序行为的处罚

根据《治安管理处罚法》第 23 条的规定，对构成本行为的，处警告或者 200 元以下罚款；情节较重的，处 5 日以上 10 日以下拘留，可以并处 500 元以下罚款。聚众实施本行为的首要分子，处 10 日以上 15 日以下拘留，可以并处 1000 元以下罚款。

二、扰乱公共场所秩序行为

(一) 扰乱公共场所秩序行为的构成

扰乱公共场所秩序行为，是指扰乱车站、码头、民用航空站、市场、商场、公园、影剧院、娱乐场所、运动场、商场或者其他公共场所秩序，尚不够刑事处罚的行为。该行为的主要法律特征是：

1. 行为侵犯的客体是公共场所的秩序。

2. 行为的客观方面表现为行为人以各种方法实施了扰乱公共场所秩序的行为。公共场所，是指向不特定的社会公众开放的，不特定的社会成员均可以进入进行社会活动的各种场所。主要包括广场、车站、码头、民用航空站、商场、公园、影剧院、展览会、运动场、游泳池、宾馆饭店等公共区域。扰乱公共场所秩序行为通常表现为：在公共场所故意违反行为规则，聚众起哄闹事；进行非法集会、游行、示威活动，造成交通堵塞，秩序混乱；阻止、抗拒有关工作人员维护公共秩序等。

（二）扰乱公共场所秩序行为与相关行为的区别

1. 与扰乱单位秩序行为的区别。二者区别的关键是行为所侵犯的直接客体不同。前者侵害的直接客体是公共场所正常的管理和活动秩序，而后者侵害的直接客体是机关、团体、企事业单位的工作、生产和教学等秩序。

2. 与聚众扰乱公共场所秩序罪的区别。二者的主要区别是：

（1）从行为的参与者来说，前者由单人或多人均可构成；后者必须是人数众多，达到聚众的程度。

（2）从行为手段看，后者有抗拒、阻碍国家治安管理工作人员依法执行职务的情节，此情节较为恶劣；前者则无。

（3）从主体看，对于前者，一般人均可以构成；后者则只是起组织、策划作用的首要分子构成犯罪，其他参与者可按违反治安管理行为论处。

（三）扰乱公共场所秩序行为的处罚

根据《治安管理处罚法》第23条的规定，对构成本行为的，处警告或者200元以下罚款；情节较重的，处5日以上10日以下拘留，可以并处500元以下罚款。聚众实施本行为的首要分子，处10日以上15日以下拘留，可以并处1000元以下罚款。

三、扰乱公共交通工具秩序行为

（一）扰乱公共交通工具秩序行为的构成

扰乱公共交通工具秩序行为，是指扰乱正在营运的公共汽车、电车、火车、船舶、航空器等公共交通工具上的秩序，尚不够刑事处罚的行为。该行为的主要法律特征是：

1. 行为侵犯的客体是正在营运的公共交通工具上的秩序。交通工具，包括公共汽车、电车、火车、船舶、航空器或者其他公共交通工具，不包括停放在库内或停靠在车站、码头待用的公共交通工具。

2. 行为的客观方面表现为行为人实施了扰乱正在营运的公共交通工具上的秩序的行为，造成了公共交通工具上的秩序陷于混乱，影响了正在营运的公共交通工具的正常运行，但尚未造成无法运行的严重后果。例如，在公共交通工具上无理取闹；在车身和车内设备上乱涂、乱画；携带危害公共安全的蛇、狗等动物乘车等。

（二）扰乱公共交通工具秩序行为与相关行为的区别

认定本行为，应当注意其与聚众扰乱交通秩序罪的区别。二者的主要区别是：

1. 行为所侵犯的客体不同。前者侵犯的客体是在营运的公共交通工具上的秩序，后者侵犯的客体是交通秩序。

2. 实施行为的空间范围不同。前者必须是在正在营运的交通工具内实施，后者可以发生在道路上和公共交通工具内。

3. 行为实施的主体不同。前者主体是一般主体，后者主体必须是聚众扰乱交通秩序的首要分子。

4. 情节不同，前者情节轻微，未造成严重后果；后者情节严重，例如，导致交通秩序严重破坏，造成严重经济损失等。

（三）扰乱公共交通工具秩序行为的处罚

根据《治安管理处罚法》第23条的规定，对构成本行为的，处警告或者200元以下罚款；情节较重的，处5日以上10日以下拘留，可以并处500元以下罚款。聚众实施本行为的首要分子，处10日以上15日以下拘留，可以并处1000元以下罚款。

四、妨碍交通工具正常行驶行为

（一）妨碍交通工具正常行驶行为的构成

妨碍交通工具正常行驶行为，是指非法拦截或者强登、扒乘机动车、船舶、航空器以及其他交通工具，影响交通工具正常行驶，尚不够刑事处罚的行为。该行为的主要法律特征是：

1. 该行为侵犯的客体是国家对机动车、船舶、航空器以及其他交通工具的管理秩序。

2. 行为的客观方面表现为行为人采用了非法拦截或者强登、扒乘交通工具，影响了交通工具秩序的正常运行，但尚未造成无法运行的严重后果的行为。

（二）妨碍交通工具正常行驶行为的处罚

根据《治安管理处罚法》第23条的规定，对构成本行为的，处警告或者200元以下罚款；情节较重的，处5日以上10日以下拘留，可以并处500元以下罚款。聚众实施本行为的首要分子，处10日以上15日以下拘留，可以并处1000元以下罚款。

五、破坏选举秩序行为

（一）破坏选举秩序行为的构成

破坏选举秩序行为，是指行为人在选举各级人民代表大会代表和国家机关工作人员以及其他依照法律规定进行的选举时，采取以暴力、威胁、欺骗、贿赂、伪造选举文件、虚报选举票数或者撕毁选举票等手段，故意破坏依法举行的选举活动或者妨害选民和代表自由行使选举权和被选举权，破坏依法进行的选举活动，尚不够刑事处罚的行为。该行为的主要法律特征是：

1. 行为侵犯的客体是公民的选举权和被选举权以及依照法律、法规规定的选举制度。

2. 行为在客观方面表现为行为人以暴力、威胁、欺骗、贿赂、伪造选举文件、虚报选举票数等非法手段，故意破坏依法举行的选举活动正常进行，或者妨碍选民和代表自由行使选举权和被选举权的行为。构成破坏选举秩序行为必须具备三个条件：一是破坏的选举活动必须是依法进行的选举活动。二是破坏选举活动在客观上表现为以暴力、威胁、欺骗、贿赂、伪造选举文件、虚报选举票数或者撕毁选举票等手段，故意破坏依法举行的选举活动或者妨害选民和代表自由行使选举权和被选举权。三是行为对选举活动造成的影响不大。影响不大，是指仅少数选民或者代表不能行使选举权和被选举权的，致使选举结果没有严重违背民意的，破坏选举没有造成重大不良的社会、政治影响的。

（二）破坏选举秩序行为与相关行为的区别

认定本行为，要注意其与破坏选举罪的区别。二者的主要区别在于情节的轻重和造成的后果上。情节不恶劣，没有造成严重后果的，如破坏选举的行为没有致使选举结果严重违背民意，没有造成重大不良社会、政治影响，是违反治安管理行为；否则，构成犯罪。

（三）破坏选举秩序行为的处罚

根据《治安管理处罚法》第23条的规定，对构成本行为的，处警告或者200元以下罚款；情节较重的，处5日以上10日以下拘留，可以并处500元以下罚款。聚众实施本行为的首要分子，处10日以上15日以下拘留，可以并处1000元以下罚款。

六、扰乱大型群众性活动秩序行为

（一）扰乱大型群众性活动秩序行为的构成

扰乱大型群众性活动秩序行为，是指在文化、体育等大型群众性活动中，强行进入场内的；违反规定，在场内燃放烟花爆竹或者其他物品的；展示侮辱性标语、条幅等物品的；围攻裁判员、运动员或者其他工作人员的；向场内投掷杂物，不听制止的；扰乱大型群众性活动秩序的其他行为。该行为的主要法律特征是：

1. 行为侵犯的客体是国家对文化、体育比赛或者其他大型活动场馆的管理秩序。

2. 行为的客观方面表现为行为人实施了下列六种行为之一的活动：

（1）强行进入场内，是指行为人不购买门票或者入场券，并且不听工作人员的制止，强行进入场内观看比赛或者进行其他活动，或者虽持有票证，但不服从安全检查工作人员的安全检查，而强行进入场内以及其他强行进入场内的情形。

（2）违反规定，在场内燃放烟花爆竹或者其他物品的。在大型群众性活动场内违反规定燃放烟花爆竹或者其他物品容易引起火灾或者导致现场秩序混乱，从而危及公共安全。

（3）展示侮辱性标语、条幅等物品。此种行为多发生在体育比赛等对抗性强的大型活动中，展示侮辱性标语、条幅等物品易挑起双方观众的对立情绪，伤害受侮辱一方运动员的比赛情绪，引发运动员之间、观众之间的冲突，同时也对他人的人格权造成了伤害，必须从法律上加以禁止。

（4）围攻裁判员、运动员或者其他工作人员，是指藐视文化、体育比赛等大型活动管理秩序，采用围攻裁判员、运动员或者其他工作人员的方式，扰乱文化、体育比赛等大型活动正常进行。

（5）向场内投掷杂物，不听制止的，是指故意向场内投掷矿泉水瓶、食品、鸡蛋等杂物，扰乱正在进行的文化、体育比赛等大型活动管理秩序，不听制止的。

（6）扰乱大型群众性活动秩序的其他行为，是指行为人采用上述方法以外的方式和手段，例如，采用起哄、散布谣言、煽动观众不满情绪、用恶意语言攻击运动员、演员、裁判员等方式，扰乱正在进行的文化、体育比赛等大型活动管理秩序。

（二）扰乱大型群众性活动秩序行为的处罚

根据《治安管理处罚法》第24条的规定，对构成本行为的，处警告或者200元以下罚款；情节严重的，处5日以上10日以下拘留，可以并处500元以下罚款。同时，为了维护体育比赛秩序，还特别规定，因扰乱体育比赛秩序被处以拘留处罚的，可以同时责令其12个月内不得进入体育场馆观看同类比赛；违反规定进入体育场馆的，强行带离现场。

七、散布谣言，谎报险情、疫情、警情或者以其他方法故意扰乱公共秩序行为

（一）散布谣言，谎报险情、疫情、警情或者以其他方法故意扰乱公共秩序行为的构成

1. 行为侵犯的客体是社会秩序。

2. 在客观方面表现为散布谣言，谎报险情、疫情、警情或者以其他方法故意扰乱公共秩序。散布谣言，是指捏造没有事实根据的谣言并向他人进行传播的行为，例如，制造将要发生战争、物价将要猛涨等谣言。谎报险情、疫情、警情，是指编造火灾、水灾、地震、泥石流、传染病爆发、火警、治安警情等虚假信息，并向有关部门报告的行为。上述行为的客观后果是引起公众恐慌，干扰国家机关以及其他单位的正常工作，扰乱社会秩序。

3. 行为在主观方面必须是故意。在实践中，如果不是明知不是险情、疫情、警情而报告或者故意编造险情、疫情、警情进行谎报，而是由于行为人认识和判断错误进而导致错报或者误报险情、疫情、警情，则不构成违反治安管理行为。行为人的动机具有多样性，有的是为了故意制造社会混乱，破坏社会的和谐与稳定；有的是出于报复，给某些单位施加压力；有的是出于精神空虚，为了寻求刺激、看热闹等，行为人的动机不影响本行为的构成，但可以作为给予处罚轻重的依据之一。

（二）散布谣言，谎报险情、疫情、警情或者以其他方法故意扰乱公共秩序行为的处罚

根据《治安管理处罚法》第25条的规定，对构成本行为的，处5日以上10日以下拘留，可以并处500元以下罚款；情节较轻的，处5日以下拘留或者500元以下罚款。

八、投放虚假的危险物质扰乱公共秩序行为

（一）投放虚假的危险物质扰乱公共秩序行为的构成

投放虚假的危险物质扰乱公共秩序行为，是指行为人投放虚假的爆炸性、毒害性、放射性、腐蚀性物质或者传染病病原体等危险物质，引起公众恐慌，扰乱公共秩序，尚不够刑事处罚的行为。该行为的主要法律特征是：

1. 该行为侵犯的客体是社会公共秩序。

2. 行为的客观方面是实施了投放虚假的爆炸性、毒害性、放射性、腐蚀性物质或者传染病病原体等危险物质，引起公众恐慌，扰乱公共秩序，尚不够刑事处罚的行为。行为人一般以邮寄、放置、丢弃等方式将虚假的类似于爆炸性、毒害性、放射性、腐蚀性物质或者传染病病原体物质置于他人或者公众面前或者生产、工作场所周围。其投放的物质一定是虚假的，且产生的后果是扰乱了公共秩序，引起一定范围内民众的恐慌，但还没有

严重扰乱公共秩序。

3. 行为的主观方面必须故意才构成。行为人的动机和目的多种多样，有的是为了报复某个人或者单位，有的是为了发泄对社会的不满，有的甚至是搞恶作剧，但无论何种动机都不影响本行为的成立。

(二) 投放虚假的危险物质扰乱公共秩序行为与相关行为的区别

认定本行为，要注意其与投放虚假危险物质罪的区别。二者的主要区别在于造成后果的严重程度，如果行为严重扰乱社会秩序的，例如，给国家、集体、公民造成较大经济损失、造成较大的社会影响或者造成人员伤亡，则构成犯罪，否则，构成违反治安管理行为。

(三) 投放虚假的危险物质扰乱公共秩序行为的处罚

根据《治安管理处罚法》第25条的规定，对构成本行为的，处5日以上10日以下拘留，可以并处500元以下罚款；情节较轻的，处5日以下拘留或者500元以下罚款。

九、扬言实施放火、爆炸、投放危险物质扰乱公共秩序行为

(一) 扬言实施放火、爆炸、投放危险物质扰乱公共秩序行为的构成

1. 行为所侵犯的客体是社会的公共秩序。

2. 客观上主要表现为扬言实施放火、爆炸或者投放爆炸性、毒害性、放射性、腐蚀性物质或者传染病病原体等危险物质。扬言，既可以是口头的，也可以是书面的，如通过书信、电子邮件等，但并没有实施放火、爆炸、投放危险物质的行为，否则就构成犯罪。行为造成了一定的后果，如引起了一定范围人群恐慌，扰乱了有关单位的正常生产、经营、科研秩序。

3. 行为人主观上出于故意，动机目的多样，有的是出于报

复，有的是故意制造事端，扰乱社会秩序。

（二）扬言实施放火、爆炸、投放危险物质扰乱公共秩序行为的处罚

根据《治安管理处罚法》第25条的规定，对构成本行为的，处5日以上10日以下拘留，可以并处500元以下罚款；情节较轻的，处5日以下拘留或者500元以下罚款。

十、结伙斗殴行为

（一）结伙斗殴行为的构成

结伙斗殴行为，是指行为人蔑视道德规范和法律规定，为了显示义气、争夺地盘、争风吃醋，或者出于私仇宿怨等动机目的，结成团伙、纠集众人，打架斗殴，扰乱和破坏公共秩序，情节轻微，尚不够刑事处罚的行为。该行为的主要法律特征是：

1. 行为侵犯的客体是复杂客体，既侵犯了社会的公共秩序，又侵犯了他人的人身权利。

2. 行为的客观方面表现为纠集众人，结伙斗殴的行为。

3. 行为的主体为一般主体。

（二）结伙斗殴行为与相关行为的区别

认定本行为，应当注意其与聚众斗殴罪相区别。二者的主要区别表现在三个方面：

1. 构成的主体不同。前者实施主体是一般主体；后者实施主体必须是首要分子和积极参加分子，一般参加者不构成犯罪。

2. 在客观方面的表现不同。前者的主体是斗殴行为的参与者，在客观方面没有实施组织、策划和指挥的行为；后者主体在客观方面实施了组织、策划、指挥或者积极参与聚众斗殴的行为。

3. 造成的后果不同。前者对社会造成的影响要比后者对社

会造成的影响小。

（三）结伙斗殴行为的处罚

根据《治安管理处罚法》第26条的规定，对构成本行为的，处5日以上10日以下拘留，可以并处500元以下罚款；情节较重的，处10日以上15日以下拘留，可以并处1000元以下罚款。

十一、寻衅滋事行为

（一）寻衅滋事行为的构成

寻衅滋事行为，是指在公共场所或者其他场所无事生非、起哄捣乱、无理取闹、无故殴打他人、肆意挑衅、横行霸道，破坏公共秩序，情节轻微，尚不够刑事处罚的行为。该行为的主要法律特征是：

1. 行为侵犯的客体是复杂客体，既侵犯了社会的公共秩序，又侵犯了他人的人身权利。

2. 行为的客观方面主要表现为：

（1）追逐、拦截、辱骂他人，即出于取乐、寻求精神刺激、耍威风等不健康的目的，无理追逐、搂抱、拦截、辱骂他人等。

（2）强拿硬要或者任意损毁、占用公私财物，即以蛮不讲理的流氓手段，强行拿走、强行索要市场、店铺的商品以及他人的财物，没有目的和理由地损毁、占用公私财物，吃霸王餐等。

（3）其他寻衅滋事的行为，包括：随意殴打他人；在公共场所无事生非、制造事端，扰乱公共场所的秩序。

3. 行为的主观方面是故意，其动机一般出于逞强好胜，寻求精神刺激。

（二）寻衅滋事行为与相关行为的区别

1. 与寻衅滋事罪的区别。二者的主要区别在于情节和后果的不同上。根据《刑法》的规定，只有寻衅滋事行为情节恶劣或者后果严重时，才构成寻衅滋事罪。有以下行为之一的，构成寻衅滋事罪：

(1) 随意殴打他人，情节恶劣的，包括：随意殴打他人手段残忍；多次随意殴打他人，造成被殴打人自杀或者精神失常等。

(2) 追逐、拦截、辱骂他人，情节恶劣，包括：多次追逐、拦截、辱骂他人的，造成恶劣影响或者激起民愤的，造成其他严重后果的。

(3) 强拿硬要或者任意损毁、占用公私财物，情节严重的，是指强拿硬要或者任意损毁、占用公私财物数量大的，多次强拿硬要或者任意损毁、占用公私财物的，公私财物受到严重损失的等。

(4) 在公共场所起哄闹事，造成公共场所秩序严重混乱的，是指公共场所的正常秩序受到严重破坏，引起群众发生惊慌、造成现场的混乱局面。不具备以上情形的，构成本行为。

2. 与扰乱公共场所秩序行为的区别：二者区别的关键是实施违法行为的动机和目的不同。前者一般没有具体的目的、动机，其侵害的对象也是随机和不特定的；而后者一般有较明确的动机和目的，即通过实施相关行为给有关部门单位施加压力，以达到其无理或过分的要求，有的是乘机闹事。

(三) 寻衅滋事行为的处罚

根据《治安管理处罚法》第26条的规定，对构成本行为的，处5日以上10日以下拘留，可以并处500元以下罚款；情节较重的，处10日以上15日以下拘留，可以并处1000元以下罚款。

十二、组织、教唆、胁迫、诱骗、煽动他人从事邪教、会道门活动扰乱社会秩序、损害他人身体健康行为

(一) 组织、教唆、胁迫、诱骗、煽动他人从事邪教、会道门活动扰乱社会秩序、损害他人身体健康行为的构成

1. 行为侵犯的客体是复杂客体，既包括社会秩序，也包括

他人的身体健康。

2. 在客观方面表现为实施了组织、教唆、胁迫、诱骗、煽动他人从事邪教、会道门活动，扰乱社会秩序、损害他人身体健康，尚未构成犯罪的行为。邪教，是指冒用宗教的名义或者教旨而建立不受国家法律承认和保护的所谓宗教组织，从事传播封建迷信思想、煽动反社会情绪、蛊惑人心、蒙骗群众、发展并控制会员、扰乱社会秩序的非法组织。会道门，是封建迷信活动的总称，主要包括一贯道、九宫道、哥老会、先天道、后天道等组织。该行为的主要表现形式包括大肆传播反动思想、攻击我国宪法确立的国家制度、蒙骗控制大量群众，干扰行政司法、教育等工作，破坏社会秩序；进行非法宗教活动，搞所谓“升天”、“寻主”等活动，蛊惑群众放弃工作、生产、学习，扰乱正常的社会秩序；组织、教唆、胁迫、诱骗、煽动他人进行绝食、自焚或者利用迷信的方式给他人“治病”，损害他人的身体健康等。

（二）组织、教唆、胁迫、诱骗、煽动他人从事邪教、会道门活动扰乱社会秩序、损害他人身体健康行为的处罚

根据《治安管理处罚法》第 27 条的规定，对构成本行为的，处 10 日以上 15 日以下拘留，可以并处 1000 元以下罚款；情节较轻的，处 5 日以上 10 日以下拘留，可以并处 500 元以下罚款。

十三、利用邪教、会道门、迷信活动扰乱社会秩序、损害他人身体健康行为

（一）利用邪教、会道门、迷信活动扰乱社会秩序、损害他人身体健康行为构成

1. 行为所侵犯的客体是社会秩序和他人的身体健康。

2. 客观方面表现为实施了利用邪教、会道门、迷信活动扰乱社会秩序、损害他人身体健康的行为。具体表现为：利用邪教、会道门、迷信活动聚众冲击国家机关、企业、事业等单位；

利用邪教、会道门、迷信活动传播迷信思想，攻击我国宪法确立的国家制度；利用邪教、会道门、迷信活动蛊惑群众放弃工作、生产、学习，扰乱正常的社会秩序；利用邪教、会道门、迷信活动制造、散布邪说，蒙骗其成员或者其他人实施绝食、自残、自虐等行为或者阻止病人进行正常的治疗；利用迷信、巫术等给他人治病，损害他人身体健康的。行为人利用邪教、会道门、迷信活动，扰乱社会秩序、损害他人身体健康的行为，情节不严重，后果较小，尚不够刑事处罚。

（二）利用邪教、会道门、迷信活动扰乱社会秩序、损害他人身体健康行为与相关行为的区别

认定本行为，应当注意其与组织、利用会道门、邪教组织、利用迷信破坏法律实施罪和组织、利用会道门、邪教组织、利用迷信致人死亡罪的区别。根据最高人民法院、最高人民检察院《关于办理组织和利用邪教组织犯罪案件具体应用法律若干问题的解释》的规定，组织和利用邪教组织并具有下列情形之一的，构成犯罪：

1. 聚众围攻、冲击国家机关、企业事业单位，扰乱国家机关、企业事业单位的工作、生产、经营、教学和科研秩序的。

2. 非法举行集会、游行、示威，煽动、欺骗、组织其成员或者其他人聚众围攻、冲击、强占、哄闹公共场所及宗教活动场所，扰乱社会秩序的。

3. 抗拒有关部门取缔或者已经被有关部门取缔，又恢复或者另行建立邪教组织，或者继续进行邪教活动的。

4. 煽动、欺骗、组织其成员或者其他人不履行法定义务，情节严重的。

5. 出版、印刷、复制、发行宣扬邪教内容的出版物，以及印制邪教组织标识的。

6. 其他破坏国家法律、行政法规实施行为的。

组织和利用邪教组织蒙骗他人，致人死亡的，构成组织、利用会道门、邪教组织、利用迷信致人死亡罪。该罪的客观方面表现为组织和利用邪教组织制造、散布迷信邪说，蒙骗其成员或者其他人实施绝食、自残、自虐等行为，或者阻止病人进行正常治疗，致人死亡的行为。

行为人利用邪教、会道门、迷信活动扰乱社会秩序、损害他人身体健康的行为，没有达到上述标准的，构成本行为。

（三）利用邪教、会道门、迷信活动扰乱社会秩序、损害他人身体健康行为的处罚

根据《治安管理处罚法》第27条的规定，对构成本行为的，处10日以上15日以下拘留，可以并处1000元以下罚款；情节较轻的，处5日以上10日以下拘留，可以并处500元以下罚款。

十四、冒用宗教、气功名义进行扰乱社会秩序、损害他人身体健康活动行为

（一）冒用宗教、气功名义进行扰乱社会秩序、损害他人身体健康活动行为的构成

1. 行为侵犯的客体是复杂客体，包括社会秩序和他人身体健康。

2. 行为在客观方面表现为实施了组织、教唆、胁迫、诱骗、煽动他人从事邪教、会道门活动，扰乱社会秩序、损害他人身体健康的活动。冒用宗教、气功名义，是指行为人打着宗教、气功的幌子，实际上是进行迷信活动或者其他非法活动，扰乱社会秩序，损害他人身体健康。具体来说，包括冒用宗教、气功名义传播迷信反动思想，攻击我国宪法确立的国家制度；蛊惑群众放弃工作、生产、学习，扰乱正常的社会秩序；制造、散布邪说，蒙骗其成员或者其他人实施绝食、自残、自虐等行为或者阻止病人进行正常的治疗；利用迷信、巫术等给他人看病，损害他人身体

健康等。行为人的行为如果造成了他人重伤或者死亡的情形或者严重扰乱社会秩序的，应当追究刑事责任。

（二）冒用宗教、气功名义进行扰乱社会秩序、损害他人身体健康活动行为的处罚

根据《治安管理处罚法》第27条的规定，对构成本行为的，处10日以上15日以下拘留，可以并处1000元以下罚款；情节较轻的，处5日以上10日以下拘留，可以并处500元以下罚款。

十五、故意干扰无线电业务行为

（一）故意干扰无线电业务行为的构成

故意干扰无线电业务行为，是指违反国家规定，故意干扰无线电业务正常进行，经有关主管部门指出后，拒不采取有效措施消除的行为。该行为的主要法律特征是：

1. 行为侵犯的客体是国家对无线电业务的正常管理秩序。

2. 行为在客观上表现为违反国家规定，故意干扰无线电业务正常进行，经有关主管部门指出后，拒不采取有效措施消除的行为。主管部门，主要是指当地的无线电管理部门。

3. 行为的主体是一般主体。

（二）故意干扰无线电业务行为与相关行为的区别

认定本行为，主要应当注意其与扰乱无线电通讯管理秩序罪的界限。二者的主要区别是：一是行为方式不同。前者只要对正常的无线电业务进行了干扰，经指出后拒不消除的，就可以构成；而后者的行为只限定于违反国家规定，擅自设置、使用无线电台（站），或者擅自占用频率，不包括使用大功率无绳电话、对讲机等情形。二是后果不同。前者不要求造成严重后果，后者要求造成严重后果才构成。

（三）故意干扰无线电业务行为的处罚

根据《治安管理处罚法》第28条的规定，对构成本行为的，

处5日以上10日以下拘留；情节严重的，处10日以上15日以下拘留。

十六、干扰无线电台（站）行为

（一）干扰无线电台（站）行为的构成

干扰无线电台（站）行为，是指对正常运行的无线电台（站）产生有害干扰，经有关主管部门指出后，拒不采取有效措施消除的行为。该行为的主要法律特征是：

1. 行为侵犯的客体是国家对无线电业务的正常管理秩序。

2. 客观方面表现为是违反国家规定，对正常运行的无线电台（站）产生有害干扰，经有关主管部门指出后，拒不采取有效措施消除的行为。国家规定，主要是指《无线电管理条例》等法律、法规的规定。无线电台（站），是指正在运行的经过主管部门批准的合法无线电台（站）。构成本行为的前提是行为人对正常运行的无线电台（站）产生了有害干扰，经有关主管部门指出后，拒不采取有效措施消除。主管部门，是指当地的无线电管理部门。该行为具体表现为：擅自使用大功率无绳电话，在机动车上擅自安装无线电通信设备干扰警用频率、擅自占用警用频率、非法监听警用频段、干扰正常警用制度。还包括干扰寻呼发射设备、无线接入通信网、对讲机、有线电视放大器、私设电台等对无线电台（站）的有害干扰情形。

（二）干扰无线电台（站）行为的处罚

根据《治安管理处罚法》第28条的规定，对构成本行为的，处5日以上10日以下拘留；情节严重的，处10日以上15日以下拘留。

十七、非法侵入计算机信息系统行为

（一）非法侵入计算机信息系统行为的构成

非法侵入计算机信息系统行为，是指违反国家规定，侵入计算机系统，造成危害，尚不够刑事处罚的行为。该行为的主要法律特征是：

1. 行为侵犯的客体是计算机信息系统的安全。

2. 行为在客观方面必须实施了违反国家规定，非法侵入计算机信息系统，造成危害，尚未构成犯罪的行为。违反国家规定，是指违反国家有关保护计算机安全的规定，目前主要是指《计算机信息系统安全保护条例》。计算机信息系统，是指由计算机及其相关的和配套的设备、设施（含网络）构成的，按照一定的应用目标和规则对信息进行采集、加工、存储、传输、检索等处理的人机对话系统。本行为侵入的信息系统是国家事务、国防建设、尖端科学技术领域的计算机信息系统以外的计算机系统，如企业、社会团体等单位的不涉及尖端科学的计算机系统。侵入，是指未取得有关部门或单位的合法授权，通过计算机终端访问计算机信息系统或者进行数据截收的行为。侵入行为要造成一定的危害才能给予处罚，如因非法侵入造成被侵入系统单位的商业秘密泄露，数据丢失等。

（二）非法侵入计算机信息系统行为与相关行为的区别

认定本行为，主要应当将其与非法侵入计算机信息系统罪相区别。二者的区别有两点：一是侵入的对象不同。非法侵入计算机信息系统罪侵入的是国家事务、国防建设、尖端科学技术领域的计算机信息系统，前者侵入的是这三种以外的其他计算机信息系统。二是侵入计算机信息系统罪是行为犯，只要非法侵入就构成犯罪；而前者要造成一定的危害才能构成。

（三）非法侵入计算机信息系统行为的处罚

根据《治安管理处罚法》第29条的规定，对构成本行为的，处5日以下拘留；情节较重的，处5日以上10日以下拘留。

十八、破坏计算机信息系统行为

（一）破坏计算机信息系统行为的构成

破坏计算机信息系统行为，是指违反国家规定，采用非法手段和方法，对计算机信息系统功能进行破坏，造成计算机信息系统不能正常运行，尚不够刑事处罚的行为。该行为的主要法律特征是：

1. 行为侵犯的客体是计算机信息系统的安全。

2. 行为在客观上表现为三个方面：

（1）违反国家规定，对计算机信息系统功能进行删除、修改、增加、干扰，造成计算机信息系统不能正常运行。删除，是指将原有的计算机信息系统功能去掉。修改，是指对原有的计算机信息系统功能进行改动。增加，是指在原有的计算机信息系统里增加某种功能。干扰，是指用删除、修改、增加以外的其他方法，破坏计算机信息系统。上述行为，只要造成计算机信息系统不能正常运转，且未造成严重后果的，就构成本行为。

（2）违反国家规定，对计算机信息系统中存储、处理、传输的数据和应用程序进行删除、修改、增加的。

（3）故意制作、传播计算机病毒等破坏性程序，影响计算机信息系统正常运行的。计算机病毒，是指破坏计算机功能，或者毁坏计算机系统内存储的数据，影响计算机使用，并可自我复制的一组计算机指令或程序代码。破坏性病毒，是指隐藏在可执行程序中或者数据文件中，在计算机内部运行的一种干扰程序。制作计算机病毒，是指计算机操作者故意设计制作一种具有破坏性的计算机指令或者代码。传播计算机病毒，就是将上述病毒以各种方式输入计算机，使计算机信息系统不能正常运行，或者将计算机中存储的数据变更、删除、毁损、分解，最终使计算机信息系统失灵或崩溃。本行为的后果轻微，尚不够刑事处罚。

（二）破坏计算机信息系统行为与相关行为的区别

认定本行为，主要应当将其与破坏计算机信息系统罪相区别。二者的主要区别在于后果是否严重。后果严重，是指国家重要的计算机信息系统功能受到破坏，给国家、集体、个人造成重大经济损失，造成恶劣的社会影响，影响正常的工作和生活等情形。行为人的行为，没有达到严重后果的，构成违反治安管理行为。

（三）破坏计算机信息系统行为的处罚

根据《治安管理处罚法》第 29 条的规定，对构成本行为的，处 5 日以下拘留；情节较重的，处 5 日以上 10 日以下拘留。

思考题：

1. 扰乱单位秩序行为与阻碍执行公务行为的区别有哪些？

2. 简述扰乱大型群众性活动秩序行为的构成。

3. 简述投放虚假的危险物质扰乱公共秩序的行为的构成及与犯罪的区别。

4. 简述寻衅滋事行为的构成及与相关犯罪的区别。

第七章　妨害公共安全行为

第一节　妨害公共安全行为的构成

妨害公共安全行为，是指违反治安管理法律、法规，实施妨害或者可能妨害不特定多数人的人身和公私财产安全，尚不构成犯罪，应受治安管理处罚的行为。该行为的实施，使不特定人员的生命健康、正常的生活、生产安全和公私财产的安全可能遭受比较严重的威胁，给社会造成的危害后果是比较大的。因此，该类行为一直是公安机关查处违反治安管理行为的重点。从妨害公共安全的概念分析，构成妨害公共安全行为必须具备四个要件。

一、行为侵犯的客体是社会的公共安全

公共安全，即指不特定多数人的生命、健康和公私财产安全。这是妨害公共安全行为区别于其他各类违反治安管理行为的本质特征。这种行为造成或可能造成的损害，也往往表现为对人身的伤害和财产的损害，这同侵犯人身权利行为或侵犯公私财物行为在表现形式上有相同之处。它们的区别在于，妨害公共安全行为侵害的客体是不特定多数人的人身及公私财产的安全，其可能造成损害的对象的范围是不特定的；侵犯他人人身权利行为和侵犯公私财物行为，所指向的客体是特定个人的人身权利及特定公私财产所有权。

但需要指出的是，“不特定”并不是说妨害公共安全行为的行为人没有特定的侵犯对象和目标。实施妨害公共安全行为的行

为人，有的在主观上也有要侵犯的特定对象，同时也会对损害的可能范围有估计和认识，客观上有指向的目标，只不过其行为所造成或可能造成的实际后果是行为人难以控制的。因此，不能将“不特定”理解为没有特定侵犯对象或目标。

二、行为的客观方面表现为实施妨害公共安全，尚不够刑事处罚的行为

只要行为人实施了妨害公共安全行为，无论是否出现了危害后果，都构成妨害公共安全行为。这一特征是妨害公共安全行为的重要法律特征。需要指出的是，在认定该类行为时，要划清妨害公共安全行为与危害公共安全罪的法律界限。一是区分行为可能造成危害结果的程度。我国刑法规定的危害公共安全罪，也不要求产生实际损害结果，只要求足以产生重大损害结果。因此，是否足以产生重大损害结果，是区分危害公共安全罪和妨害公共安全行为的重要标志之一，即足以产生重大损害后果为犯罪，仅仅是有可能造成危害的为违反治安管理行为。二是区分行为造成实际损害的轻重。未造成严重后果，尚不够刑事处罚的，属于违反治安管理行为；已经造成严重后果，属于危害公共安全罪。所谓严重后果，是指造成了人身伤亡或公私财产的重大损失，或其他严重情节的。

三、行为的主体大多是一般主体，个别是特殊主体

构成妨害公共安全行为的主体，大多是一般主体。但也有少数为特殊主体，即业务、职务上的特定人员，既包括自然人，也包括单位。例如，爆炸性物质被盗、被抢或者丢失隐瞒不报的行为，主体只能是具有使用、储藏、销售和运输该爆炸性物质资格的人员，不具有这种特殊身份的人，则不能构成这种行为。

四、行为的主观方面既可以由故意构成，也可以由过失构成

在妨害公共安全行为中，不少的行为既可以是故意构成，也可以是过失构成。例如，在车辆、行人通行的地方施工，对沟井坎穴不设置覆盖物或者警示标志的行为，既可能是行为人故意不设置，也可能是因为行为人急于收工而忘记设置。但有些行为必须由故意构成。如在正在使用中的航空器上不听劝阻，使用可能影响导航系统正常功能的器具、工具的行为，行为人主观上必须具有经劝阻后不加改正的故意。

第二节　妨害公共安全行为的认定与处罚

一、违反危险物质管理规定行为

（一）违反危险物质管理规定行为的构成

违反危险物质管理规定行为，是指违反国家对爆炸性、易燃性、放射性、毒害性、腐蚀性、传染病病原体等危险物质管理的法律规定，制造、买卖、储存、运输、邮寄、携带、使用、提供、处置危险物质的行为。该行为的主要法律特征是：

1. 行为的客体是社会的公共安全和国家对爆炸性、剧毒性、易燃性、放射性、腐蚀性、传染病病原体等危险物质的管理制度。行为的对象是爆炸性、剧毒性、易燃性、放射性、腐蚀性、传染病病原体等危险物质，包括：各类炸药、雷管、导火索、导爆索、非电导爆系统、起爆药、爆破剂、烟花爆竹等爆炸性物品，氰化物、汞化物、砒霜、剧毒农药、氟化物等剧毒物品，苯磷、酒精、乙醚等易燃物品，镭、钴等放射性物品，硫酸、盐酸等腐蚀性物品，乙肝病毒、痢疾杆菌、结核杆菌等传染病病原体。

2. 行为的客观方面表现为实施了违反国家有关危险物质管

理规定，制造、买卖、储存、运输、邮寄、携带、使用、提供、处置危险物质的行为。国家有关危险物质管理规定，既包括相关法律、行政法规的规定，也包括部门规章、通告等规范性文件的规定，如《传染病防治法》、《民用爆炸物品管理条例》、《危险化学品安全管理条例》、《放射性同位素与射线装置放射防护条例》、《关于加强烟花爆竹企业安全管理的紧急通知》等。行为人只要实施了非法制造、买卖、储存、运输、邮寄、携带、使用、提供、处置爆炸性、剧毒性、易燃性、放射性、腐蚀性、传染病病原体等危险物质的行为中的一种，即可构成违反危险物质管理规定行为。如果行为人同时实施其中两种以上的行为，也只按一种违反治安管理行为处理。

3. 行为的主体既可以是个人，也可以是单位。

4. 行为在主观方面既可以是故意，也可以是过失。

(二) 违反危险物质管理规定行为与相关行为的区别

1. 与非法制造、买卖、运输、储存危险物质罪的区别。根据最高人民法院《关于审理非法制造、买卖、运输枪支、弹药、爆炸物等刑事案件具体应用法律若干问题的解释》第 1 条的规定，有以下情形的，构成犯罪：

(1) 非法制造、买卖、运输、邮寄、储存炸药、发射药、黑火药 1 千克以上或者烟火药 3 千克以上、雷管 30 枚以上或者导火索、导爆索 30 米以上的。

(2) 具有生产爆炸物品资格的单位不按照规定的品种制造，或者具有销售、使用爆炸物品资格的单位超过限额买卖炸药、发射药、黑火药 10 千克以上或者烟火药 30 千克以上、雷管 300 枚以上或者导火索、导爆索 300 米以上的。

(3) 多次非法制造、买卖、运输、邮寄、储存弹药、爆炸物的。

(4) 虽未达到上述最低数量标准，但具有造成严重后果等其他恶劣情节的。

根据最高人民法院、最高人民检察院《关于办理非法制造、买卖、运输、储存毒鼠强等禁用剧毒化学品具体应用法律若干问题的解释》第1条的规定，有以下情形之一的，构成犯罪：第一，非法制造、买卖、运输、储存原粉、原液、原药制剂50克以上，或者饵料2千克以上的。第二，在非法制造、买卖、运输、储存过程中致人重伤、死亡或者造成公私财产损失10万元以上的。

对没有达到上述构成犯罪标准的，构成本行为。

2. 与危险物品肇事罪的区别。危险物品肇事罪是过失犯罪，要发生重大事故才能构成。重大事故，是指死亡1人以上或者重伤3人以上，或者直接经济损失在5万元以上，或者直接经济损失不足5万元，但是情节严重，使生产、工作受到重大损害的。如果没有达到重大事故标准，就只能认定为本行为。

（三）违反危险物质管理规定行为的处罚

根据《治安管理处罚法》第30条的规定，对构成本行为的，处10日以上15日以下拘留；情节较轻的，处5日以上10日以下拘留。

二、危险物质被盗、被抢或者丢失未按规定报告行为

（一）危险物质被盗、被抢或者丢失未按规定报告行为的构成

危险物质被盗、被抢或者丢失未按规定报告行为，是指爆炸性、毒害性、放射性、腐蚀性物质或者传染病病原体等危险物质被盗、被抢或者丢失未按规定报告或者故意隐瞒不报的行为。该行为的主要法律特征是：

1. 行为侵犯的客体是国家对危险物质的管理制度。

2. 行为的客观方面表现为在危险物质被盗、被抢或者丢失

后，未按规定报告或者故意隐瞒不报。未按规定报告，是指在危险物质被盗、被抢、丢失后，没有按照有关法律、法规的规定，在规定时间内向有关主管部门报告，导致危险物质流失社会，不能由公安机关及时追回。故意隐瞒不报，是指具有制造、买卖、储存、运输、邮寄、携带、使用、提供、处置危险物质资格的行为人，在危险物质被盗、被抢、丢失后，为了逃避责任，采取统一口径，隐匿证据，破坏现场等方法，故意隐瞒不报。故意隐瞒不报是本法规定的加重处罚情节。

3. 行为的主体既可以是个人，也可以是单位。

4. 行为的主观方面是故意。

（二）危险物质被盗、被抢或者丢失未按规定报告行为的处罚

根据《治安管理处罚法》第 31 条的规定，对未按规定报告的，处 5 日以下拘留；故意隐瞒不报的，处 5 日以上 10 日以下拘留。

三、非法携带枪支、弹药、管制器具行为

（一）非法携带枪支、弹药、管制器具行为的构成

非法携带枪支、弹药、管制器具行为，是指违反国家对枪支、弹药、管制器具管理的法律、法规，非法携带枪支、弹药或者弩、匕首等管制器具，尚不够刑事处罚的行为。

枪支、弹药和弩、匕首等管制器具具有较强的杀伤能力，同时，携带和使用方便。如果不严格加强管理，很容易成为抢劫、强奸、杀人、伤害等违法犯罪活动和危害社会安宁的重要工具。因此，我国政府对枪支、弹药和弩、匕首等管制器具实行严格的治安管理。

非法携带枪支、弹药、管制器具行为的主要法律特征是：

1. 行为侵犯的客体是公共安全和国家对枪支、弹药、管制

器具的管理秩序，侵害的对象是枪支、弹药或者国家规定的管制器具。枪支，是指以火药或者压缩气体等为动力，利用管状器具发射金属弹丸或者其他物质，足以致人伤亡或者丧失知觉的各种枪支，包括非军事系统的下列枪支（包括这些枪支所使用的弹药）：军用手枪、步枪、冲锋枪和机枪，射击运动用各种枪支，狩猎用有膛线枪、散弹枪、火药枪，麻醉动物用注射枪，以及能发射金属弹丸的气枪。弹药，是指枪弹、炮弹、手榴弹、地雷等具有杀伤能力或其他特殊作用的爆炸物品，还包括各种土制爆炸物品及爆炸装置。管制器具，是指弩、管制刀具等其他需要进行管制的物品。管制刀具包括匕首、三棱刀（包括机械加工用的三棱刮刀）、带有自锁装置的弹簧刀（跳刀）以及其他相类似的单刃、双刃、三棱尖刀。弩，是指利用弹簧装置发射箭头、钢球的器具，一般用于狩猎，其杀伤性较强。

2. 行为的客观方面表现为实施了非法携带枪支、弹药或者国家规定的管制器具的行为。根据规定，携带枪支（弹药）要随身携带公安机关颁发的《枪证》和《持枪证》。非法携带枪支、弹药行为，主要是指具有持枪资格的人违反有关法律、法规的规定携带枪支、弹药，尚不够刑事处罚的行为。例如，携带枪支，未携带持枪证件的；在禁止携带枪支的区域、场所携带枪支的。

对于管制器具中的匕首，除了国家规定允许佩带匕首的现役军人、人民武装警察和因工作需要有必要携带匕首的专业狩猎人员和地质、勘探等野外作业人员以外，其他任何人员不得携带匕首。对于弩，国家规定一律禁止携带。

3. 行为的主体是自然人。

4. 行为的主观方面既可以是故意，也可以是过失。

（二）非法携带枪支、弹药、管制器具行为与相关行为的区别

1. 与非法持有枪支、弹药罪的区别。二者的区别主要表现

在两个方面：一是主体不同。前者行为的主体是指具有持枪资格的人；而后者的主体是指没有持枪资格的人，但对非法持有枪支、弹药不够刑事处罚的，依法可予以治安管理处罚。二是主观方面不同。前者行为主观上既可以是故意，也可以是过失构成；而后者只能由故意构成。

2. 本行为与非法携带枪支、弹药、管制刀具危害公共安全罪的区别。根据最高人民法院《关于审理非法制造、买卖、运输枪支、弹药、爆炸物等刑事案件具体应用法律若干问题的解释》第6条的规定，非法携带枪支、弹药、爆炸物进入公共场所或者公共交通工具，危及公共安全，具有下列情形之一的，构成犯罪：

（1）携带枪支或者手榴弹的。

（2）携带爆炸装置的。

（3）携带炸药、发射药、黑火药500克以上或者烟火药1千克以上、雷管20枚以上或者导火索、导爆索20米以上的。

（4）携带的弹药、爆炸物在公共场所或者公共交通工具上发生爆炸或者燃烧，尚未造成严重后果的。

（5）具有其他严重情节的。行为人非法携带第（3）项规定的爆炸物进入公共场所或者公共交通工具，虽未达到上述数量标准，但拒不交出的，以犯罪论处；携带的数量达到最低数量标准，能够主动、全部交出的，可不以犯罪论处。

不符合上述标准的，构成本行为。

（三）非法携带枪支、弹药、管制器具行为的处罚

根据《治安管理处罚法》第32条的规定，对构成本行为的，处5日以下拘留，可以并处500元以下罚款；情节较轻的，处警告或者200元以下罚款。同时，为了严格保障公共场所秩序和公共安全，该条同时规定，对非法携带枪支、弹药、管制器具进入公共场所或者公共交通工具的，处5日以上10日以下拘留，可

以并处500元以下罚款。

四、盗窃、损毁油气管道、电力电信等公共设施行为

(一) 盗窃、损毁油气管道、电力电信等公共设施行为的构成

盗窃、损毁油气管道、电力电信等公共设施行为，是指故意实施盗窃、损毁油气管道设施、电力电信设施、广播电视设施、水利防汛工程设施或者水文监测、测量、气象预报、环境检测、地质检测、地震检测等公共设施的行为。该行为的主要法律特征是：

1. 本行为所侵犯的客体是国家对公共设施的管理秩序。行为对象是正在使用中的公共设施，包括供电设备、输变电设备、油气输送管道、水利工程建筑物、防汛工程设施、水文检测、测量、气象预报、河岸地质检测仪器设备、地震检测仪器设备、通讯照明设施，包括广播电台的发受电波的设施、电视台的发射与接受电视图像的设备以及有线广播电视传播覆盖设施、邮电部门的收发电报的机器设施、无线电通讯网络、公用电话的交换设施、通讯线路，如架空线路、埋设线路、无线线路等。此外，必须是正在使用中的上述设施才能成为本行为的对象。倘若不是正在使用，如正在制造或虽已制造完毕但未安装交付使用的，对之进行盗窃、损毁，亦不构成本行为。这是因为，只有对正在使用中的设施进行破坏，才能给公共安全带来危害。这是构成本行为的一个重要特征。

2. 本行为在客观方面表现为实施了破坏公共设施，可能危害公共安全的行为。破坏方法多种多样，如拆卸、偷窃或毁坏广播电视设施、公用电信设施重要机件，砸毁机器设备，偷割电线，截断电缆，挖走电线杆等。构成本行为，只需在客观上实施了破坏行为，并足以危害公共安全，无论是否造成危害后果，都

可成立。如果行为人盗窃通讯设备中不影响正常公共通讯的部件，如将一户的电话机盗走，并不危害通讯方面的公共安全，不能以本行为认定，但可视情节可作故意毁坏财物行为或盗窃行为处理。

3. 行为主体是自然人。

4. 行为的主观方面是出于故意。行为人的动机一般是为了将盗窃的设备、设施变卖获得非法利益；也有的是为了发泄不满，故意损坏上述设备。

（二）盗窃、损毁油气管道、电力电信等公共设施行为与相关行为的区别

1. 与盗窃行为的区别。二者的区别主要表现在侵害对象的不同。如果窃取的是库存的或者正在生产、维修中的器材，只能侵害财产所有权，并不危害公共安全，因此，应以盗窃行为论处。如果窃取的是正在使用中的以上设备，如盗割正在使用中的电话线、电缆线等，势必会使不特定多数单位或个人的广播、电视通讯受阻，线路安全受到威胁，应以妨害公共安全行为论处。

2. 与破坏电力设备罪、破坏易燃易爆设备罪、破坏广播电视设施、公用电力设施罪的区别。二者的主要区别在于行为后果不同。如果行为严重危害公共安全或者造成严重后果，致他人重伤、死亡或者致使公私财产遭受重大损失，公共生产、生活秩序受到严重破坏，则要追究行为人的刑事责任；如果行为情节不严重，没有严重危害公共安全或者造成后果较轻，则属于妨害公共安全行为。

（三）盗窃、损毁油气管道、电力电信等公共设施行为的处罚

根据《治安管理处罚法》第33条的规定，对构成本行为的，处10日以上15日以下拘留。

五、移动、损毁国家边境标志、设施或者领土、领海标志设施行为

（一）移动、损毁国家边境标志、设施或者领土、领海标志设施行为的构成

移动、损毁国家边境标志、设施或者领土、领海标志设施行为，是指移动、损毁界桩、界碑、边境标志、边境设施或者领土、领海标志设施，尚不够刑事处罚的行为。该行为的主要法律特征是：

1. 行为侵犯的客体是国家对边境、领土、领海的正常管理秩序。行为的对象是国家边境的界碑、界桩、边境标志、边境设施或者领土、领海标志设施。国家边境的界碑、界桩，是指我国政府与邻国按照条约规定或者历史上实际形成的管辖范围，在陆地接壤地区里埋设的指示边境分界及走向的标志物。界碑和界桩没有实质的区别，只是形状不同。领土，即一个国家居民永久居住，从事社会生产的地域，也就是一个国家主权支配下的特定地域。现代国家领土的含义包括领陆、领海、领水、领空和活动领土的整体。领土是国家存在和发展的必要条件之一，如果没有领土，国家便失去了存在的依据。因此，界碑、界桩、边境标志、领土、领海标志是在我国与邻国接壤地区设置的，用以划分两国疆界、海域线的标志物。它涉及两国领土、领海范围的问题，任何人不得擅自移动和破坏，否则，就有可能引起两国间的领土、领海纠纷，给国家和人民在政治上造成损失，这一点是本行为与一般破坏公私财物行为的主要区别。

2. 行为的客观方面表现为实施了移动、损毁国家边境界碑、界桩、边境标志、边境设施或者领土、领海标志的行为等。移动，是指将界碑、界桩从其本来的位置移至其他位置，从而改变了边境线的走向。损毁，是指将界碑、界桩砸毁、拆除、挖掉、

盗走，或者改变原样，从而使其失去原有的意义和作用。

3. 行为主体是一般主体。

4. 行为的主观方面表现为故意或者过失。

（二）移动、损毁国家边境标志、设施或者领土、领海标志设施行为与相关行为的区别

在处理此类行为时要注意与破坏界碑、界桩罪的区别：情节的轻重以及后果的大小等方面。如果行为人破坏界碑、界桩的数量较多，破坏的程度较大，造成边界纠纷的，则构成犯罪；如果情节较轻的，则构成违反治安管理行为。

（三）移动、损毁国家边境标志、设施或者领土、领海标志设施行为的处罚

根据《治安管理处罚法》第33条的规定，对构成本行为的，处10日以上15日以下拘留。

六、非法进行影响国（边）界线走向的活动或者修建有碍国（边）境管理设施行为

（一）非法进行影响国（边）界线走向的活动或者修建有碍国（边）境管理设施行为的构成

1. 行为侵犯的客体是国家边境线正常管理秩序，侵犯的对象是国家的国（边）境线。

2. 客观方面表现为两个方面：一是非法进行影响国（边）界线走向的活动或者修建有碍国（边）境管理设施，如在国（边）界河非法进行采矿、挖沙等活动，导致河流改道而影响国（边）界线走向。二是在国（边）境一定的距离内修建房屋或者其他设施等情形。

3. 行为的主体既可以是个人，也可以是单位。

4. 主观方面只能由故意构成。

（二）非法进行影响国（边）界线走向的活动或者修建有碍国（边）境管理设施行为的处罚

根据《治安管理处罚法》第33条的规定，对构成本行为的，处10日以上15日以下拘留。

七、破坏航空设施或者强行进入航空器驾驶舱行为

（一）破坏航空设施或者强行进入航空器驾驶舱行为的构成

破坏航空设施或者强行进入航空器驾驶舱行为，是指行为人盗窃、损坏、擅自移动使用中的航空设施，或者强行进入航空器驾驶舱，危及飞行安全的行为。该行为的主要法律特征是：

1. 行为侵犯的客体是国家对航空设施的管理秩序和公共安全。行为侵害的对象，一是使用中的航空设施，是指正在使用中的保证航空器安全飞行的设施，包括机场路道、停机坪、航空器起落的指挥系统、导航设施等；二是航空器驾驶舱。

2. 行为在客观方面表现为两方面：一是实施盗窃、损坏和擅自移动使用中的航空设施行为。使用中的航空设施，是指航空设施已经交付使用或者处于正在使用之中，而不是正在建设或正在修理且未交付使用的航空设施或已废弃不用的航空设施。如果破坏的是正在建设、修理而未交付使用的或废弃不用的航空设施，则不构成此行为。二是实施了强行进入航空器驾驶舱的行为。强行进入航空器驾驶舱，是指不听劝阻，强行进入航空器的驾驶舱。

3. 行为主观上只能由故意构成。

4. 行为的主体是自然人。

（二）破坏航空设施或者强行进入航空器驾驶舱行为与相关行为的区别

认定本行为，要注意本行为与破坏交通设施罪的区别。关键看是否足以使航空器发生倾覆、毁坏的危险。只是可能影响飞行

安全，但不足以使航空器发生倾覆、毁坏的危险的，属于破坏航空设施行为。如果侵害行为影响了飞行安全，足以使航空器发生倾覆、毁坏危险的，属于破坏交通设施罪，应根据刑法追究刑事责任。

（三）破坏航空设施或者强行进入航空器驾驶舱行为的处罚

根据《治安管理处罚法》第34条第1款的规定，对构成本行为的，处10日以上15日以下拘留。

八、在航空器上使用可能影响导航系统正常功能的器具、工具行为

（一）在航空器上使用可能影响导航系统正常功能的器具、工具行为的构成

1. 行为侵犯的客体是航空器的飞行安全。

2. 行为在客观方面表现为：在使用中的航空器上故意使用可能影响导航系统正常功能的器具、工具，并且不听工作人员的劝阻。器具、工具，包括手机、寻呼机等通讯工具以及手提电脑、电控玩具等一切可以发出电磁波的物品。这些器具发出的电磁波可能干扰飞机的正常飞行，引发飞行事故，威胁公共安全。所谓正在使用中的航空器，根据《蒙特利尔公约》第2条的规定，是指航空器从地面人员或机组人员为某一次飞行而进行航空器飞行前准备时起，到任何降落后24小时止；该使用期在任何情况下都应延长到航空器飞行中的整个期间。行为人在航空器起飞前乘务人员要求关闭手机等可能影响导航系统正常功能的器具、工具后，仍不听劝阻执意使用或者经劝阻后又再次使用，尚没有造成严重后果的，属于违反治安管理行为；如果造成了严重后果，就构成了犯罪行为。严重后果，就是已经干扰了航空器的正常飞行，通讯受到干扰或者中断，使航空器处于危险的状态。

3. 行为的主体是自然人。

4. 行为的主观方面是故意。

(二) 在航空器上使用可能影响导航系统正常功能的器具、工具行为的处罚

根据《治安管理处罚法》第34条第2款的规定，对构成本行为的，处5日以下拘留或者500元以下罚款。

九、盗窃、损毁或者擅自移动铁路设施、设备、机车车辆配件或者安全标志行为

(一) 盗窃、损毁或者擅自移动铁路设施、设备、机车车辆配件或者安全标志行为的构成

1. 行为侵犯的客体是铁路行车安全。

2. 行为在客观上表现为盗窃、损毁或者擅自移动铁路设施、设备、机车车辆配件或者安全标志。铁路设施、设备、机车车辆配件或者安全标志，包括铁路钢轨、夹板、扣件等，机车的安全阀、电缆、闸瓦钎、拉杆等，信号灯、信号机变压器等。

3. 行为的主体是自然人。

4. 行为的主观方面出于故意。

(二) 盗窃、损毁或者擅自移动铁路设施、设备、机车车辆配件或者安全标志行为与相关行为的区别

认定本行为，应当注意与破坏交通工具罪、破坏交通设施罪的区别：是否具有造成列车倾覆、毁坏危险，如果有足以使列车发生倾覆、毁坏的危险，就构成了犯罪；反之，构成违反治安管理行为。

(三) 盗窃、损毁或者擅自移动铁路设施、设备、机车车辆配件或者安全标志行为的处罚

根据《治安管理处罚法》第35条的规定，对构成本行为的，处5日以上10日以下拘留，可以并处500元以下罚款；情节较轻的，处5日以下拘留或者500元以下罚款。

十、在铁路线路上放置障碍物或者故意向列车投掷物品行为

（一）在铁路线路上放置障碍物或者故意向列车投掷物品行为的构成

1. 行为侵犯的客体是铁路行车安全和乘客的人身安全。

2. 行为的客观方面表现为在铁路线路上放置障碍物，或者故意向列车投掷物品。在铁路线上放置障碍物，轻则延误列车时间，重则造成车毁人亡的事故。障碍物包括石头、木头等物品。本行为是行为犯，只要实施了在铁路线路上放置障碍物，或者故意向列车投掷物品行为，就构成本行为。如果造成或者足以造成严重后果，则应追究刑事责任。

3. 行为的主体是自然人。

4. 行为的主观方面出于故意。

（二）在铁路线路上放置障碍物或者故意向列车投掷物品行为的处罚

根据《治安管理处罚法》第35条的规定，对构成本行为的，处5日以上10日以下拘留，可以并处500元以下罚款；情节较轻的，处5日以下拘留或者500元以下罚款。

十一、在铁路线路、桥梁、涵洞处挖掘坑穴、采石取沙行为

（一）在铁路线路、桥梁、涵洞处挖掘坑穴、采石取沙行为的构成

1. 行为侵犯的客体是铁路行车安全。

2. 在客观方面表现为在铁路线路、桥梁、涵洞处挖掘坑穴、采石取沙，危及铁路安全。根据《铁路法》第46条第1款和第2款的规定，在铁路线路和铁路桥梁、涵洞两侧一定距离内，修建山塘、水库、堤坝，开挖河道、干渠，采石挖砂，打井取水，影

响铁路路基稳定或者危害铁路桥梁、涵洞安全的，由县级以上地方人民政府责令停止建设或者采挖、打井等活动，限期恢复原状或者责令采取必要的安全防护措施。在铁路线路上架设电力、通讯线路，埋置电缆、管道设施，穿凿通过铁路路基的地下坑道，必须经铁路运输企业同意，并采取安全防护措施。

3. 行为的主体可以是自然人，也可以是单位。

4. 行为的主观方面是故意。

（二）在铁路线路、桥梁、涵洞处挖掘坑穴、采石取沙行为的处罚

根据《治安管理处罚法》第35条的规定，对构成本行为的，处5日以上10日以下拘留，可以并处500元以下罚款；情节较轻的，处5日以下拘留或者500元以下罚款。

十二、在铁路线路上私设道口或者平交过道行为

（一）在铁路线路上私设道口或者平交过道行为的构成

1. 行为侵犯的客体是铁路行车安全。

2. 客观方面表现为在铁路线路上私设道口或者平交过道行为。私设，是指没有经过有关部门批准而擅自在铁路线路上设立道口或者平交过道。根据《铁路法》第68条的规定，禁止擅自在铁路线路上铺设平交道口和人行过道。在铁路线路上私设道口或者平交过道会影响列车的行车安全，容易发生事故，造成人员伤亡。

3. 行为的主体是自然人，也可以是单位。

4. 行为的主观方面是故意。

（二）在铁路线路上私设道口或者平交过道行为的处罚

根据《治安管理处罚法》第35条的规定，对构成本行为的，处5日以上10日以下拘留，可以并处500元以下罚款；情节较轻的，处5日以下拘留或者500元以下罚款。

十三、影响火车行车安全行为

（一）影响火车行车安全行为的构成

影响火车行车安全行为，是指擅自进入铁路防护网或者火车来临时在铁路线路上行走坐卧、抢越铁路，影响行车安全的行为。该行为的主要法律特征是：

1. 行为侵犯的客体是铁路行车安全。

2. 在客观方面表现为擅自进入铁路防护网或者火车来临时在铁路线路上行走坐卧、抢越铁路，影响行车安全。铁路防护网是铁路部门为了防止行人、牲畜进入铁路而设置的防护网，其目的是为了维护列车的行车安全和保护人民群众的生命、财产安全。禁止在铁路线路上行走坐卧，火车来临时在铁路线路上行走坐卧、抢越铁路，容易发生行车安全事故，造成行人的伤亡，影响列车正常行驶。但对于在火车没有来临时，在铁路线路上行走坐卧的，则不应处罚。

3. 行为的主体是自然人。

4. 行为的主观方面是故意。

（二）影响火车行车安全行为的处罚

根据《治安管理处罚法》第36条的规定，对构成本行为的，处警告或者200元以下罚款。

十四、违反规定安装、使用电网行为

（一）违反规定安装、使用电网行为的构成

违反规定安装、使用电网行为，是指未经批准，安装、使用电网，或者安装、使用电网不符合安全规定，尚不够刑事处罚的行为。该行为的主要法律特征主要是：

1. 行为侵犯的客体是公共安全。行为的对象是电网。

2. 在客观方面表现为未经批准，安装、使用电网，或者安

装、使用电网不符合安全规定。安装电网是一些特殊单位的要求，如重要军事设施、重要厂矿、监狱等。其他单位和个人未经公安机关许可，不能随意安装和使用电网。根据水利水电部、公安部《关于严禁在农村安装电网的通告》的规定，凡安装电网者，必须将安装地点、理由，并附有安装电网的四邻距离图，以及使用电压等级和采取的预防误触电措施等有关资料，向所在地县（市）公安局申报，经审查批准后，方可安装。严禁社队企业、作坊安装电网护厂（场）防盗防窃。严禁用电网捕鱼、狩猎、捕鼠或灭害等。安装、使用电网不符合安全规定，是指行为人在安装、使用电网时，违反国家对电网安装、使用的安全规定，如电网须安设内、外刺线护网，其高度不得低于1.5米，与电网距离应根据电压高低决定远近，但不能少于1米；安装电网的墙的墙高必须在2.5米以上。电网四周明显处，应设置白底红字的警示牌，支柱上隔适当的距离，必须安装红色警示灯等。

3. 行为的主体，既可以是单位，也可以是个人。

（二）违反规定安装、使用电网行为与相关行为的区别

认定本行为，应当注意该行为与以危险方法危害公共安全罪的区别：是否造成了严重后果。如果行为人私设电网，造成他人伤亡，或使公共财产受到重大损失等严重后果的，应以犯罪行为论。如未造成严重后果，以违反治安管理行为论处。

（三）违反规定安装、使用电网行为的处罚

根据《治安管理处罚法》第37条的规定，对构成本行为的，处5日以下拘留或者500元以下罚款；情节严重的，处5日以上10日以下拘留，可以并处500元以下罚款。

十五、违反通道施工安全规定行为

（一）违反通道施工安全规定行为的构成

违反通道施工安全规定行为，是指在车辆、行人通行的地方

施工，对沟井坎穴不设覆盖物、警示标志、防围的，或者故意损毁、移动覆盖物、警示标志、防围的行为。所谓覆盖物、警示标志、防围，一般是指护栏、防护网、能够承受一定重量、足以保证车辆、行人通行安全的遮盖物，以及红色信号灯、警示牌等。该行为的主要法律特征是：

1. 行为在客观方面的表现方式有两种：一是在车辆、行人通行的地方施工，对沟井坎穴不设覆盖物、警示标志、防围的。二是故意损毁、移动在车辆、行人通行地方因施工而设置的覆盖物、警示标志、防围的。值得注意的是，实施此行为只能是在行人、车辆通行的地方，如果不在此类地方，不构成此行为，即不符合该行为的地点要件。在这种地方施工，如果不设置覆盖物、警示标志和防围，就有可能给行人、车辆造成损害或其他公私财物造成损失，危及公共安全；如果移动或损毁已经设置的覆盖物、警示标志和防围的，同样也会危及公共安全。

2. 行为的主观方面，前一种情况的行为人既可以是故意，也可以是过失，而后一种情况的行为人只能是故意。

3. 行为的主体，既有特殊主体，也有一般主体。第一种行为，由特殊主体构成，即只能由在上述地方施工的人员构成。第二种行为，两种主体都可以构成，即施工人员和非施工人员均可构成。

（二）违反通道施工安全规定行为与相关犯罪行为的区别

认定本行为，要注意划清违法与犯罪的界限。如果违反施工安全规定，发生重大伤亡事故；或者故意损毁、移动覆盖物、警示标志、防围，足以造成重大事故的，应依法追究其刑事责任。

（三）违反通道施工安全规定行为的处罚

根据《治安管理处罚法》第 37 条的规定，对构成本行为的，处 5 日以下拘留或者 500 元以下罚款；情节严重的，处 5 日以上 10 日以下拘留，可以并处 500 元以下罚款。

十六、盗窃、损毁路面井盖、照明等公共设施行为

(一) 盗窃、损毁路面井盖、照明等公共设施行为的构成

1. 行为侵犯的客体是公共交通安全。

2. 客观方面表现为盗窃、损毁路面井盖、照明等公共设施。路面井盖、照明等公共设施，包括自来水、热力、排污等管道井盖，路灯、广场照明、装饰灯具以及消防栓、铁箅子、路口交通设施等其他公共设施。

3. 行为的主体是自然人。

4. 行为在主观上只能由故意构成。

(二) 盗窃、损毁路面井盖、照明等公共设施行为的处罚

根据《治安管理处罚法》第 37 条的规定，对构成本行为的，处 5 日以下拘留或者 500 元以下罚款；情节严重的，处 5 日以上 10 日以下拘留，可以并处 500 元以下罚款。

十七、违反举办大型群众性活动安全规定行为

(一) 违反举办大型群众性活动安全规定行为的构成

违反举办大型群众性活动安全规定行为，是指举办文化、体育等大型群众性活动，违反有关规定，不采取相应的安全措施，有发生安全事故危险的行为。所谓相应的安全措施，是指根据活动的规模、场地的大小、人员的多少，自然条件状况（如下雨、下雪等）及活动的内容和特殊要求，能够足以保障文化、体育活动正常进行的安全。该行为的主要法律特征是：

1. 行为侵犯的客体是公共安全。

2. 在客观方面表现为组织大型群众性活动违反有关规定，不采取相应的安全措施或者忽视安全措施，有发生安全事故的危险。具体表现为：

(1) 未经许可，擅自举办大型群众性活动的。

（2）超过核准人数的。

（3）场地及其附属设施不符合安全标准，存在安全隐患。

（4）消防设施不符合法定要求。

（5）没有制定安全保卫工作方案。

3. 行为的主体是大型群众性活动的组织者，包括法人（单位）和自然人。

（二）违反举办大型群众性活动安全规定行为的处罚

根据《治安管理处罚法》第38条的规定，对构成本行为的，责令停止活动，立即疏散；对组织者处5日以上10日以下拘留，并处200元以上500元以下罚款；情节较轻的，处5日以下拘留或者500元以下罚款。

十八、公众活动场所的经营管理人员违反安全规定行为

（一）公众活动场所的经营管理人员违反安全规定行为的构成

公众活动场所的经营管理人员违反安全规定行为，是指旅馆、饭店、影剧院、娱乐场、运动场、展览馆或者其他供社会公众活动的场所的经营管理人员，违反安全规定，致使该场所有发生安全事故危险，经公安机关责令改正，拒不改正的行为。该行为的主要法律特征是：

1. 行为侵害的客体是公共安全。行为的对象是供社会公众活动的场所，主要是指治安管理处罚法列举的旅馆、饭店、影剧院、娱乐场、运动场、展览馆等，也包括其他供公众聚集的场所，如商场，公共浴池，营业性餐厅、舞厅、咖啡厅、音乐茶座等。这些地方人员集中，流动性大，一旦发生拥挤、火灾、爆炸等事故，就会造成大量人员伤亡和物质财产的巨大损失。经营和管理这些场所的单位和人员，必须切实保障这些场所的绝对安全。为此，公安机关规定，这些场所必须具备可靠的安全要求，

能够保障群众安全疏散，防止发生伤亡事故。公安机关对这些场所的安全有监督、检查的权利。对存有漏洞、隐患的公共场所，公安机关要发出通知，责令有关单位整改。有关单位接到公安机关的整改通知书后，必须立即整改，做到防患于未然。

2. 行为的客观方面主要表现为违反安全规定，有发生事故危险，经公安机关责令改正，行为人拒不改正。

3. 行为的主体是特殊主体，限定为经营这些场所的经营管理人员。

4. 行为的主观方面只能是故意。

(二) 公众活动场所的经营管理人员违反安全规定行为的处罚

根据《治安管理处罚法》第39条的规定，对构成本行为的，处5日以下拘留。

思考题：

1. 什么是妨碍公共安全行为，它的构成要件是什么？

2. 为什么说盗窃路面井盖的行为是妨碍公共安全行为？

3. 简述非法携带枪支、弹药、管制器具行为与相关犯罪的区别。

4. 简述违反规定安装、使用电网行为的构成。

第八章　侵犯人身权利行为

第一节　侵犯人身权利行为的构成

侵犯人身权利的违反治安管理行为，是指故意侵犯他人人身和与人身相关的权利，造成他人生理或精神损害以及其他损失，尚不够刑事处罚，依法应当给予治安管理处罚的行为。这类违反治安管理行为，属于多发性的违法行为，因此，认定侵犯人身权利行为是公安机关查处违反治安管理行为工作的重点之一。从侵犯人身权利行为的概念分析，构成侵犯人身权利行为必须具备四个要件：

一、该行为所侵犯的客体是法律所保护的公民人身权利和与人身相关的权利

我国宪法和法律赋予公民享有广泛的人身权利。根据《宪法》第33条第3款的规定，国家尊重和保护人权。治安管理处罚法直接保护的人身权利，有身心健康权、人身自由权、人格和名誉不受侵犯权、家庭成员平等权等，同时，还包括与人身直接相关的其他权利，如住宅不受侵犯的权利、通讯自由的权利、民主权利等。但是，不包括侵害他人生命的权利和妇女性的不可侵犯的权利。因为违反治安管理行为是以轻微社会危害性为法律特征的，而后两种行为对人身权利的侵害较为严重，应由刑法予以保护。

二、行为的客观方面表现为实施了侵犯人身权利和其他与人身相关的权利，尚不够刑事处罚的行为

理解该行为的客观方面，首先，要明确侵犯人身权利行为的主要方式，如殴打、非法搜查他人身体、非法限制他人人身自由、侮辱、诽谤、对证人打击报复、煽动民族歧视等，这些行为方式直接侵犯他人的人身权利。同时，只要是实施了这类行为，无论是否对被侵害人造成了实际的损害结果，都构成违反治安管理行为，应当予以处罚。其次，要划清侵犯人身权利的违反治安管理行为与侵犯人身权利、民主权利罪的法律界限。情节轻微、手段一般、后果不重的，属于违反治安管理行为的法律特征；反之，手段恶劣，情节、后果严重，则属于侵犯人身权利、民主权利罪的法律特征。

三、行为的主体大多为一般主体，少数为特殊主体

治安管理处罚法规定的侵犯人身权利行为具有特定性，即行为人实施的行为往往针对的是特定的侵害对象，具有一定的因果关系。例如，行为人与被侵害人原来就存在某些矛盾，故意造成被侵害人的精神和肉体伤害或其他损失等。行为的表现形式是个体或群体的故意侵害，行为的主体一般是自然人，但有的行为主体，如强迫他人劳动行为、非法搜查他人身体行为等可以由单位构成，有的行为主体，如虐待家庭成员行为、遗弃被抚养人行为和在出版物、计算机信息网络中刊载民族歧视、侮辱内容行为等只能由特殊主体构成。

四、行为的主观方面均必须由故意构成

侵犯人身权利的行为，行为人的动机是多种多样的，有的是为了打击报复，有的是为了逞强好胜，有的是为了牟取非法利益，有的是为了满足其不正当的欲望等。但不论行为人的动机和目的如何，其主观方面都是出于故意，过失不能构成侵犯人身权利的行为。

第二节 侵犯人身权利行为的认定与处罚

一、组织、胁迫、诱骗未成年人或者残疾人进行恐怖、残忍表演行为

（一）组织、胁迫、诱骗未成年人或者残疾人进行恐怖、残忍表演行为的构成

组织、胁迫、诱骗未成年人或者残疾人进行恐怖、残忍表演行为，是指组织、胁迫或者诱骗不满 16 周岁的人或者残疾人表演恐怖、残忍节目，摧残其身心健康，情节轻微，尚不够刑事处罚的行为。该行为的主要法律特征是：

1. 该行为侵犯的客体是不满 16 周岁的人、残疾人的人身权利，侵害的对象是不满 16 周岁的人或者残疾人。

2. 行为在客观方面主要表现为组织、胁迫或者诱骗不满 16 周岁的人、残疾人表演恐怖、残忍节目，摧残其身心健康，尚不够刑事处罚的行为。组织，主要是指招募、雇佣等。胁迫，是指以暴力相威胁或者以解除抚养、收养及其他关系相要挟。诱骗，是指用金钱、物质利益或者以亲属、抚养、收养关系进行引诱和欺骗。表演恐怖、残忍节目，是指表演宣扬暴力、凶杀或残酷折磨身体的节目。

3. 行为的主体既可以是自然人，也可以是单位。

（二）组织、胁迫、诱骗未成年人或者残疾人进行恐怖、残忍表演行为与其他相关行为的区别

认定本行为，应当注意其与伤害罪的区别。本行为从本质上

看，是一种伤害行为，其后果是使不满 16 周岁的人、残疾人身心被伤害。是否构成犯罪，关键是看行为的情节、后果。如果摧残不满 16 周岁的人、残疾人身心健康行为情节轻微，未造成严重后果，则应按违反治安管理行为论处；如果因为表演恐怖残忍节目，使不满 16 周岁的人、残疾人身心遭受了严重摧残和直接伤害，造成了不满 16 周岁的人、残疾人伤亡的严重后果，如肢体残废、失去听觉、视觉、容貌被毁等，则应以伤害罪追究行为人的刑事责任。

（三）组织、胁迫、诱骗未成年人或者残疾人进行恐怖、残忍表演行为的处罚

根据《治安管理处罚法》第 40 条的规定，对构成本行为的，处 10 日以上 15 日以下拘留，并处 500 元以上 1000 元以下罚款；情节较轻的，处 5 日以上 10 日以下拘留，并处 200 元以上 500 元以下罚款。

二、强迫他人劳动行为

（一）强迫他人劳动行为的构成

强迫他人劳动行为，是违反劳动管理法规，以暴力、威胁或者其他手段强迫他人劳动，情节轻微，尚不够刑事处罚的行为。该行为的主要法律特征是：

1. 行为侵犯的客体是公民的自由劳动权。

2. 行为的客观方面表现为违反劳动管理法规，以暴力、威胁或者其他手段强迫他人劳动的行为。在理解时要注意，第一，必须是有违背他人意志，强迫他人劳动的行为。如果是他人自愿地加班、加点，干粗活、重活，则不能构成本行为。第二，强迫他人劳动是违反劳动管理法规的。这是构成本行为的前提。如果由于生产经营需要，经与工会和劳动者协商后延长工作时间，且支付相应的劳动报酬的，则不构成本行为。第三，强迫他人劳动

行为可以采取暴力、威胁的方法，也可以采取其他方法，如以限制人身自由的方式来强迫他人劳动。

3. 行为的主体一般是用人单位，根据《中华人民共和国劳动法》的规定，用人单位是指在中华人民共和国境内的企业、个体经济组织，个人也可以构成本行为的主体。

（二）强迫他人劳动行为与相关行为的区别

1. 与强迫职工劳动罪的区别。二者的区别主要表现在以下四个方面：一是主体不同。前者主体一般是单位，也可以是自然人；后者主体则只能是用人单位的直接责任人员。二是客观方面表现形式不同。前者表现为以暴力、威胁或者其他手段强迫他人劳动，后者表现为以限制人身自由的方法强迫职工劳动。三是情节不同。如果是以限制人身自由的方式强迫他人劳动，情节严重的构成犯罪；情节轻微的则构成违反治安管理行为。四是强迫的对象不同。前者可以是强迫任何人劳动，而后者只能是强迫职工劳动。

2. 与相关犯罪的区别。强迫他人劳动行为从行为的方式方法上看，可能涉及多种犯罪，如使用暴力可能涉及伤害罪，限制他人人身自由可能涉及非法拘禁罪等，是否构成犯罪，关键是看行为的情节、后果。如果行为人以强迫他人劳动为目的，实施了一般的暴力、胁迫或其他方法，没有对劳动者造成较大的伤害，可按违反治安管理行为论处。如果因暴力、胁迫或其他方法，致使劳动者身心遭到严重摧残和直接伤害，如因暴力致使他人肢体残废，失去听觉、视觉，容貌被毁；或因胁迫、非法限制他人人身自由致使他人精神障碍；或非法拘禁时间较长，行为性质发生变化等，则构成伤害罪、非法拘禁罪。

3. 与劳动过程中强迫命令、简单、粗暴的管理行为的界限。有些单位的负责人，不注意调动他人的劳动积极性，工作方法简单、粗暴，引起他人的不满。这种行为虽然也违背了他人的意愿，具有强迫他人劳动的性质，但由于没有采取暴力、威胁或者其他手段，故应属于工作方法问题，不能构成强迫他人劳动的违反治安管理行为。

（三）强迫他人劳动行为的处罚

根据《治安管理处罚法》第40条的规定，对构成本行为的，处10日以上15日以下拘留，并处500元以上1000元以下罚款；情节较轻的，处5日以上10日以下拘留，并处200元以上500元以下罚款。

三、非法限制他人人身自由行为

（一）非法限制他人人身自由行为的构成

非法限制他人人身自由行为，是指利用各种方法和手段，非法限制他人人身自由，情节轻微，尚不够刑事处罚的行为。该行为的主要法律特征是：

1. 行为侵犯的客体是他人的人身自由权利，即他人按照自己的意志自由支配自己身体活动的权利。

2. 行为的客观方面表现为实施了非法限制他人人身自由的行为。理解这一点，首先，要明确限制他人人身自由的行为必须是非法的，即为法律所禁止的。其次，要明确非法限制他人人身自由的行为方式，主要表现为限制他人在一定区域内活动、居住，限制他人不得参加某种社会活动，限制外出活动，或者规定他人的活动情况必须及时向违法行为人报告等。

3. 行为的主体一般是自然人，单位也可以构成本行为的主体。

（二）非法限制他人人身自由行为与相关行为的区别

1. 与非法拘禁罪的区别。非法拘禁罪是指以拘禁或者其他强制方法非法剥夺他人人身自由，具有下列情形之一的行为：第一，非法拘禁他人，并实施捆绑、殴打、侮辱等行为的。第二，多次非法拘禁他人，或非法拘禁多人，非法拘禁时间较长的。第三，非法拘禁，致人重伤、死亡、精神失常或自杀的。第四，非法拘禁，造成其他严重后果的。

国家机关工作人员利用职权非法拘禁，具有下列情形之一的，构成非法拘禁罪：第一，非法拘禁持续时间超过24小时的。第二，三次以上非法拘禁他人或者一次非法拘禁3人以上的。第三，非法拘禁他人，并实施捆绑、殴打、侮辱等行为的。第四，非法拘禁，致人伤残、死亡、精神失常的。第五，为索取债务非法扣押、拘禁他人，具有上述情形之一的。第六，司法工作人员对明知是无辜的人而非法拘禁的。

由此可见，非法拘禁行为只有达到严重的程度，才构成犯罪。因此，应当根据情节的轻重、危害大小、动机目的、拘禁时间的长短等因素综合分析，来确定是违反治安管理行为还是犯罪行为。

2. 与公安、司法人员违法限制人身自由的区别。公安、司法机关根据法律规定，对行为人可以采取限制人身自由的强制性措施，这是法律赋予公安、司法人员的职权。但在具体实施过程中，有时也可能出现违法限制人身自由的行为，例如，讯问、留置超过法定时间，拖延被拘留时间等。此类行为与非法限制他人人身自由行为在行为主体上有原则性区别：前者必须是公安、司法人员在执行公务过程中的一种职务行为，如果是以个人名义实施的行为，则不能以此行为对待；而后者是一般主体行为，不包括公安、司法人员的职务行为。对公安、司法人员违法限制他人人身自由的行为，应当予以行政处分；情节严重，构成犯罪的，应依法追究刑事责任。

（三）非法限制他人人身自由行为的处罚

根据《治安管理处罚法》第40条的规定，对构成本行为的，处10日以上15日以下拘留，并处500元以上1000元以下罚款；

情节较轻的，处5日以上10日以下拘留，并处200元以上500元以下罚款。

四、非法侵入他人住宅行为

（一）非法侵入他人住宅行为的构成

非法侵入他人住宅行为，是指未经住宅主人允许，没有正当理由，非法侵入他人住宅，不够刑事处罚的行为。该行为的主要法律特征是：

1. 行为侵犯的客体是他人的住宅权。住宅，是指公民合法居住的场所。至于该住所是本人的，还是租来的，对构成该行为均无影响。

2. 行为的客观方面表现为非法侵入他人住宅，情节轻微，尚不够刑事处罚。非法侵入他人住宅，包括两种情况：一是未经住宅主人许可，没有正当理由擅自进入他人住宅。二是虽经住宅主人同意或者有正当理由进入，但经住宅主人要求退出而无正当理由拒不退出他人住宅。

（二）本行为与其他相关行为的区别

认定本行为，应当注意其与非法侵入他人住宅罪的区别。两者在行为主体、客体和主观方面均相同，但根本的区别在于行为客观方面的情节和危害程度。具有下列情形之一的，构成非法侵入他人住宅罪：

（1）非法强行侵入他人住宅，经要求或教育仍拒不退出，严重影响他人正常生活和居住安全的。

（2）非法强行侵入他人住宅，毁损、污损或搬走他人生活用品，严重影响他人正常生活的。

（3）非法强行侵入并封闭他人住宅，致使他人无法居住的。

（4）非法强行侵入他人住宅，引起其他严重后果的。

由此可见，构成非法侵入他人住宅罪的行为所采取的方法、手段恶劣，侵入他人住宅时间长，甚至经行政机关、司法机关介入仍不退出。非法侵入他人住宅行为没有采用上述恶劣手段，一般没有造成危害后果或危害后果极小。

（三）非法侵入他人住宅行为的处罚

根据《治安管理处罚法》第40条的规定，对构成本行为的，处10日以上15日以下拘留，并处500元以上1000元以下罚款；情节较轻的，处5日以上10日以下拘留，并处200元以上500元以下罚款。

五、非法搜查他人身体行为

（一）非法搜查他人身体行为的构成

非法搜查他人身体行为，是指非法搜查他人身体，情节轻微，尚不够刑事处罚的行为。该行为的主要法律特征是：

1. 行为侵犯的客体是他人的人身权利。

2. 行为的客观方面表现为实施了非法搜查他人身体的行为。该行为包括两种情况：一种是无搜查权的人出于某种目的非法对他人人身进行搜查；另一种是有搜查权的人不经合法批准，滥用权力，非法进行搜查。不论哪种情况，只要是没有法律根据的非法搜查，均可以构成此行为。

3. 行为的主体既可以是自然人，也可以是单位。

（二）非法搜查他人身体行为与相关行为的区别

认定本行为，应当注意分清其与非法搜查罪的界限。二者的区别主要表现在以下三个方面：一是主体不同。前者的主体既可以是自然人，也可以是单位；后者的主体则只能是一般主体。二是对象不同。前者的对象只能是他人的身体；后者的对象则既包括他人的身体，也包括他人的住宅。三是情节不同。非法搜查他人身体，情节严重的，构成犯罪；情节轻微的，构成违反治安管理行为。

（三）非法搜查他人身体行为的处罚

根据《治安管理处罚法》第40条的规定，对构成本行为的，处10日以上15日以下拘留，并处500元以上1000元以下罚款；情节较轻的，处5日以上10日以下拘留，并处200元以上500元以下罚款。

六、胁迫、诱骗或者利用他人乞讨行为

（一）胁迫、诱骗或者利用他人乞讨行为的构成

1. 行为侵犯的客体是他人的人身权利。

2. 行为在客观上表现为实施了胁迫、诱骗或者利用他人乞讨行为。胁迫，是指行为人以实施暴力或其他有损身心健康的行为，如冻饿、罚跪等相要挟，逼迫他人进行乞讨。诱骗，是指行为人利用他人的弱点或亲属等人身依附关系，或者以许愿、诱惑、欺骗等手段指使他人进行乞讨。利用，是指行为人使用各种手段让他人自愿地按其要求进行乞讨，包括租借或者其他形式。租借，是指行为人给未成年人、残疾人或者老年人等的亲属、监护人或其本人支付一定的钱物，使其进行乞讨，以谋取非法利益。在所列举的三种表现形式中，只要行为人实施了其中一种，就构成违反治安管理行为。如果行为人同时实施了该项行为的两种以上，也只按一种违反治安管理行为实施处罚。

（二）胁迫、诱骗或者利用他人乞讨行为的处罚

根据《治安管理处罚法》第41条第1款的规定，对构成本行为的，处10日以上15日以下拘留，可以并处1000元以下罚款。

七、冒犯性乞讨行为

（一）冒犯性乞讨行为构成

冒犯性乞讨行为，是指反复纠缠、强行讨要或者以其他滋扰

他人的方式乞讨的行为。该行为的主要法律特征是：

1. 行为侵犯的客体是他人的人身权利。

2. 在客观上实施了反复纠缠、强行讨要或者以其他滋扰他人的方式乞讨的行为。反复纠缠，是指乞讨人员向他人行乞遭拒绝后，仍采取阻拦、尾随等其他令人反感的方式继续乞讨钱财。强行讨要，是指以生拉硬拽、污言秽语等令人厌恶的方式乞讨钱财。其他滋扰他人的方式包括以强迫接受的方式卖花、卖唱、开车门、擦车、拎包等行为变相乞讨的。这类行为的主要表现是滋扰他人，不达到乞讨目的则不放过他人。

(二) 冒犯性乞讨行为的处罚

根据《治安管理处罚法》第 41 条第 2 款的规定，对构成本行为的，处 5 日以下拘留或者警告。

八、威胁他人人身安全行为

(一) 威胁他人人身安全行为的构成

威胁他人人身安全行为，是指用写恐吓信或者其他方法威胁他人人身安全，尚不够刑事处罚的行为。该行为的主要法律特征是：

1. 行为侵犯的客体是他人的人身安全。

2. 行为客观方面表现为写恐吓信或者用其他方法威胁他人的生命、健康，尚不够刑事处罚。其他方法，是指除了写恐吓信以外的其他方法，如当面以言语恐吓、打恐吓电话、由他人传话进行恐吓、往他人住房内（院中）投掷砖石来威胁等方法。

3. 主观方面出于故意。其动机具有多样性，有的是出于报复，有的是通过威胁他人得到某种政治、经济或者其他利益等，行为的主观上都是故意威胁他人的人身安全。

(二) 威胁他人人身安全行为与相关行为的区别

1. 与构成犯罪的区别。威胁他人人身安全行为不管采用哪些具体方法，其行为本身都是使他人精神受到折磨，安全受到威胁。对这种违法行为，如果只是单纯的精神威胁，没有采用暴力、限制等非法手段，也没有造成严重后果，应以违反治安管理行为论处；如果情节严重，如采用暴力手段，或对被威胁人造成了严重后果的，应当依法追究其相应的刑事责任。

2. 与敲诈勒索行为的区别。二者区别的关键在于行为目的是否是勒索钱财或财产性质的利益。如果有此目的，则是敲诈勒索行为；如果无此目的，则属于威胁他人人身安全的违反治安管理行为。

（三）威胁他人人身安全行为的处罚

根据《治安管理处罚法》第42条的规定，对构成本行为的，处5日以下拘留或者500元以下罚款；情节较重的，处5日以上10日以下拘留，可以并处500元以下罚款。

九、侮辱、诽谤行为

（一）侮辱、诽谤行为的构成

侮辱、诽谤行为，是指以各种方法公然侮辱他人或者捏造事实诽谤他人，使对方人格或名誉受到损害，尚不够刑事处罚的行为。该行为的主要法律特征是：

1. 行为所侵犯的客体是他人的人格尊严和名誉权利。

2. 行为的客观方面表现为公然侮辱、诽谤他人，尚不够刑事处罚。侮辱行为表现为在众多人面前或者有可能使众多人知道的情况下，用语言、文字、动作等方式，故意损害他人人格，破坏他人名誉。其表现形式主要有：一是暴力侮辱，如当众打人耳光，强迫他人从自己胯下钻过，强迫他人在地上学动物爬、学动物叫，强行给他人画鬼脸，剃阴阳头，往他人身上泼抹污物等。二是口头侮辱，如以言辞对他人辱骂，恶语中伤等。三是文字侮辱，如以大小字报或漫画等形式进行人身侮辱。诽谤行为，即指捏造事实诽谤他人。其表现形式为无中生有，凭空捏造足以损害他人人格和名誉的虚假事实，并加以散布。散布的方法，主要是以口头或文字方式扩散其所捏造的事实，以使众人知道，达到损害他人人格和名誉的目的。

（二）侮辱、诽谤行为与相关行为的区别

认定本行为，应当划清其与侮辱罪、诽谤罪的界限。二者的主要区别在于情节的轻重或危害后果的大小。一般来说，情节较轻，危害后果较小的一般性侮辱、诽谤，属于违反治安管理行为；而情节、后果严重的，例如，当众以粪便泼人身体，或强令被害人吃粪便等极端恶劣手段，造成被害人心理受到极大刺激而精神失常或导致精神病的，或不堪侮辱、诽谤而自杀的，即构成了侮辱罪或诽谤罪。

（三）侮辱、诽谤行为的处罚

根据《治安管理处罚法》第 42 条的规定，对构成本行为的，处 5 日以下拘留或者 500 元以下罚款；情节较重的，处 5 日以上 10 日以下拘留，可以并处 500 元以下罚款。

十、诬告陷害行为

（一）诬告陷害行为的构成

诬告陷害行为，是指捏造犯罪事实或者违反治安管理事实，向有关机关告发，意图使他人受刑事处罚或者治安管理处罚，情节较轻，不够刑事处罚的行为。该行为的主要法律特征是：

1. 行为侵犯的客体是双重客体，既侵犯了被诬陷人的人身权利，同时也侵害了国家司法机关的正常活动。

2. 行为的客观方面表现为实施了捏造犯罪事实或者违反治安管理事实，向有关机关告发的诬告陷害行为。首先，必须有捏造犯罪事实或者违反治安管理事实的行为。如果行为人不是捏造犯罪事实或者违反治安管理事实，而是将真实的犯罪事实或者违反治安管理事实检举告发，则是正当合法的行为，不构成本行为。如果行为人捏造的是一般事实而不是犯罪事实或者违反治安管理事实，目的是使他人受某种行政处分的，也不能构成本行为。其次，必须将捏造的犯罪事实或者违反治安管理事实向有关机关作虚假告发。有关机关，是指公、检、法等司法机关，也包括一般的国家机关。只要能引起司法机关的行政处罚或者诉讼程序的机关，都属这个范围。虚假告发是指虚假的检举、揭发。构成诬告陷害行为，必须两个方面的行为同时具备。缺少其中一种，都不能构成本行为。

3. 行为的主观目的是使他人受到刑事追究或受到治安管理处罚。

（二）诬告陷害行为与相关行为的区别

1. 与诬告陷害罪的区别。正确区分这两种行为应以情节轻重为标准。情节轻微的，构成违反治安管理行为；情节严重的，则构成犯罪。情节严重，主要是指捏造的犯罪事实或者违反治安管理事实情节严重，诬陷手段恶劣，严惩影响了司法机关的正常活动或者在社会上造成了恶劣的影响或者被诬告人已被错误地追究刑事责任等情形。

2. 与诽谤行为的区别。两者的相同之处在于实施的都是捏造事实的行为。其区别在于：一是所侵犯的客体不同。前者是他人的人身权利和司法机关的正常活动，后者是他人的人格尊严和名誉权。二是捏造的内容和行为的方式不同。前者表现为捏造犯罪事实并向有关机关进行告发，后者是捏造并散布足以损害他人人格和名誉的虚假事实。三是行为的目的不同。前者是为了使他人受到刑事处罚，后者则是为了损害他人的人格和名誉。

（三）诬告陷害行为的处罚

根据《治安管理处罚法》第 42 条的规定，对构成本行为的，处 5 日以下拘留或者 500 元以下罚款；情节较重的，处 5 日以上

10日以下拘留，可以并处500元以下罚款。

十一、打击报复证人及其近亲属行为

（一）打击报复证人及其近亲属行为的构成

打击报复证人及其近亲属行为，是指因对证人在司法活动中的作证行为不满，而对证人及其近亲属进行威胁、侮辱、殴打，或者对证人及其近亲属进行人身攻击、人身伤害等，给证人及其近亲属的工作、生活制造麻烦的行为。该行为的主要法律特征是：

1. 行为侵犯的客体是复杂客体，既侵害了证人及其近亲属的人身权利，也侵害了行政机关、司法机关的正常活动和证人依法作证的权利。

2. 行为的客观方面表现为实施了对证人及其近亲属进行威胁、侮辱、殴打或者打击报复的行为。

3. 行为的主体是自然人，通常是案件的当事人和其他有关人员。

（二）打击报复证人及其近亲属行为与相关行为的区别

1. 与打击报复证人罪的区别。二者的主要区别表现在：一是侵害对象不同。前者侵害的对象既包括证人，也包括证人的近亲属；后者侵害的对象则只限于证人。二是实施方法不尽相同。前者主要通过威胁、侮辱、殴打或者打击报复的方法进行，后者则主要通过暴力、威胁、引诱、贿买或者打击报复的方法进行。三是行为实施的范围不同。前者既包括行政机关办理行政案件，也包括司法机关办理刑事案件，后者则只限于司法机关办理刑事案件。四是情节不同。前者一般情节轻微，后者一般情节严重。

2. 与威胁他人人身安全行为、侮辱行为、殴打他人行为的区别。二者的区别主要在于行为侵害的对象不同。前者所侵害的对象是证人及其近亲属，后者侵害的对象则是除了证人及其近亲属之外的其他人。

（三）打击报复证人及其近亲属行为的处罚

根据《治安管理处罚法》第42条的规定，对构成本行为的，处5日以下拘留或者500元以下罚款；情节较重的，处5日以上10日以下拘留，可以并处500元以下罚款。

十二、发送信息干扰他人正常生活行为

（一）发送信息干扰他人正常生活行为的构成

发送信息干扰他人正常生活行为，是指通过多次发送淫秽、侮辱、恐吓或者其他信息，干扰他人正常生活，情节轻微，尚不够刑事处罚的行为。该行为的主要法律特征是：

1. 行为侵犯的客体是他人的正常生活秩序。

2. 行为的客观方面表现为多次通过信件、电话、计算机信息网络等途径传送淫秽、侮辱、恐吓或者其他骚扰信息，干扰他人正常生活。计算机信息网络包括国际互联网和局域网。淫秽信息，是指具体描写或者露骨宣扬色情的诲淫性信息。侮辱信息，是指含有恶意攻击、谩骂、羞辱等有损他人人格尊严的信息。其他信息，主要是指提供服务、商品的信息。行为人通过发送骚扰信息扰乱了他人的正常生活，影响到他人的休息、工作或者学习。行为人的动机多种多样，有的是为了报复，有的是为了寻求刺激，有的是为了搞恶作剧等。本行为必须是多次实施，即重复实施三次以上的，才应予以治安管理处罚。

（二）发送信息干扰他人正常生活行为与相关行为的区别

认定本行为，应注意划清其与传播淫秽物品行为、侮辱行为、威胁他人安全行为的界限。二者的区别主要表现在三个方面：一是侵犯的客体不同。二是实施的方法不同。三是行为的目的不同。

(三) 发送信息干扰他人正常生活行为的处罚

根据《治安管理处罚法》第42条的规定，对构成本行为的，处5日以下拘留或者500元以下罚款；情节较重的，处5日以上10日以下拘留，可以并处500元以下罚款。

十三、侵犯他人隐私行为

(一) 侵犯他人隐私行为的构成

侵犯他人隐私行为，是指行为人出于各种目的，未经他人同意，以秘密的方式观看、拍摄、听取或者散布他人隐私的行为。该行为的主要法律特征是：

1. 行为侵犯的客体是他人的隐私权。

2. 行为的客观方面表现为实施了偷窥、偷拍、窃听或者散布他人隐私的行为。隐私，是指不愿意让他人知道的，属于个人的生活秘密，如两性关系、生育能力、健康状况等。一旦公开，将会给当事人的生活、心理带来压力。偷窥，是指行为人在当事人不知道的情况下，秘密偷看他人隐私的行为。行为人有的是在隐私场所直接用眼睛偷窥，如偷窥女厕所、女浴室等；有的是通过安装针孔摄像头等设备来偷窥。偷拍，是指行为人乘当事人不备，利用照相机、手机、摄像机等器材秘密拍摄他人的隐私，包括他人身体的隐私部位、隐私活动等。窃听，是指行为人通过秘密方式偷听他人隐私的行为。散布，是指行为人用各种方式将知悉的他人的隐私传播于众的行为，传播的方式包括用语言、文字、图片、电子信息等。他人隐私，既包括非法知悉的他人隐私，也包括合法知悉的他人隐私。行为人的动机多种多样，有的是为了寻求刺激、满足某种下流的欲望；有的是为了损坏他人名誉。

(二) 侵犯他人隐私行为的处罚

根据《治安管理处罚法》第42条的规定，对构成本行为的，处5日以下拘留或者500元以下罚款；情节较重的，处5日以上10日以下拘留，可以并处500元以下罚款。

十四、殴打他人或者故意伤害他人行为

（一）殴打他人或者故意伤害他人行为的构成

殴打他人或者故意伤害他人行为，是指殴打他人或者故意伤害他人身体，尚不够刑事处罚的行为。该行为的主要法律特征是：

1. 行为侵犯的客体是公民的身体健康权。

2. 行为的客观方面表现为实施了殴打他人或者故意伤害他人身体的行为。殴打他人，是指行为人公然实施的损害他人身体健康的打人行为。行为方式一般采用拳打脚踢，或者使用棍棒等器具殴打。故意伤害他人身体，是指以殴打以外的其他方式故意伤害他人的行为。例如，使用机械撞击、电击和驱使动物伤害他人等方法实施伤害，以故意移动楼梯或蹬塌树木，致他人从楼梯或树木上摔下的方式实施伤害等。根据规定，本行为属于行为犯，即只要有证据证明行为人实施了殴打他人或者故意伤害他人身体的行为，不论其是否造成被侵害人受伤，均应当视为违反治安管理行为。

（二）殴打他人或者故意伤害他人行为与相关行为的区别

1. 与伤害罪的区别。正确区分这两种行为应以被害人的受伤程度为标准。伤害罪，是以造成“轻伤害”以上程度的人身伤害为条件。如果造成了轻伤害、重伤害，甚至死亡的，就应当依据刑法有关伤害罪的规定论处。

2. 与结伙斗殴行为的区别：一是所侵犯的客体不同。前者侵害的对象是特定的，侵犯的客体是特定人的身体健康权；后者侵害的对象是不特定的，所侵害的客体是社会公共秩序。二是目的动机不同。前者的目的是伤害他人身体；后者不仅仅只是追求

对他人身体的伤害，更企图以此行为来显示自己的霸气和对国家法律、社会公德的藐视，是一种反社会的行为。三是对行为主体数量的要求不同。后者是指团伙之间发生的殴斗行为，而前者则包括个人之间、数人与数人之间、个人与数人之间的斗殴行为。

(三) 殴打他人或者故意伤害他人行为的处罚

根据《治安管理处罚法》第43条第1款的规定，对构成本行为的，处5日以上10日以下拘留，并处200元以上500元以下罚款；情节较轻的，处5日以下拘留或者500元以下罚款。根据《治安管理处罚法》第43条第2款的规定，有下列情形之一的，处10日以上15日以下拘留，并处500元以上1000元以下罚款：

(1) 结伙殴打、伤害他人的。

(2) 殴打、伤害残疾人、孕妇、不满14周岁的人或者60周岁以上的人的。

(3) 多次殴打、伤害他人或者一次殴打、伤害多人的。

十五、猥亵他人行为

(一) 猥亵他人行为的构成

猥亵他人行为，是指用淫秽举动猥亵他人，尚不够刑事处罚的行为。该行为的主要法律特征是：

1. 行为侵犯的客体是他人的人格尊严和名誉权，有的还可能损害他人的身体健康。行为的对象是他人。该行为既可以发生在同性之间，也可以发生在异性之间。

2. 行为的客观方面表现为行为人实施了猥亵他人的行为。所谓猥亵行为，是指除性交以外的一切满足自己性欲或其他低级趣味的行为，或者足以挑逗他人引起性欲的淫秽行为。例如，抠摸妇女乳房、阴部、臀部，用生殖器顶擦妇女阴部、臀部，强行搂抱、吸吮等。行为的对象既可以是女性，也可以是男性；既可以是对同性的猥亵，也可以是对异性的猥亵。如果双方之间出于自愿，则不属于本行为。

（二）猥亵他人行为与相关行为的区别

1. 与强制猥亵妇女罪的区别。二者的主要区别：一是在于客观方面的表现不同。如果在猥亵妇女中使用了暴力、胁迫或者其他方法，则构成强制猥亵妇女罪；否则，就构成猥亵他人行为。二是在于二者所侵害的对象不同。猥亵他人行为所侵害的对象是他人；而强制猥亵妇女罪所侵害的对象只能是妇女。

2. 与猥亵儿童罪的区别。二者的主要区别：在于情节不同。如果猥亵儿童行为情节严重，则构成犯罪；如只属于情节恶劣，就构成违反治安管理行为。

（三）猥亵他人行为的处罚

根据《治安管理处罚法》第44条的规定，对构成本行为的，处5日以上10日以下拘留；猥亵智力残疾人、精神病人、不满14周岁的人或者有其他严重情节的，处10日以上15日以下拘留。

十六、故意裸露身体行为

（一）故意裸露身体行为的构成

故意裸露身体行为，是指在公共场所故意裸露自己的身体，情节恶劣的行为。该行为的主要法律特征是：

1. 行为侵犯的客体是社会秩序。

2. 行为的客观方面表现为在公共场所裸露自己的身体，情节恶劣。公共场所，是指人们可以自由出入或者凭票可以自由出入的场所，不包括机关、团体、企业、事业单位内部场所。裸露身体，不仅包括裸露全身，也包括比较常见的赤裸下身或者暴露阴私部位，或者女性赤裸上身等情形。应当注意的是，构成本行为必须是情节恶劣，如多次实施此行为，引起众人围观，群众意见很大，社会影响恶劣等。

(二) 故意裸露身体行为的处罚

根据《治安管理处罚法》第44条的规定，对构成本行为的，处5日以上10日以下拘留。

十七、虐待家庭成员行为

(一) 虐待家庭成员行为的构成

虐待家庭成员行为，是指经常以打骂、冻饿、强迫过度劳动或凌辱人格等方法，从肉体或精神上摧残、折磨家庭成员，受虐待人要求处理，尚不够刑事处罚的行为。其主要法律特征是：

1. 行为侵犯的客体是复杂客体，既侵犯了家庭成员在家庭中的平等权利，又侵犯了受虐待人的人身权利。但其侵犯的主要方面，是家庭成员间的平等权利。行为的侵害对象是家庭成员，对无亲属关系或没有共同生活的人的侵害，不构成虐待行为。

2. 行为的客观方面表现为对受虐待人实施了各种虐待行为。虐待，是指对被害人的身心实施经常性的折磨和摧残。例如，殴打、冻饿、强迫超体力劳动，有病不给治疗等肉体折磨手段，侮辱、咒骂、讽刺，限制人身自由等精神上的折磨手段。虐待行为既可以以作为的方式表现出来，也可以以不作为的方式表现出来。受虐待人要求处理，是指受虐待人在无法忍受和无法自行改善关系的情况下，主动要求公安机关进行处理。这是此项行为必不可少的法律特征。值得注意的是，对于受虐待的未成年人、失去行动能力的人等，由于他们不能主动到公安机关提出要求，其亲属、当地基层组织或者关心下一代工作协会、残疾人协会等其他组织要求公安机关处理的，也应当视为“受虐待人要求处理”。

3. 行为的主体为特殊主体，只能是与被虐待人共同生活在一个家庭之中，具有亲属关系的成员。一般来说，虐待者都是在经济上或亲属关系上居于优势地位的人。

（二）虐待家庭成员行为与相关行为的区别

1. 与虐待罪的区别。两者区别的关键在于情节是否恶劣。虐待行为情节恶劣的，构成虐待罪。所谓情节恶劣，是指虐待时间长，手段残忍，动机卑鄙；对年老、年幼或病残的人进行虐待；屡教不改，坚持错误并造成严重的后果的等。如果虐待行为只是一般的打骂、冻饿等，尚未严重损害被害人的身心健康，未造成严重后果的，应以违反治安管理行为论处。

2. 与偶尔虐待家庭成员或父母管教子女方法不当的行为的区别。虐待家庭成员行为从其时间来看是一种长期行为，即经常性地对家庭成员进行肉体或精神折磨。因此，不能把在婚姻、家庭生活中因一时恼怒偶尔打骂家庭成员的行为作为违反治安管理行为处理。同时，对日常生活中父母为管教子女而采取打骂、饿饭等方式的行为，一般也不作为虐待行为处罚。因为父母这种打骂、饿饭等，多出于主观上“望子成龙”的好意，不具有折磨、伤害子女的故意，只是管教方法不当。当然，对有上述行为的家长，应当予以批评教育。

（三）虐待家庭成员行为的处罚

根据《治安管理处罚法》第45条的规定，对构成本行为的，处5日以下拘留或者警告。

十八、遗弃被抚养人行为

（一）遗弃被抚养人行为的构成

遗弃被抚养人行为，是指负有抚养义务的人故意遗弃没有独立生活能力的被抚养人，情节轻微，尚不够刑事处罚的行为。该行为的主要法律特征是：

1. 行为侵犯的客体是家庭成员之间相互抚养的权利义务关系。行为的对象是没有独立生活能力的被抚养人，只限于年老、年幼、患病或者其他没有独立生活能力的家庭成员。

2. 行为的客观方面表现为行为人实施了遗弃没有独立生活能力的被抚养人的行为。首先，该行为是以不作为的形式实施的，故构成本行为的前提必须是行为人具有抚养义务。如果没有抚养义务而遗弃的，则不能构成本行为。其次，要求行为人能够履行这种义务，即行为人具有抚养能力。如果自身没有这种抚养能力，就不可尽到抚养义务，故也不能构成此行为。

3. 行为的主体是特殊主体，即依法对没有独立生活能力的被抚养人负有抚养义务的家庭成员。根据《婚姻法》的规定，夫妻之间、父母子女之间（包括养父母子女之间、继父母子女之间）、祖父母、外祖父母与孙子女、外孙子女之间，兄弟姐妹之间都有互相扶养的义务，都可以成为本行为的主体。

（二）遗弃被抚养人行为与相关行为的区别

认定本行为，应注意划清与遗弃罪的界限。二者区别的关键在于情节不同。如果情节恶劣，例如，遗弃他人致使他人流离失所或自杀的，在虐待后又遗弃的，遗弃而致使被害人伤亡的，遗弃者屡教不改的等，一般应当认为是犯罪；如果情节轻微的，一般构成违反治安管理行为。

（三）遗弃被抚养人行为的处罚

根据《治安管理处罚法》第45条的规定，对构成本行为的，处5日以下拘留或者警告。

十九、强迫交易行为

（一）强迫交易行为的构成

强迫交易行为，是指强买强卖商品，强迫他人提供服务或者强迫他人接受服务，情节轻微，尚不够刑事处罚的行为。该行为的主要法律特征是：

1. 行为侵犯的客体是复杂客体，既包括市场交易秩序，也包括消费者或经营者的合法权益。在市场上，交易双方都是平等的，商品买卖、服务的提供或者接受，都应当遵循市场交易中的自愿和公平原则。然而在社会经济生活中，强买强卖，强迫他人提供服务或者接受服务的现象并不少见。这不仅违背了市场交易的自愿、公平原则，破坏市场交易秩序，同时也侵害了消费者和经营者的合法权益。

2. 行为的客观方面表现为在市场交易中实施了强买强卖商品，强迫他人提供服务或者强迫他人接受服务的行为。该行为的要害在于违背对方的意志，以不合理的价格或以不正当的方式强行买卖或强行服务。

3. 行为的主体既可以是自然人，也可以是单位。

（二）强迫交易行为与相关行为的区别

认定本行为，应注意分清与强迫交易罪的界限。二者的区别主要在于情节不同。根据规定，如果以暴力、威胁手段推销的商品或提供的服务价格明显不合理且数额较大或质量十分低劣的，多次强行交易经行政处罚后仍不悔改的，以暴力手段致人伤害的，由于强行交易严重扰乱市场秩序，造成恶劣影响的，属于情节严重，构成强迫交易罪；情节轻微的，构成强迫交易行为。

（三）强迫交易行为的处罚

根据《治安管理处罚法》第46条的规定，对构成本行为的，处5日以上10日以下拘留，并处200元以上500元以下罚款；情节较轻的，处5日以下拘留或者500元以下罚款。

十九、煽动民族仇恨、民族歧视行为

（一）煽动民族仇恨、民族歧视行为的构成

煽动民族仇恨、民族歧视行为，是指煽动民族仇恨、民族歧视，情节轻微，尚不够刑事处罚的行为。该行为的主要法律特征是：

1. 行为侵犯的客体是公民的民主权利。

2. 行为的客观方面表现为实施了煽动民族仇恨、民族歧视的行为。所谓煽动，是指用语言、文字和行动鼓动、挑动他人的行为。煽动民族仇恨、民族歧视，也就是宣传狭隘的民族观念，挑动民族情绪，使之仇恨、歧视其他民族。民族仇恨，是指一个民族对另一个民族的强烈不满和痛恨的情绪及心理，即民族间的相互敌对和仇视。民族歧视，是指对于某个民族不平等、不公正的对待，包括观念上的歧视和具体行为上的歧视。

（二）煽动民族仇恨、民族歧视行为与相关行为的区别

认定本行为，主要应注意划清其与煽动民族仇恨、民族歧视罪的界限。二者的主要区别在于情节是否严重。情节严重，是指煽动群众人数多、范围较大、影响较大，煽动数个民族之间的歧视、仇恨的，多次进行煽动的，造成严重后果的等。如果行为人的煽动行为达不到情节严重的程度，则不构成犯罪，构成违反治安管理行为。

（三）煽动民族仇恨、民族歧视行为的处罚

根据《治安管理处罚法》第47条的规定，对构成本行为的，处10日以上15日以下拘留，可以并处1000元以下罚款。

二十、刊载民族歧视、侮辱内容作品行为

（一）刊载民族歧视、侮辱内容作品行为的构成

刊载民族歧视、侮辱内容作品行为，是指在出版物、计算机信息网络中刊载民族歧视、侮辱内容，情节轻微，尚不够刑事处罚的行为。该行为的主要法律特征是：

1. 行为侵犯的客体是各民族保持或改革自己民族风俗习惯的自由和民族尊严。

2. 客观方面表现为行为人在出版物、计算机信息网络中刊载民族歧视、侮辱内容，情节轻微，尚未造成严重后果的行为。

在出版物、计算机信息网络中刊载民族歧视、侮辱内容，传播范围广、传播速度快，社会危害性很大，容易引起民族矛盾，破坏各民族之间的团结。

3. 行为的主体是特殊主体，即对出版物、计算机信息网络的内容负责的直接责任人员。

（二）刊载民族歧视、侮辱内容作品行为与相关行为的区别

认定本行为，主要应注意其与出版歧视、侮辱少数民族作品罪的区别。二者的主要区别在于情节、后果不同。在出版物中刊载歧视、侮辱少数民族的内容，情节恶劣，造成严重后果的，构成出版歧视、侮辱少数民族作品罪。情节恶劣，是指歧视、侮辱的手段恶劣，出版物传播范围广，造成的影响大等。造成严重后果，主要是指引起少数民族的普遍不满，甚至激化了民族矛盾，破坏了民族团结，造成恶劣的政治影响等。如果情节轻微，后果不严重，则构成刊载民族歧视、侮辱内容行为。

（三）刊载民族歧视、侮辱内容作品行为的处罚

根据《治安管理处罚法》第47条的规定，对构成本行为的，处10日以上15日以下拘留，可以并处1000元以下罚款。

二十一、侵犯公民通信自由行为

（一）侵犯公民通信自由行为的构成

侵犯公民通信自由行为，是指冒领、隐匿、毁弃、私自开拆或者非法检查他人邮件，尚不够刑事处罚的行为。该行为的主要法律特征是：

1. 行为侵犯的客体是公民通信自由的权利，行为的对象是他人的邮件。

2. 行为的客观方面表现为冒领、隐匿、毁弃、私自开拆或者非法检查他人邮件，尚不够刑事处罚。冒领，是指假冒他人名义，领取他人邮件。隐匿，是指将他人的邮件隐藏起来不交给本

人。毁弃，是指将他人的邮件毁掉而使收件人无法看到或无法完整地收看到。私自开拆，是指未经本人允许擅自开拆他人邮件，偷看邮件内容。非法检查，是指违反国家法律规定，对他人邮件的内容进行检查。行为人只要实施了上述五种行为中的一种，即构成违反治安管理行为。如果行为人同时实施了该项行为的两种以上，也只按一种违反治安管理行为实施处罚。

3. 行为的主体是自然人。

(二) 侵犯公民通信自由行为与相关行为的区别

1. 与侵犯公民通信自由罪的区别。二者区别的关键在于情节是否严重，情节严重的，构成犯罪；情节轻微的，构成违反治安管理行为。所谓情节严重，是指多次隐匿、毁弃、私自开拆、非法检查他人邮件的；隐匿、毁弃、私自开拆、非法检查他人邮件，造成严重后果的等。

2. 与私自开拆、隐匿、毁弃邮件、电报罪的区别。基于二者主体都是邮政工作人员，二者的主要区别在于情节是否严重。情节严重的，构成犯罪；情节轻微的，构成违反治安管理行为。所谓情节严重，包括四种情形：一是私自开拆或者隐匿、毁弃邮件、电报次数较多、数量较大的。二是私自开拆或者隐匿、毁弃邮件并从中窃取财物的。三是私自开拆或者隐匿、毁弃邮件、电报，虽然数量不多，但给国家、集体利益及公民合法权益造成严重后果的。四是私自开拆或者隐匿、毁弃邮件、电报，造成其他危害后果的。

3. 与教师、家长管教方法不当的区别。现实生活中，有的教师、家长出于对学生或子女的关心、爱护，防止其交友不慎、误入歧途，而未经本人同意，私自开拆、阅看其信件或隐匿、毁弃其信件，虽然行为本身也属违反法律规定，但由于是出于善意，主观上没有侵犯他人通信自由的故意，又发生在特定的当事人之间，属于老师教育方法或家长管教方法不当的问题，一般不以违反治安管理行为论处。但可对行为人予以批评、教育，指出其教育或管教方法上的不妥之处。

(三) 侵犯公民通信自由行为的处罚

根据《治安管理处罚法》第48条的规定，对构成本行为的，处5日以下拘留或者500元以下罚款。

思考题：

1. 简述非法限制他人人身自由行为与非法拘禁罪的区别。
2. 简述诬告陷害行为与诽谤行为的区别。
3. 简述殴打他人或者故意伤害他人行为的构成。
4. 简述遗弃被抚养人行为的构成。
5. 简述侵犯公民通信自由行为与私自开拆、隐匿、毁弃邮件、电报罪的区别。

第九章 侵犯财产权利行为

第一节 侵犯财产权利行为的构成

侵犯财产权利的违反治安管理行为，是指故意非法占有公私财物，攫取公私财物或者非法故意损毁公私财物，尚不够刑事处罚，依法应当给予治安管理处罚的行为。这类行为属于多发性治安违法行为，如盗窃、诈骗、敲诈勒索、抢夺、损毁公私财物等。因此，准确认定侵犯财产权利行为是公安机关查处违反治安管理行为工作的重点之一，在实践中也一直是治安案件查处的重点。从侵犯财产权利的违反治安管理行为的含义分析，构成侵犯财产权利行为必须具备以下四个要件：

一、行为侵犯的客体是公私财物的所有权

侵犯公共财产和公民私人所有的财产，是侵犯财产权利行为的本质所在，也是区别于其他行为的本质特征。侵犯财产权利行为侵犯的对象是具体的公私财产，侵犯的客体是公私财物所有权，即占有、使用、收益和处置的权利。有些违反治安管理行为客观上也造成了公私财物的损失，但由于侵犯的客体不是公私财产所有权，而是其他客体，所以不构成本类行为，而构成相关的违反治安管理行为。需要指出的是，虽然国家依法保护合法财产，对非法财物不予保护，但也不允许任何人随意侵占。因为这些财物毕竟有其合法所有者，其侵犯的客体仍然是公私财物的所有权。所以，对侵犯非法财物的行为仍属于违反治安管理行为，

同样要依法予以处罚。

侵犯财产权利行为所侵害的对象表现形式多种多样，既包括生活资料、生产资料等具体财物，也包括电力、煤气、重要技术成果等无形财物，还包括货币和其他有价证券、有价票证，如国库券、股票、汇款单、信用卡等有价证券，以及车票、船票、邮票、提货单等有价票证等。

二、行为的客观方面表现为实施了非法侵害公私财产所有权，尚不够刑事处罚的行为

第一，侵犯财产权利的行为已经实施并造成了一定的危害结果。根据《治安管理处罚法》的规定，侵犯财产权利行为的表现形式主要有两类：一类是非法占有公私财物的行为，包括盗窃、诈骗、哄抢、抢夺、敲诈勒索等行为；另一类是非法损坏公私财物的行为。但不论是占有公私财物还是损坏公私财物，其行为都必须是非法的，否则就不构成侵犯财产权利的违反治安管理行为。

第二，侵犯财产权利的违反治安管理行为，其性质、情节和危害结果都比较轻微，尚不够刑事处罚。这是侵犯财产权利行为与构成犯罪的分界点。刑法只对那些性质比较严重、情节比较恶劣、造成的危害结果比较大的侵犯财产权利行为进行调整和处罚。例如，抢劫行为，由于其性质严重，不论造成的危害程度如何，都构成犯罪。而盗窃、诈骗、哄抢、抢夺、敲诈勒索等侵犯财产权利的行为，只有在情节比较恶劣、造成危害后果比较大的情况下，才构成犯罪。如果情节较轻、危害不大，则作为违反治安管理行为处理。

三、行为的主体是自然人

侵犯财产权利行为的主体为自然人。凡达到法定年龄、具有责任能力的自然人，只要实施了治安管理处罚法所列举的侵犯财产权利的行为，就构成侵犯财产权利的违反治安管理行为主体，依法应当受到处罚。

四、行为的主观方面必须是出于故意

侵犯财产权利行为，必须是行为人出于主观上的故意而实施的，过失或者意外事件造成对公私财产的侵害，则不构成此类行为。例如，误将他人的财物当做自己的而加以占有；或者明知是他人的财物而加以使用，但并不是出于非法占有的目的，均不能以侵犯财产权利行为论处。例如，偷开他人机动车的行为，由于不是出于非法占有的目的，就不构成侵犯财产权利行为，只能以妨碍社会管理行为论处。侵犯财产权利行为的动机是多种多样的，非法占有财物的动机多出于好逸恶劳、追求享乐、生活腐化或贪图钱财；而故意损毁财物行为的动机，则常常表现为由于对境遇不满或邻里纠纷而泄愤或者嫉妒、陷害等。违反治安管理行为的动机一般不影响该行为的成立，但在量罚时要予以考虑。

第二节　侵犯财产权利行为的认定与处罚

一、盗窃行为

（一）盗窃行为的构成

盗窃行为，是指以非法占有为目的，秘密盗取少量公私财物，尚不够刑事处罚的行为。该行为的主要法律特征是：

1. 行为所侵犯的客体是公私财物的所有权。

2. 行为在客观方面表现为秘密盗取少量公私财物。所谓秘密盗取，是指违法行为人采取自己认为不会被财物所有人或保管人发现的方法而暗中将财物取走。这里对秘密的理解要把握三个要点：

(1) 秘密是指取得财物为暗中进行，暗中取得财物后被发觉而携财逃跑或者使用欺骗的方法吸引被害人的注意，乘其不备时取走财物，仍然属于秘密盗取。

(2) 秘密是相对财物的所有者、保管者而言的，所以，即使盗取财物时已经被他人发现或者暗中注视，不影响该行为的成立。

(3) 秘密是指行为人自认为没有被所有者、保管者发觉，如果行为人已经明知被被害人发觉，公然将财物取走，则构成抢夺行为。

秘密盗取财物的手段多种多样，例如，翻墙越窗、顺手牵羊或在公共场所掏兜、割包等。秘密盗取，是盗窃行为的本质特征，也是与诈骗、抢夺、哄抢、敲诈勒索等违法行为相区别的主要标志。所谓少量，是指财物的实际价值比较小，数量比较少。这里的“少量”是一个相对的概念，它的含义是不确定的，要根据不同时期和不同地区的经济发展状况，由有关法律、法规予以规定，一般以刑事案件的立案标准为其上限标准。

3. 行为人主观上出于故意，并且以非法占有为目的。如果是行为人误把公私财物当做自己的财物而拿走，或者未经物主同意而临时擅自借用其物，用完即还的，或者私自挪用代人保管的钱物，用后偿还的，因不具有非法占有的目的，不构成盗窃行为。

(二) 盗窃行为与相关行为的区别

认定本行为，主要应当注意其与盗窃罪的区别。盗窃罪，是指以非法占有为目的，秘密盗取公私财物，数额较大或者多次盗取的行为。所谓数额较大，根据最高人民法院《关于审理盗窃案件具体应用法律若干问题的解释》的规定，各省、自治区、直辖市可以根据本地区经济发展状况，在500元至2000元的幅度内具体掌握。所谓多次，是指在1年内入户盗窃或者在公共场所扒窃3次以上。但盗窃公私财物接近“数额较大”的起点，具有下列情形之一的，仍可追究刑事责任：第一，以破坏性手段盗窃造成公私财产损失的。第二，盗窃残疾人、孤寡老人或者丧失劳动能力人的财物的。第三，造成严重后果或者具有其他恶劣情节的。同时规定，对盗窃公私财物虽已达到“数额较大”的起点，但情节轻微，并具有下列情形之一的，可以不作为犯罪处理：第一，已满16周岁不满18周岁的未成年人作案的。第二，全部退赃、退赔的。第三，主动投案的。第四，被胁迫参加盗窃活动，没有分赃或者获赃甚微的。第五，其他情节显著轻微，危害不大的。

此外，根据有关司法解释的精神，盗窃自己家里或者近亲属的财物，一般可不按违法犯罪处理。对确有追究法律责任必要的，在处理时应与社会上作案的有所区别。

对于盗窃公私财物尚不够刑事处罚的，构成违反治安管理行为。

(三) 盗窃行为的处罚

根据《治安管理处罚法》第49条的规定，对构成本行为的，处5日以上10日以下拘留，可以并处500元以下罚款；情节较重的，处10日以上15日以下拘留，可以并处1000元以下罚款。

二、诈骗行为

(一) 诈骗行为的构成

诈骗行为，是指以非法占有为目的，虚构事实或者隐瞒事实真相，骗取少量公私财物，尚不够刑事处罚的行为。该行为的主要法律特征是：

1. 行为在客观上表现为以欺骗的方法获取少量公私财物，尚不够刑事处罚的。欺骗方法表现形式主要有虚构事实和隐瞒事实真相两种。虚构事实，就是假造本来不存在的事实，使他人信以为真，“自愿”将财物交给违法人员。隐瞒事实真相，就是把存在的事实的真正情况掩盖起来或者加以歪曲，使他人信以为真，“自愿”将财物交给违法人员。由于行为人采取了欺骗手段，被侵害人并不清楚其财产权受到侵害，一般还误以为行为人在帮他办事或者互相合作。被侵害人表面上“自愿”地交出财物，实质上是违背其真实意愿的。在实践中，诈骗的手段多种多样，例如，编造谎言，假冒身份骗取财物；伪造、涂改单据，冒领财物；伪造公文、证件，骗取财物；以帮助看管、提拿东西为名，骗取财物；以收购、代买为名骗取财物等。

2. 行为人主观上必须出于故意，且具有非法占有的目的。有的人用欺骗的方法取得别人钱财，但目的是为了短期使用，而不是非法占有，则不能按诈骗行为论处。

（二）诈骗行为与相关行为的区别

1. 与借贷行为、代人购物拖欠货款的行为的区别。二者区分的关键在于行为人主观上有无非法占有公私财物的目的。凡以占有为目的，不管是以借为名，还是以代购为名，只要采取了欺骗的方法，即应以诈骗行为论处。反之，如果没有非法占有的目的，即使借款时使用了一些欺骗的方法，代购本身也有夸大成分，也属于民事纠纷，不能定诈骗行为。判断有无非法占有目的，应从双方关系、事情的起因、未能还款有无正当原因、有无赖账、有无逃避行为等方面综合分析。

2. 与诈骗罪的区别。二者的主要区别在于骗取公私财物的多少。根据最高人民法院《关于审理诈骗案件具体应用法律若干问题的解释》的规定，个人诈骗公私财物2000元以上的，属于“较大数额”。各省、自治区、直辖市高级人民法院可根据本地区经济发展状况、社会治安状况，在2000元至4000元的幅度内，确定本地区执行的个人诈骗“数额较大”的具体数额标准，并报最高人民法院备案。因此，侵犯数额能否达到2000元至4000元是区分诈骗行为与诈骗罪的主要标准。

(三) 诈骗行为的处罚

根据《治安管理处罚法》第49条的规定，对构成本行为的，处5日以上10日以下拘留，可以并处500元以下罚款；情节较重的，处10日以上15日以下拘留，可以并处1000元以下罚款。

三、哄抢行为

(一) 哄抢行为的构成

哄抢行为，是指行为人以起哄的方式趁乱或者在紧急状态下公然抢走公私财物，尚不够刑事处罚的行为。该行为的主要法律特征是：

1. 行为侵犯的客体是公私财物的所有权。

2. 行为在客观方面表现为多人起哄，乘机抢夺公私财物的行为。所谓哄抢，一般是指2人以上，蜂拥而上，各自为政，抢夺占有。"哄"是表现形式，"抢"才是它的本质特征。也就是说，这种行为是在共同起哄所造成的混乱状态中实施的，这是区别其他侵犯财产权利行为的重要标志。

(二) 哄抢行为与相关行为的区别

认定本行为，应注意其与聚众哄抢罪的区别。聚众哄抢罪，是指以非法占有为目的，聚集多人公然夺取公私财物，数额较大或者情节严重的行为。聚众哄抢罪的主体通常是由在参加哄抢的行为人中的首要分子和积极参加的人构成。所谓首要分子，是指在哄抢中起组织、策划和指挥作用的分子。首要分子可以是一人，也可以是数人。所谓积极参加的，主要是指主动参与哄抢，在哄抢中起主要作用的人，包括哄抢公私财物数额较大或者带头哄抢的人员。对于其他参与哄抢的行为人，或者聚众哄抢公私财物数额较小的，或者情节较轻的，则应当按照违反治安管理的哄抢行为处罚。

在处理哄抢行为时，还要把这种行为同抢夺罪和抢劫罪严格区别开来。对于那些起哄闹事，抢得的财物数额又巨大的首要分子，应当按抢夺罪论处；对其他参与哄抢的人，则应按哄抢行为处理。如果在哄抢公私财物时使用暴力、胁迫的方法，或者先用酒将财物所有人或者保管人灌醉，或者用药将其麻醉，使其无法抗拒，再乘机哄抢的，或者在哄抢财物时遭到制止或者追赶，为了抗拒逮捕，毁灭证据或窝藏赃物，而当场使用暴力或者以暴力相威胁的，应当按抢劫罪论处。

（三）哄夺行为的处罚

根据《治安管理处罚法》第49条的规定，对构成本行为的，处5日以上10日以下拘留，可以并处500元以下罚款；情节较重的，处10日以上15日以下拘留，可以并处1000元以下罚款。

四、抢夺行为

（一）抢夺行为的构成

抢夺行为，是指以非法占有为目的，乘人不备，公然夺取少量公私财物，尚不够刑事处罚的行为。该行为的主要法律特征是：

1. 行为在客观上表现为乘人不备，公然夺取少量公私财物的行为。所谓乘人不备，公然夺取，就是乘财物的所有人或者保管人不注意时，当着所有人或保管人的面，公开夺取其财物。

2. 行为人主观上出于故意，并且具有非法占有的目的，过失不能构成抢夺行为。虽然出于故意，但不是为了非法占有，而是为了寻求精神刺激，进行挑衅活动而抢夺公私财物的，应该按寻衅滋事行为论处。

（二）本行为与相关行为的区别

1. 与抢夺罪的区别。二者区分的关键在于抢夺公私财物的多少。根据最高人民法院《关于审理抢夺案件具体应用法律若干问题的解释》的规定，抢夺公私财物价值人民币500元至2000元以上的，属于刑法规定的抢夺公私财物“较大数额”。各省、自治区、直辖市高级人民法院可根据本地区经济发展状况，社会治安状况，在500元至2000元的幅度内，确定本地区执行的个人抢夺“数额较大”的具体数额标准，并报最高人民法院备案。因此，侵犯数额能否达到500元至2000元是区分抢夺行为与抢夺罪的主要标准。

2. 与抢劫罪的区别。根据《刑法》的规定，只要行为人实施了抢劫行为，不论数额大小，均构成抢劫罪；如果行为人携带凶器抢夺的，也以抢劫罪论处。二者的主要区别有：一是侵犯的客体不同。前者侵犯的客体是简单客体，即公私财物所有权；后者侵犯的是复杂客体，即公私财物所有权和公民的人身权利。二是客观上的表现不同。前者表现为乘人不备公然夺取财物；后者则是采用暴力、胁迫或者其他手段将财物抢走。在区分抢夺行为与抢劫罪的界限时，要特别注意在司法实践中经常发生的夺取财物的过程中造成被害人伤害的情况。例如，夺取耳环时将耳垂拉伤，乘人不备猛夺他人手中财物致被害人跌倒摔伤等。在这种情况下，如果抢夺造成的结果是轻伤，由于刑法和治安管理处罚法都没有对过失轻伤的行为加以规定，因而仍应按抢夺行为论处；如果造成的结果是重伤，则应按照刑法规定，定为过失致人重伤罪，依法追究刑事责任。

因此，在实践中认定是抢夺行为还是抢劫罪，关键要把握两点：一是看暴力的作用对象和使用目的。前者暴力直接作用于被抢夺的财物，目的是将财物夺到手中；后者暴力直接指向被害人的人身，具有排除被害人反抗的性质和目的。二是看伤害行为是否有意为之。在抢劫过程中，行为人是有意造成伤害以暴力敛财；而在抢夺行为实施过程中，行为人则是无意识地造成伤害。

3. 共同抢夺行为与哄抢行为的区别。二者在主观上都是为了非法占有公私财物，但二者又有显著的区别：共同抢夺行为人的目的是共同非法占有所有共同抢得的财物，然后再将共同非法占有的财物加以瓜分；哄抢财物的人的目的在于非法占有自己所抢得的所有财产，而不是共同非法占有参与哄抢的人共同抢得的所有财物。

（三）抢夺行为的处罚

根据《治安管理处罚法》第 49 条的规定，对构成本行为的，处 5 日以上 10 日以下拘留，可以并处 500 元以下罚款；情节较重的，处 10 日以上 15 日以下拘留，可以并处 1000 元以下罚款。

五、敲诈勒索行为

（一）敲诈勒索行为的构成

敲诈勒索行为，是指以非法占有为目的，对财物的所有人或者保管人进行威胁或者要挟，强行索取公私财物，尚不够刑事处罚的行为。该行为的主要法律特征是：

1. 行为在客观方面表现为使用威胁或者要挟的方法，迫使被害人交付财物。威胁和要挟，是指通过对被害人及其亲属精神上的强制，使其在心理上造成恐惧，产生压力。威胁和要挟的方法可以有多种表现。从形式看，威胁、要挟可以面对被害人直接发出，也可以通过第三者或者用书信等方式发出；既可以采用明示的方法，也可以通过暗示达到目的。从内容看，可以以危害生命、健康、自由相威胁，也可以以损害人格、名誉或者毁坏财产相要挟。从侵害的对象上看，可以是财产的所有者、保管者本人，也可以是他们的亲属。一般来说，威胁内容的实现不具有当场性，而是扬言在以后某个时间付诸实施。所谓迫使被害人交付财物，是指行为人通过实施威胁、要挟的手段，使被害人产生恐惧心理，不得不交出财物，至于取得财物的时间，可以是当场，也可以在若干日以内。

2. 行为在主观上只能由直接故意构成，且以非法占有公私财物为目的。不具有此目的的行为，如债权人使用带有某种威胁性质的举动，讨回债务人所欠债款的，不构成敲诈勒索行为。

（二）敲诈勒索行为与相关行为的区别

1. 与敲诈勒索罪的区别。二者区分的关键在于侵占公私财物的多少。根据最高人民法院《关于敲诈勒索罪数额认定标准问题的规定》的规定，敲诈勒索公私财物“较大数额”，以 1000 元至 3000 元为起点。各省、自治区、直辖市高级人民法院可根据本地区实际情况，在上述数额幅度内，研究确定本地区执行的敲诈勒索罪“数额较大”的具体数额标准，并报最高人民法院备案。因此，侵犯数额能否达到 1000 元至 3000 元是区分敲诈勒索行为与敲诈勒索罪的主要标准。

2. 与诈骗行为的区别。本行为主要是靠赤裸裸的威胁方法恐吓被害人，使其感到害怕而不得不被迫交出财物，但有时也包含一些诈骗的因素。例如，诈称损害发生由被害人引起，如不给钱物，就要给予报复。此时，不能因为有欺诈的因素在内，就按诈骗行为论处。认定这类行为的性质，关键是看获取财物的手段主要是靠虚构事实欺诈还是靠威胁、恐吓。如果主要是靠欺骗手段，使被害人“自愿”交出财物，应认定是诈骗行为。如果主要是靠威胁、恐吓手段获取财物，即使有欺诈的因素，也构成敲诈勒索行为。

（三）敲诈勒索行为的处罚

根据《治安管理处罚法》第 49 条的规定，对构成本行为的，处 5 日以上 10 日以下拘留，可以并处 500 元以下罚款；情节较重的，处 10 日以上 15 日以下拘留，可以并处 1000 元以下罚款。

六、故意损毁公私财物行为

（一）故意损毁公私财物行为的构成

故意损毁公私财物行为，是指故意非法损毁公私财物，情节轻微，尚不够刑事处罚的行为。该行为的主要法律特征是：

1. 行为侵犯的客体是公私财物的所有权。这里值得注意的是，行为损毁的对象必须是普通财物。如果损坏的是法律规定的特定财物，如故意损坏国家保护的文物、名胜古迹的，则应按妨害社会管理行为论处；如果故意损毁油气管道设施、电力电信设施、广播电视设施以及损毁路面井盖、照明等公共设施的，则应以妨害公共安全行为论处。

2. 行为在客观上表现为非法毁灭或者损坏公私财物的行为。毁灭，是指用焚烧、摔砸等方法使财物完全丧失其价值或者使用价值。损坏，是指使财物部分丧失其价值或者使用价值。

3. 行为人在主观上必须出于故意，行为的目的是毁坏公私财物，而不是非法占有。

（二）故意损毁公私财物行为与相关行为的区别

认定本行为，要注意其与故意毁坏财物罪的区别。二者区别的关键在于情节是否严重。情节严重的，构成故意毁坏财物罪。所谓情节严重，主要包括：多次损毁公私财物的，毁坏手段特别恶劣的，毁坏孤老、残疾人员财物和救灾、救济物品的，毁坏公私财物造成恶劣的政治影响的等。

（三）故意损毁公私财物行为的处罚

根据《治安管理处罚法》第 49 条的规定，对构成本行为的，处 5 日以上 10 日以下拘留，可以并处 500 元以下罚款；情节较重的，处 10 日以上 15 日以下拘留，可以并处 1000 元以下罚款。

思考题：

1. 简述侵犯财产权利的违反治安管理行为的构成。
2. 简述盗窃行为与盗窃罪的区别。
3. 简述抢夺行为与哄抢行为的区别。
4. 简述诈骗行为与诈骗罪的区别。
5. 简述故意损毁公私财物行为的构成。

第十章　妨害社会管理行为

第一节　妨害社会管理行为的构成

妨害社会管理行为，是指行为人违反国家有关行政管理法规，妨害国家机关对社会的正常管理活动，破坏社会秩序，尚不够刑事处罚，依法应当给予治安管理处罚的行为。这类违反治安管理行为表现形式很多，对社会的正常管理活动造成了较大的危害，严重影响了社会秩序，是公安机关依法查处违反治安管理行为的重点之一。从妨害社会管理行为的概念分析，构成妨害社会管理行为必须具备下列四个要件：

一、行为侵害的客体是社会管理活动

社会管理是国家行政机关依照法律、法规对社会生活进行管理的行政管理活动，它由有关的行政管理法律、法规加以规范。妨害社会管理行为的实质，就是违反了国家管理社会生活的法律、法规，妨害国家行政管理活动，破坏了社会管理秩序。因此，应当依法予以制裁，以维护法律的权威，保障社会管理活动的正常进行。

二、行为的客观方面表现为妨害国家机关的社会管理活动，尚不够刑事处罚的行为

所谓国家机关的社会管理活动，是指国家机关以发展和谐社会为目的，对政治、经济、文化、教育、科研、卫生、环境等方

面开展的管理活动。行为人妨害其中任何一项管理活动，都必然不同程度地破坏社会的正常秩序。人类文明和经济发展，要求构建井然有序的和谐社会。治安管理处罚法规定对妨害社会管理行为予以处罚，正是对构建和谐社会的一种法律保障。

三、行为的主体大多为一般主体，少数为特殊主体

在妨害社会管理的违反治安管理行为中，主体有自然人和单位两种。当自然人作为主体时，要符合治安管理处罚法关于责任年龄和责任能力的规定；当单位作为主体时，其直接负责的主管人员和其他直接责任人员依法给予治安处罚。在妨害社会管理的违反治安管理行为中，多数行为自然人和单位均可以构成，只有少数行为的主体限定于自然人。同时，有的行为主体还是特殊主体，如典当业工作人员承接典当物品时违反管理规定的行为，其主体必须由从事典当业的工作人员构成；违反监管行为的主体，只能是监外执行的罪犯或被依法采取强制措施的人。

四、行为的主观方面一般必须由故意构成，个别的也可由过失构成

在妨害社会管理行为中，多数行为只能由故意构成。在治安管理处罚法中，有的还明确规定有“故意”（如故意破坏、污损他人的坟墓或者毁坏、丢弃他人尸骨的行为）、“明知”（如明知是赃物而窝藏、转移或者代为销售的行为；旅馆业的工作人员明知住宿的旅客是犯罪嫌疑人或者被公安机关通缉的人员，不向公安机关报告的行为）等。有的行为虽未说明故意二字，但行为中涵盖了故意之意，如拒不执行人民政府在紧急状态情况下依法发布的决定、命令行为；强行冲撞警戒带、警戒区行为等。有的行为则既可以是故意构成，也可以是过失构成，例如，饲养动物干扰他人正常生活的行为、制造噪声干扰他人正常生活的行为等。

第二节　妨害社会管理行为的认定与处罚

一、拒不执行人民政府在紧急状态情况下依法发布的决定、命令行为

（一）拒不执行人民政府在紧急状态情况下依法发布的决定、命令行为的构成

拒不执行人民政府在紧急状态情况下依法发布的决定、命令行为，是指行为人拒不执行人民政府在紧急状态情况下依法发布的决定、命令，尚不够刑事处罚的行为。该行为的主要法律特征是：

1. 行为侵犯的客体是人民政府在紧急状态下对社会的管理。具体侵犯的对象是人民政府在紧急状态情况下依法发布的决定、命令。

2. 行为在客观方面表现为拒不执行人民政府在紧急状态情况下依法发布的决定、命令。拒不执行，包括作为或不作为两种方式。人民政府是指街道办事处、乡镇以上各级人民政府。紧急状态，是指一种特别的、紧迫的、十分危机或危险的局势，对社会的正常生活构成威胁。根据引起紧急状态的原因不同，一般可以把紧急状态分为两类：一类是自然灾害引起的紧急状态，另一类是由社会动乱引起的紧急状态。依法，是指依照法律和行政法规，如《传染病防治法》、《防洪法》、《防震减灾法》、《突发公共卫生事件应急条例》等。这里的命令、决定，是指在紧急状态下，县级以上各级人民政府根据形势的需要，为了克服危机，恢复秩序，而依照法律发布的规范性文件。本行为主要表现为不作为，如在防洪抢险时，不服从安全转移疏散的命令；政府强制征用时，拒绝交付被征用物；在爆发重大传染性疾病时，不服从政

府关于隔离、检疫的决定等。

3. 行为的主体大多是自然人，单位也可以成为本行为的主体。

4. 行为的主观方面是故意，行为人一般出于个人的私利动机。

(二) 拒不执行人民政府在紧急状态情况下依法发布的决定、命令行为的处罚

根据《治安管理处罚法》第50条第1款的规定，对构成本行为的，处警告或者200元以下罚款；情节严重的，处5日以上10日以下拘留，可以并处500元以下罚款。为了保障公安机关人民警察依法行使职权，根据《治安管理处罚法》第50条第2款的规定，阻碍人民警察依法执行职务的，从重处罚。

二、阻碍执行公务行为

(一) 阻碍执行公务行为的构成

阻碍执行公务行为，是指阻碍国家机关工作人员依法执行职务，尚未使用暴力、威胁方法，情节轻微，尚不够刑事处罚的行为。该行为的主要法律特征是：

1. 行为侵犯的客体是国家机关依法对社会进行的正常管理活动。侵犯的对象是依法执行职务的国家机关工作人员。

2. 行为在客观方面必须表现为阻碍国家机关工作人员依法执行职务。阻碍，是指阻止、妨碍，反映在行为上是指行为人的行为影响了执法主体依法执行职务活动的正常进行，尚未使用暴力、威胁的方法。如果用人身侮辱性语言公然进行吵闹谩骂，直接侵犯他人人格名誉，依照刑法不构成犯罪的，则构成公然侮辱他人的行为，由公安机关给予治安管理处罚。国家机关工作人员，是指中央和地方各级权力机关、党政机关、司法机关和军事机关的工作人员。依法执行职务，是指国家机关工作人员在法

律、法规规定的职权职责范围内履行其职务，既包括其在工作时间和工作单位所进行的职务活动，也包括依法在其他时间和场所内的职务活动。国家机关工作人员超越自己的职权范围进行其他活动，不属于依法执行职务。认定本行为，要注意实际工作中的一些具体情况，如有的群众对政策不理解或者因态度生硬而与国家机关工作人员发生的争吵、围攻顶撞、纠缠甚至伴有威胁性语言和类似暴力的推搡、拉扯行为，不但不构成犯罪，也不构成本行为。对此行为应当采用政策疏导的教育方法来解决。

3. 行为的主体既可以是自然人，也可以是单位。

4. 行为的主观方面是出于故意。

（二）阻碍执行公务行为与相关行为的区别

1. 与妨害公务罪的区别。二者的主要区别是：

（1）行为的客体和对象不同。前者的客体是国家机关依法对社会进行的正常管理活动，行为的对象是国家机关工作人员；后者的客体是国家机关、人大、红十字会等正常的公务活动，行为的对象不仅包括国家机关工作人员，还包括人大代表、红十字会工作人员在内。

（2）行为的客观方面不同。前者在行为上没有采取暴力、威胁的方法，行为结果如何不影响行为的成立；后者在客观方面分为三种情况：一是阻碍国家机关工作人员、人大代表依法执行职务，必须以暴力、威胁方法进行阻碍。二是阻碍红十字会工作人员依法履行职责，必须是在自然灾害和突发事件中，并使用暴力、威胁方法。三是阻碍国家安全机关、公安机关依法执行国家安全工作任务，虽未使用暴力、威胁方法，但造成严重后果的。

2. 与扰乱单位秩序行为的区别。二者的主要区别是：一是两者侵犯的客体不同。前者侵犯的是国家机关进行社会管理的正常活动；后者侵犯的是机关、团体、企业、事业单位的正常工作秩序。二是实施行为的目的不同。前者目的在于逃避国家机关对自己或者他人的管理和惩罚；后者主要是通过制造和扩大影响，给政府和有关部门、单位施加压力的方式来实现个人目的和要求。三是行为指向的对象不同。前者是针对正在执行公务的特定的国家机关及其工作人员的执行公务行为；而后者是针对机关、单位正常的工作秩序。

(三) 阻碍执行公务行为的处罚

根据《治安管理处罚法》第 50 条第 1 款的规定，对构成本行为的，处警告或者 200 元以下罚款；情节严重的，处 5 日以上 10 日以下拘留，可以并处 500 元以下罚款。为了保障公安机关人民警察依法行使职权，根据《治安管理处罚法》第 50 条第 2 款的规定，阻碍人民警察依法执行职务的，从重处罚。

三、阻碍特种车辆通行行为

(一) 阻碍特种车辆通行行为的构成

阻碍特种车辆通行行为，是指行为人故意阻碍执行紧急任务的消防车、救护车、工程抢险车、警车等车辆通行，情节轻微，尚不够刑事处罚的行为。该行为的主要法律特征是:

1. 行为侵犯的客体是特种车辆的优先通行权、公共安全以及他人的生命健康权。行为侵犯的对象是特种车辆和执行职务的工作人员。

2. 行为在客观方面表现为阻碍执行紧急任务的消防车、救护车、工程抢险车、警车等车辆通行。

3. 行为的主体多数为自然人，单位也可以构成本行为的主体。

4. 行为的主观方面必须出于故意，即明知是执行紧急任务的特种车辆而设置障碍故意阻碍。

(二) 阻碍特种车辆通行行为的处罚

根据《治安管理处罚法》第 50 条第 1 款的规定，对构成本行为的，处警告或者200元以下罚款；情节严重的，处5日以上10日以下拘留，可以并处500元以下罚款。为了保障公安机关人民警察依法行使职权，根据《治安管理处罚法》第50条第2款的规定，阻碍人民警察依法执行职务的，从重处罚。

四、强行冲闯警戒带、警戒区行为

（一）强行冲闯警戒带、警戒区行为的构成

强行冲闯警戒带、警戒区行为，是指行为人不听人民警察的制止，强行冲闯、跨越公安机关为了维护现场秩序而设置的警戒带、警戒区，情节轻微，尚不够刑事处罚的行为。该行为的主要法律特征是：

1. 行为侵犯的客体是公安机关的职务活动。侵犯的对象是警戒区域和正在执行任务的人民警察。

2. 行为在客观方面表现为强行冲闯公安机关设置的警戒带、警戒区。

3. 行为的主体为自然人。

4. 行为的主观方面表现为故意。

（二）强行冲闯警戒带、警戒区行为的处罚

根据《治安管理处罚法》第50条第1款的规定，对构成本行为的，处警告或者200元以下罚款；情节严重的，处5日以上10日以下拘留，可以并处500元以下罚款。为了保障公安机关人民警察依法行使职权，根据《治安管理处罚法》第50条第2款的规定，阻碍人民警察依法执行职务的，从重处罚。

五、招摇撞骗行为

（一）招摇撞骗行为的构成

招摇撞骗行为，是指行为人冒充国家机关工作人员或者以其他虚假身份招摇撞骗，情节轻微，尚不够刑事处罚的行为。该行

为的主要法律特征是：

1. 行为侵犯的客体是国家的管理秩序和某些单位与公民的合法权利。

2. 行为在客观方面必须表现为实施了冒充国家机关工作人员或者以其他虚假身份进行招摇撞骗的行为。招摇撞骗采用的是假冒身份、职位等方法，到处炫耀，多以骗取非法利益为目的。非法性利益既包括骗取物质性利益，如金钱或其他财物，也包括非物质性利益，如骗取情感或谋取某种待遇等。冒充国家机关工作人员，可以是非国家机关工作人员冒充国家机关工作人员，也可以是此种国家机关工作人员冒充他种国家机关工作人员。例如，一般公务员冒充高级公务员，一般工作人员冒充法官、警察等。所谓以其他虚假身份，是指假扮国家机关工作人员以外的其他职业身份或者特定人员的身份，如假扮医生行医、假扮学校教师招生、假扮名人演出等。其危害表现在：一是损害国家机关工作人员的形象和正常的管理活动。二是被侵害单位和个人的合法权益遭到侵犯。三是妨害正常的社会管理秩序。

3. 行为的主体为自然人。

4. 行为的主观方面必须由故意构成。其动机目的具有多样性。如果行为人出于个人虚荣而谎称自己是国家机关工作人员，或者只是穿着、借用国家机关工作人员制服、标志拍照等，则不构成此行为。如果行为人假冒身份，目的是为了实施抢劫、强奸的，对其应当以抢劫罪、强奸罪定罪论处。

(二) 招摇撞骗行为与相关行为的区别

1. 与招摇撞骗罪的区别。一是冒充的对象不同。前者可以是冒充国家机关工作人员的身份，也可以是其他职业的虚假身份；后者只能是冒充国家机关工作人员身份。二是情节和危害后果不同。前者是情节轻微、危害不大，后者是情节严重、危害较大。

2. 与诈骗行为的区别。二者的主要区别是:

(1) 侵犯的客体不同。前者所侵犯的客体是社会管理行为,后者所侵犯的客体是公私财物的所有权。

(2) 在客观方面的表现不同。前者实行欺骗是以冒充国家机关工作人员或者其他虚假身份为其特定的行为方式,后者则是编造虚假理由或者隐瞒事实真相来骗取公私财物。

(3) 主观方面不同。前者行为主观目的可能是非法占有公私财物,也有可能是其他非法利益,后者的主观目的则只是非法占有公私财物。

值得注意的是,尽管二者有很大的区别,但在行为人冒充国家机关工作人员去骗取财物的情况下,行为也符合骗取公私财物行为的特征,按法条竞合的原则,特别条款优于普通条款,应按招摇撞骗行为认定处罚。

(三) 招摇撞骗行为的处罚

根据《治安管理处罚法》第 51 条第 1 款的规定,对构成本行为的,处 5 日以上 10 日以下拘留,可以并处 500 元以下罚款;情节较轻的,处 5 日以下拘留或者 500 元以下罚款。根据《治安管理处罚法》第 51 条第 2 款的规定,冒充军警人员招摇撞骗的,从重处罚。

六、伪造、变造、买卖公文、证件、证明文件、印章行为

(一) 伪造、变造、买卖公文、证件、证明文件、印章行为的构成

伪造、变造、买卖公文、证件、证明文件、印章行为,是指故意伪造、变造或者买卖国家机关、人民团体、企事业单位或者其他组织的公文、证件、证明文件、印章,情节轻微,尚不够刑事处罚的行为。该行为的主要法律特征是:

1. 行为侵犯的客体是国家机关、人民团体、企事业单位或

者其他合法组织的正常管理活动和信誉。

2. 行为在客观方面表现为伪造、变造或者买卖国家机关、人民团体、企事业单位或者其他组织的公文、证件、证明文件、印章的行为。伪造，是指无权制作的人制造假的公文、证件、证明文件、印章，用以骗取他人信任的行为。模仿有权签发公文、电函等单位主管人员或其他责任人员的手迹，制作假公文、函件的，也属于伪造行为。变造，是指采取涂改、擦消、拼接、挖补、填充等手段，改变真实的公文、证件、证明文件、印章内容的行为，如涂改证件姓名，把他人的证件变为自己的证件等。买卖，包括购买和出卖的行为，这里买卖的公文、证件、证明文件、印章要求是真实的，而不是伪造、变造的。行为人只要实施了上述行为之一，即构成违反治安管理行为。

3. 行为的主体一般是自然人，单位也可以构成本行为的主体。

4. 行为的主观方面必须是出于故意。

(二) 伪造、变造、买卖公文、证件、证明文件、印章行为与相关行为的区别

认定本行为，要注意其与伪造、变造或者买卖公文、证件、证明文件、印章罪和伪造公司、企业、事业单位、人民团体印章罪的区别。二者的区别表现在：一是客观要件中行为的手段、情节与后果严重程度等方面的差别。一般来说，手段较特殊，情节较重，后果较重的，是犯罪行为；否则，是违反治安管理行为。二是在客观方面的差别。对国家机关的印章来说，伪造、变造、买卖等行为既可能构成违反治安管理行为，也可能构成犯罪；但是，对于公司、企业、事业单位、人民团体等组织的印章来说，只有伪造行为才可能构成犯罪，变造、买卖等行为，即使情节再恶劣，后果再严重，也不能构成犯罪。

（三）伪造、变造、买卖公文、证件、证明文件、印章行为的处罚

根据《治安管理处罚法》第52条的规定，对构成本行为的，处10日以上15日以下拘留，可以并处1000元以下罚款；情节较轻的，处5日以上10日以下拘留，可以并处500元以下罚款。

七、伪造、变造、倒卖有价票证、凭证行为

（一）伪造、变造、倒卖有价票证、凭证行为的构成

伪造、变造、倒卖有价票证、凭证行为，是指以营利为目的，伪造、变造、倒卖车票、船票、航空客票、文艺演出票、体育比赛入场券或者其他有价票证、凭证，情节轻微，尚不够刑事处罚的行为。该行为的主要法律特征是：

1. 行为侵犯的客体是国家对有价票证、凭证的正常管理活动。

2. 行为在客观方面表现为伪造、变造、倒卖车票、船票、航空客票、文艺演出票、体育比赛入场券或者其他有价票证、凭证的行为。其他有价票证、凭证，是指包括机动车油票、邮票、公园门票、彩票、优惠凭证等。倒卖，就其本义来说，是指按规定价格或低于规定价格买进，以高价卖出从中牟利的行为。本行为是选择性的，行为人只要实施了其中之一，就可以构成违反治安管理行为。

3. 行为的主体一般是自然人，单位也可以构成本行为的主体。

4. 行为的主观方面必须出于故意，主观动机是为了牟利，但是否从伪造、变造、倒卖有价票证、凭证行为中获利不影响本行为的构成。对行为人不是以营利为目的，而是因种种原因不能按时乘车、船或观看文体活动等，将票原价转卖给他人的，不属于倒卖票证的行为。

(二) 伪造、变造、倒卖有价票证、凭证行为与相关行为的区别

认定本行为，要注意其与伪造、倒卖伪造的有价票证罪，倒卖车票、船票罪的区别：一是倒卖车票、船票以外的其他有价票证、凭证不构成犯罪，只构成违反治安管理行为。二是情节严重、数额较大是罪与非罪的主要界限。情节严重，一般是指倒卖车票、船票的数量较大，或者倒卖车票、船票获利数量较大，或者倒卖车票、船票经多次处理屡教不改的等。根据最高人民法院《关于审理倒卖车票刑事案件有关问题的解释》第 1 条的规定，倒卖车票情节严重，是指高价、变价、变相加价倒卖车票或倒卖坐席、卧铺签字号及订购车票凭证，票面数额在 5000 元以上，或者非法获利数额在 2000 元以上的。

(三) 伪造、变造、倒卖有价票证、凭证行为的处罚

根据《治安管理处罚法》第 52 条的规定，对构成本行为的，处 10 日以上 15 日以下拘留，可以并处 1000 元以下罚款；情节较轻的，处 5 日以上 10 日以下拘留，可以并处 500 元以下罚款。

八、伪造、变造船舶户牌，买卖或者使用伪造、变造的船舶户牌，或者涂改船舶发动机号码行为

(一) 伪造、变造船舶户牌，买卖或者使用伪造、变造的船舶户牌，或者涂改船舶发动机号码行为的构成

1. 行为侵犯的客体是国家对船舶的正常管理活动。侵犯的对象是船舶的户牌和发动机号。船舶，是指各类机动、非机动船舶以及其他水上移动装置，但是船舶上装备的救生艇筏和长度小于 5 米的艇筏除外。

2. 行为在客观上表现为伪造、变造船舶户牌，买卖或者使用伪造、变造的船舶户牌，或者涂改船舶发动机号码。

3. 行为的主体一般是自然人，单位也可以构成本行为的

主体。

4. 行为在主观方面是故意，行为人的动机一般是为了逃避船舶主管部门的管理。

（二）伪造、变造船舶户牌，买卖或者使用伪造、变造的船舶户牌，或者涂改船舶发动机号码行为的处罚

根据《治安管理处罚法》第 52 条的规定，对构成本行为的，处 10 日以上 15 日以下拘留，可以并处 1000 元以下罚款；情节较轻的，处 5 日以上 10 日以下拘留，可以并处 500 元以下罚款。

九、船舶擅自进入、停靠国家禁止、限制进入的水域或者岛屿行为

（一）船舶擅自进入、停靠国家禁止、限制进入的水域或者岛屿行为的构成

1. 行为侵犯的客体是国家对特定水域、岛屿的管理秩序，侵犯的对象是国家禁止、限制进入的水域或者岛屿。

2. 行为在客观上表现为船舶违反国家规定擅自进入、停靠国家禁止、限制进入的水域或者岛屿。根据《沿海船舶边防治安管理规定》第 17 条的规定，出海船舶不得擅自进入国家禁止或者限制进入的海域或岛屿，不得擅自搭靠外国籍或者香港、澳门特别行政区以及台湾地区的船舶。因避险及其他不可抗力的原因而进入或者停靠禁止、限制进入的水域或者岛屿，应当在原因消除后立即离开，抵港后及时向公安边防部门报告。根据《内河交通安全管理条例》第 20 条的规定，船舶进出港口和通过交通管制区、通航密集区或者航行条件受限制的区域，应当遵守海事管理机构发布的有关通航规定。任何船舶不得擅自进入或者穿越海事管理机构公布的禁航区。

3. 行为的主体是特殊主体，即船舶的负责人和其他有关责任人员。

4. 行为在主观方面必须出于故意。

（二）船舶擅自进入、停靠国家禁止、限制进入的水域或者岛屿行为的处罚

根据《治安管理处罚法》第53条的规定，对构成本行为的，处500元以上1000元以下罚款；情节严重的，处5日以下拘留，并处500元以上1000元以下罚款。

十、违反社会团体登记管理规定行为

（一）违反社会团体登记管理规定行为的构成

违反社会团体登记管理规定行为，是指行为人违反社会团体登记管理规定，未经注册登记以社会团体名义进行活动，或者被主管部门撤销登记后，仍以原社会团体名义进行活动，情节轻微，尚不够刑事处罚的行为。该行为的主要法律特征是：

1. 行为侵犯的客体是国家依法对社会团体活动的管理。

2. 行为的客观方面表现为违反了国家关于社会团体登记管理规定。本行为有两种表现方式：一是违反国家规定，未经注册登记，以社会团体名义进行活动，被取缔后，仍进行活动的。二是被依法撤销登记的社会团体，仍以社会团体名义进行活动。这里的社会团体，是指包括一切在中华人民共和国境内成立的非经济性组织，如协会、学会、联合会、研究会、基金会、促进会、商会等社会团体。违反国家规定，是指违反《社会团体登记管理条例》以及其他对社会团体进行管理的法律、法规。

3. 行为的主体为自然人。

4. 行为的主观方面是出于故意。

（二）违反社会团体登记管理规定行为的处罚

根据《治安管理处罚法》第54条的规定，对构成本行为的，处10日以上15日以下拘留，并处500元以上1000元以下罚款；情节较轻的，处5日以下拘留或者500元以下罚款。

十一、未经公安机关许可擅自经营需要由公安机关许可的行业行为

（一）未经公安机关许可擅自经营需要由公安机关许可的行业行为的构成

1. 行为侵犯的客体是公安机关对某些特定行业的管理。

2. 行为在客观方面表现为未经公安机关许可擅自经营需要由公安机关许可的行业。这些行业主要是指公安机关实行治安管理的特种行业，如旅馆业、公章刻制业、典当业等，也包括由公安机关直接领导的保安服务业中的培训机构等行业。

3. 行为的主体既可以是自然人，也可以是单位。

4. 行为的主观方面是故意。

（二）未经公安机关许可擅自经营需要由公安机关许可的行业行为的处罚

根据《治安管理处罚法》第54条的规定，对构成本行为的，予以取缔，处10日以上15日以下拘留，并处500元以上1000元以下罚款；情节较轻的，处5日以下拘留或者500元以下罚款。取得公安机关许可的经营者，违反国家有关管理规定，情节严重的，公安机关可以吊销许可证。

十二、煽动、策划非法集会、游行、示威行为

（一）煽动、策划非法集会、游行、示威行为的构成

煽动、策划非法集会、游行、示威行为，是指行为人故意煽动、策划非法集会、游行、示威，不听劝阻，尚不够刑事处罚的行为。该行为的主要法律特征是：

1. 行为侵犯的客体是国家对社会的正常管理秩序。

2. 行为的客观方面表现为行为人故意煽动、策划非法集会、游行、示威，不听劝阻。煽动，是指行为人通过过激的语言、文

字等方式鼓动不明真相的群众参加非法集会、游行、示威活动。煽动的方式既包括在社会上煽动，也包括通过电信通讯、计算机网络进行煽动，还包括通过书写、张贴告示等方式进行煽动。策划，是指行为人出谋划策，图谋组织非法集会、游行、示威。非法，既包括还没有举行的非法集会、游行、示威，也包括已在举行的合法集会、游行、示威中的非法情形。认定本行为，要注意只有经过公安机关劝阻后，仍然煽动、策划非法集会、游行、示威的，才能构成本行为。

3. 行为的主体是自然人。

4. 行为的主观方面必须是出于故意。

（二）煽动、策划非法集会、游行、示威行为的处罚

根据《治安管理处罚法》第55条的规定，对构成本行为的，处10日以上15日以下拘留。

十三、旅馆业工作人员违反有关规定行为

（一）旅馆业工作人员违反有关规定行为的构成

旅馆业工作人员违反有关规定行为，是指旅馆业的工作人员对住宿的旅客不按规定登记姓名、身份证件种类和号码，或者明知住宿的旅客将危险物质带入旅馆，不予制止的，明知住宿的旅客是犯罪嫌疑人员或者被公安机关通缉的人员，不向公安机关报告，情节轻微，尚不够刑事处罚的行为。该行为的主要法律特征是：

1. 行为侵犯的客体是公安机关对旅馆业的管理活动。

2. 行为的客观方面表现为三个方面：一是对住宿的旅客不按规定登记姓名、身份证件种类和号码。旅馆业属于公共服务性行业，容易被不法分子利用落脚藏身、作案，也容易发生治安灾害事故，为此，公安机关把它作为特种行业进行治安管理，要求旅馆接待旅客住宿必须登记。接待境外旅客住宿，还应当在24

小时内向公安机关报送住宿登记表。登记的项目有旅客姓名、性别、年龄、住址、入住时间、身份证件号码等。二是明知住宿的旅客将危险物质带入旅馆不予制止。由于危险物质对公共安全具有极大的威胁，对于旅馆这个公共场所，必须严格禁止旅客将易燃易爆、剧毒、腐蚀性和放射性等危险物品带入旅馆。旅馆业工作人员发现与制止的义务应仅限于从外观上很明显就能判断出携带的是危险物质的情形。对于旅客隐藏在行李或其他物品中的危险物质，从外观上发现不了的，则不构成本行为。三是明知住宿旅客是犯罪嫌疑人员或者被公安机关通缉的人员，不向公安机关报告。行为人只要实施了上述三种行为之一，就构成本行为。

3. 行为的主体为特殊主体，即必须是旅馆业工作人员。

4. 行为的主观方面有两种情况：对住宿旅客不按规定登记的，主观上可以由故意或者过失两种状态构成。对明知住宿旅客将危险物质带入旅馆而不予制止；明知住宿旅客是犯罪嫌疑人员或者被公安机关通缉的人员，不向公安机关报告，这两个行为主观上都必须是出于故意。

（二）旅馆业工作人员违反有关规定行为与相关行为的区别

认定本行为，要注意其与犯罪的区分。区别的关键在于行为情节。在“明知”的前提下，如果行为人还要为其提供落脚藏身之处，当有关部门向其调查时不提供情况的，根据《刑法》第310条的规定，则构成窝藏、包庇罪；如果旅馆工作人员是通过其他途径得知住宿旅客是犯罪嫌疑人员或者被公安机关通缉的人员而没有提供住宿，或者已住宿后才得知其是犯罪嫌疑人员或者被公安机关通缉的人员又拒绝住宿的，而没有向公安机关报告，属于知情不报，应当认定为本行为。

（三）旅馆业工作人员违反有关规定行为的处罚

根据《治安管理处罚法》第56条第1款的规定，对住宿的旅客不按规定登记姓名、身份证件种类和号码的，或者明知住宿的旅客将危险物质带入旅馆，不予制止的，处200元以上500元以下罚款。根据《治安管理处罚法》第56条第2款的规定，明知住宿的旅客是犯罪嫌疑人员或者被公安机关通缉的人员，不向公安机关报告的，处200元以上500元以下罚款；情节严重的，处5日以下拘留，可以并处500元以下罚款。

十四、违反出租房屋管理规定行为

（一）违反出租房屋管理规定行为的构成

违反出租房屋管理规定行为，是指房屋出租人将房屋出租给无身份证件的人居住或不按规定登记承租人姓名、身份证件种类和号码，或者明知承租人利用出租房屋进行犯罪活动而不向公安机关报告，情节轻微，尚不够刑事处罚的行为。该行为的主要法律特征是：

1. 行为侵犯的客观是公安机关对出租房屋的管理。

2. 行为的客观方面表现为三个方面：一是将房屋出租给了无身份证件的人居住的。二是不登记承租人姓名、身份证件种类和号码。三是明知承租人利用出租房屋进行犯罪活动而不向公安机关报告。

3. 行为的主体为特殊主体，即房屋出租人，包括自然人和单位。

4. 行为人主观方面在上述第一、第二种情形中，可以是故意，也可以是过失，但在第三种情形中，必须是故意。

（二）违反出租房屋管理规定行为的处罚

根据《治安管理处罚法》第57条第1款的规定，房屋出租人将房屋出租给无身份证件的人居住的，或者不按规定登记承租人姓名、身份证件种类和号码的，处200元以上500元以下罚款。根据《治安管理处罚法》第57条第2款的规定，房屋出租人明知承租人利用出租房屋进行犯罪活动，不向公安机关报告的，处200元以上500元以下罚款；情节严重的，处5日以下拘留，可以并处500元以下罚款。

十五、制造噪声干扰他人正常生活行为

（一）制造噪声干扰他人正常生活行为的构成

制造噪声干扰他人正常生活行为，是指行为人违反关于社会生活噪声污染防治的法律规定，制造噪声干扰他人正常生活，尚不够刑事处罚的行为。该行为的主要法律特征是：

1. 行为侵犯的客体是国家机关防止噪声污染的管理活动和邻里的生活安宁权。

2. 行为的客观方面表现为制造噪声干扰他人正常生活的行为。根据《环境噪声污染防治法》第41条的规定，社会生活噪声，是指人为活动所产生的除工业噪声、建筑施工噪声和交通运输噪声之外的干扰周围生活环境的声音。在取证上，对于家庭、娱乐场所等产生的噪声应当进行分贝检测，来确定是否达到干扰他人的噪声标准；对于城市市区等特定区域使用高音喇叭的，则可以不用检测而直接处罚。

3. 行为的主体可以是自然人，也可以是单位。

4. 行为在主观上是故意或者过失。

（二）制造噪声干扰他人正常生活行为的处罚

根据《治安管理处罚法》第58条的规定，对构成本行为的，处警告；警告后不改正的，处200元以上500元以下罚款。

十六、典当业违反典当管理规定行为

（一）典当业违反典当管理规定行为的构成

典当业违反典当管理规定行为，是指在典当营业中，工作人员承接典当物品时，不查验有关证明，不履行登记手续，或者明知是违法犯罪嫌疑人、赃物，而不向公安机关报告，情节轻微，

尚不够刑事处罚的行为。该行为的主要法律特征是：

1. 行为侵犯的客体是公安机关对典当业的管理。

2. 行为的客观方面表现为以下两个方面：一是不查验有关证明、不履行登记手续。由于典当业容易被不法人员利用进行销赃，因此，公安机关依法将其作为特种行业实行治安管理，要求典当业工作人员在承接典当物品时，应当查验相关的证明：个人典当的，应查验本人有效身份证件；单位典当的，应当出具单位证明和经办人的有效身份证件；委托典当的，应当查验被委托人出具的典当委托书、本人和委托人的有效身份证件。履行登记手续，是指典当行经营典当业务时，要按规定办理登记手续。对质押当物和当户信息要如实记录。二是明知是违法犯罪嫌疑人、赃物，而不向公安机关报告。本行为要求行为人知道或者应当知道当户是违法犯罪嫌疑人或者出当的物品是赃物，行为人不明知的，不构成违反治安管理行为。

3. 行为的主体为特殊主体，即具有合法经营资格的典当业工作人员。

4. 行为的主观方面在上述第一种表现中可以是故意，也可以是过失；但在第二种表现形式中，只能是故意。

（二）典当业违反典当管理规定行为与相关行为的区别

认定本行为，要注意其与销赃罪的区别：行为情节是否严重。明知是犯罪赃物，而不向公安机关报告而承接，情节严重的，则构成销赃罪；情节轻微的，可认定为违反治安管理行为。

（三）典当业违反典当管理规定行为的处罚

根据《治安管理处罚法》第59条的规定，对构成本行为的，处500元以上1000元以下罚款；情节严重的，处5日以上10日以下拘留，并处500元以上1000元以下罚款。

十七、违反废旧金属收购管理规定行为

（一）违反废旧金属收购管理规定行为的构成

违反废旧金属收购管理规定行为，是指行为人违反国家规定，收购铁路、油田、供电、电信通讯、矿山、水利、测量和城市公用设施等废旧专用器材或者收购公安机关通报寻查的赃物、有赃物嫌疑的物品以及收购国家禁止收购的其他物品，情节轻微，尚不够刑事处罚的行为。该行为的主要法律特征是：

1. 行为侵犯的客体是公安机关对废旧金属收购业的正常管理。

2. 行为在客观方面表现为违反国家规定，收购铁路、油田、供电、电信通讯、矿山、水利、测量和城市公用设施等废旧专用器材或者收购公安机关通报寻查的赃物、有赃物嫌疑的物品以及收购国家禁止收购的其他物品。这里的禁止收购的物品，主要是指下列物品：一是枪支、弹药和爆炸物品。二是剧毒、放射性物品及容器。三是铁路、油田、供电、电信通讯、矿山、水利、测量和城市公用设施等专用器材。四是公安机关通报寻查的赃物或者赃物嫌疑的物品。行为在主观方面必须出于故意，即具有谋取非法利益的目的。本行为属于选择性行为，只要行为人实施了上述行为之一，就构成本行为。认定本行为，应当注意区分其与销赃罪的区别。

3. 主体是特殊主体，即废旧金属的经营者，包括单位和个人。

（二）违反废旧金属收购管理规定行为的处罚

根据《治安管理处罚法》第59条的规定，对构成本行为的，处500元以上1000元以下罚款；情节严重的，处5日以上10日以下拘留，并处500元以上1000元以下罚款。

十八、非法处置扣押、查封、冻结财物行为

（一）非法处置扣押、查封、冻结财物行为的构成

非法处置扣押、查封、冻结财物行为，是指行为人隐藏、转移、变卖或者损毁行政执法机关依法扣押、查封、冻结的财物，情节轻微，尚不够刑事处罚的行为。该行为的主要法律特征是：

1. 行为侵犯的客体是行政执法机关的行政执法活动。本行为侵犯的对象是被行政执法机关依法扣押、查封、冻结的财物。行政执法机关，是指依照法律、法规或者规章的规定，对破坏社会主义市场经济秩序、妨害社会管理秩序以及其他违法行为具有行政处罚权的行政机关，以及法律、法规授权的具有管理公共事务职能、在法定授权范围内实施行政处罚的组织。扣押，是指执法机关因办案需要，将与案件有关的他人财产送到一定的场所暂时扣留。查封，是指对他人的财产进行清点、登记、加贴封条，就地封存。封条应当由执法机关签封，封条上载明查封日期、查封单位，并加盖公章。冻结是指不准提取或转移与案件有关的在银行或者其他金融机构的存款。扣押、查封、冻结，均属执法机关的一种临时性的执行措施，一旦采用，就具有法律效力。其目的在于确保行政执法活动的正常进行。

2. 行为的客观方面表现为隐藏、转移、变卖或者损毁行政执法机关依法扣押、查封、冻结财物的行为。隐藏，是指对依法扣押、查封、冻结的财物擅自秘密隐蔽起来不被他人知道。转移，是指将已被扣押、查封、冻结的财物移往他处，脱离行政执法机关的掌握、控制。变卖，是指将已被扣押、查封的财物出卖给他人。损毁，是指使用破坏性手段将已被查封、扣押的物品毁灭、损坏。行为人只要实施了上述任何一种行为，就构成本行为。

3. 行为的主体是自然人。

4. 行为的主观方面必须是出于故意。

（二）非法处置扣押、查封、冻结财物行为与相关行为的区别

认定本行为，要注意其与非法处置扣押、查封、冻结财物罪的区别：一是行为侵害的对象不同。前者侵害的是行政执法机关依法扣押、查封、冻结的财物，后者侵害的是司法机关依法扣押、查封、冻结的财物。二是情节不同。前者情节轻微，后者情节严重。

（三）非法处置扣押、查封、冻结财物行为的处罚

根据《治安管理处罚法》第60条的规定，对构成本行为的，处5日以上10日以下拘留，并处200元以上500元以下罚款。

十九、妨碍行政执法机关办案行为

（一）妨碍行政执法机关办案行为的构成

妨碍行政执法机关办案行为，是指行为人故意伪造、隐匿、毁灭证据或者提供虚假证言、谎报案情，影响行政执法机关依法办案，情节轻微，尚不够刑事处罚的行为。该行为的主要法律特征是：

1. 行为侵犯的客体是国家行政执法机关的行政执法活动。

2. 行为的客观方面表现为行为人实施了伪造、隐匿、毁灭证据或者提供虚假证言、谎报案情，影响行政执法机关依法办案的行为。证据，是指证明案件真实情况的一切事实。在行政执法中，证据包括书证、物证、视听资料（包括电子数据）、证人证言、当事人的陈述、鉴定结论、勘验笔录和现场笔录。虚假证据，是指与案件真实情况不相符合的一种虚构事实。伪造证据，是指伪造与案件有关的书证、物证等证据材料，既可以是当事人伪造，也可以是其他人伪造。隐匿证据，是指故意隐藏能够证明案件真实情况的证据，妨害行政执法机关的调查取证工作的行

为。毁灭证据，是指故意销毁与案件有关的证据。提供虚假证言，是指证人故意作出歪曲事实、虚假的证言，妨碍行政执法行为。谎报案情，是指行为人为了某种目的或需要，故意向行政执法机关举报、投诉并不存在或者发生的违法事实。例如，拨打110谎报案情，拨打其他举报电话谎报案情等。行为人的上述行为在客观上影响了行政机关的依法办案，会导致无法及时查清案件真相或者导致错案的发生等不良后果。

3. 行为的主体为自然人。

4. 行为的主观方面必须是出于故意。动机多种多样，有的是为陷害他人或者乘机报复，有的是帮助他人逃脱法律制裁，有的是为了干扰行政执法机关的正常工作。行为人的动机如何不影响本行为的成立，可以作为处罚的情节。

（二）妨碍行政执法机关办案行为的处罚

根据《治安管理处罚法》第60条的规定，对构成本行为的，处5日以上10日以下拘留，并处200元以上500元以下罚款。

二十、窝藏、转移或者代为销售赃物行为

（一）窝藏、转移或者代为销售赃物行为的构成

窝藏、转移或者代为销售赃物行为，是指行为人明知是赃物而窝藏、转移或者代为销售，情节轻微，尚不够刑事处罚的行为。该行为的主要法律特征是：

1. 行为侵犯的客体是司法机关和行政机关的正常活动。赃物是指违法犯罪人员实施违反犯罪行为所得的财物，其既是违法犯罪人员所追求的财物，也是证明这些违法犯罪的主要证据之一。本行为帮助违法犯罪人员处理赃物，妨害了司法机关、行政机关查处案件的正常活动。其行为侵害的对象必须是赃物。

2. 行为的客观方面表现为明知是犯罪所得赃物而予以窝藏、转移或代为销售的行为。窝藏，是指行为人将赃物隐藏起来，不

让他人发现或者替违法犯罪人员保存赃物，使司法机关、行政机关不能获取的行为。转移，是指行为人将赃物由一个地方通过搬运、携带、邮寄等方式运送到另一个地方的行为。代为销售，既包括把赃物卖给他人，也包括以低价买进、高价卖出的行为。行为人明知是赃物，而居间介绍销售赃物的，也属于代为销售的行为。

3. 行为的主体为自然人。

4. 行为的主观方面必须是出于故意，即明知是赃物而予以窝藏、转移或者代为销售。明知，是指知道或者应当知道。知道，是行为人看到物品是违法犯罪获取的，或者听到违法犯罪人员讲述获取物品的经过，肯定知道物品是赃物的。应当知道，是指虽然不是肯定地知道是赃物，但根据分析、判断应当知道是赃物的。有下列行为的，除有证据证明是被蒙骗的外，可以视为应当知道：在非法的交易场所购买的，物品证件手续不全或明显违反规定的，证明物品合法的标志有更改痕迹而没有合法证明的，以明显低于市场价格购买该物品的等。如果行为人主观上不是出于故意，就不构成此行为。

（二）窝藏、转移或者代为销售赃物行为与其他相关行为的区别

认定本行为，要注意其与窝藏、转移、收购、销售赃物罪的区别：行为的情节和危害后果不同。行为人的行为所涉及的赃物数量较大，或者造成其他严重后果的，则构成窝藏、转移、收购、销售赃物罪；反之，应认定为违反治安管理行为。

（三）窝藏、转移或者代为销售赃物行为的处罚

根据《治安管理处罚法》第 60 条的规定，对构成本行为的，处 5 日以上 10 日以下拘留，并处 200 元以上 500 元以下罚款。

二十一、监外执行的罪犯和被采取刑事强制措施的人违反监管规定行为

（一）监外执行的罪犯和被采取刑事强制措施的人违反监管规定行为的构成

监外执行的罪犯和被采取刑事强制措施的人违反监管规定行为，是指被依法执行管制、剥夺政治权利或在缓刑、保外就医等监外执行中的罪犯或者被依法采取刑事强制措施的人，有违反法律、行政法规和公安部有关监督管理规定，尚不够刑事处罚的行为。该行为的主要法律特征是：

1. 行为侵犯的客体是公安、司法机关对监外执行的罪犯和被采取刑事强制措施的人的管理活动。

2. 行为的客观方面表现为监外执行的罪犯或者被采取刑事强制措施的人，违反国家法律、法规和公安部有关监督管理规定的行为。违反法律、法规和公安部有关监督管理的规定，是指违反刑事诉讼法以及公安部发布实施的有关监督管理规定，包括《罪犯保外就医执行办法》和《公安机关对被管制、剥夺政治权利、缓刑、保外就医罪犯监督管理规定》等。监外执行的罪犯，是指人民法院刑事判决、裁定的监外执行的罪犯，具体包括被依法执行管制、剥夺政治权利或者在缓刑、假释、保外就医和其他监外执行中的罪犯。被依法采取刑事强制措施的人，是指根据规定被依法监视居住、取保候审和逮捕、拘留的人。

3. 行为的主体为特殊主体，即被依法执行管制、剥夺政治权利或在缓刑、保外就医等监外执行中的罪犯或者被依法采取刑事强制措施的人。

4. 行为的主观方面必须出于故意。

（二）监外执行的罪犯和被采取刑事强制措施的人违反监管规定行为的处罚

根据《治安管理处罚法》第60条的规定，对构成本行为的，处5日以上10日以下拘留，并处200元以上500元以下罚款。

二十二、协助组织或者运送他人偷越国（边）境行为

（一）协助组织或者运送他人偷越国（边）境行为的构成

协助组织或者运送他人偷越国（边）境的行为，是指行为人协助组织或运送他人偷越国（边）境，尚不够刑事处罚的行为。该行为的主要法律特征是：

1. 行为侵犯的客体是国家对出入国（边）境的管理秩序。国（边）境包括国境与边境两方面。国境，即国与国的疆界。边境，通常是指我国大陆与香港、澳门、台湾等地区的交界。

2. 行为的客观方面表现为非法协助组织他人或运送他人偷越国（边）境的行为。协助，是一种帮助或辅助行为。协助的方式、内容和过程，可以通过各种形式表现出来，如协助组织者采取煽动、串连、拉拢、引诱、欺骗、强迫等手段，策划、联络、安排他人偷越国（边）境，或者协助组织者采用车、船等工具运送他人偷越国（边）境。运送，是指为他人提供运输工具或徒步带领，非法将偷越国（边）境人员送出或者接入国（边）境。

3. 行为的主体为自然人，单位也可以成为本行为的主体。

4. 行为的主观方面必须是出于故意。

（二）协助组织或者运送他人偷越国境行为与相关行为的区别

1. 与组织他人偷越国（边）境罪的区别：行为人在偷越国（边）境行为中所起的作用和行为情节。如果行为人起着组织者的作用，则构成组织他人偷越国（边）境罪，如果行为人只是起到一般的协助作用，而且参与次数较少，协助组织偷越国（边）

境的人数也少，则应认定为违反治安管理行为。如果行为人运送他人偷越国（边）境，则构成运送他人偷越国（边）境罪。

2. 与运送他人偷越国境罪的区别：在违法行为中所起的作用和情节是否轻微。情节轻微的，如运送的人数少，或者运送的次数少或者在运送中起协助作用等，构成违反治安管理行为。

（二）协助组织或者运送他人偷越国境行为的处罚

根据《治安管理处罚法》第 61 条的规定，对构成本行为的，处10 日以上 15 日以下拘留，并处 1000 元以上 5000 元以下罚款。

二十三、为偷越国（边）境人员提供条件行为

（一）为偷越国（边）境人员提供条件行为的构成

1. 行为侵犯的客体是国家对出入国（边）境的管理活动。

2. 在客观上表现为为偷越国（边）境人员提供条件。提供条件，是指为明知是偷越国（边）境的人员办理护照、签证以及其他出入证件，提供伪造、变造的护照、签证以及其他出入证件，或者提供金钱、食宿、交通工具等条件。提供的条件，可以是有偿的，也可以是无偿的。在行为的认定上，其情节应当是轻微的，否则构成犯罪。

3. 行为的主体为自然人。

4. 主观上必须是出于故意。

（二）为偷越国（边）境人员提供条件行为的处罚

根据《治安管理处罚法》第 62 条第 1 款的规定，对构成本行为的，处 5 日以上 10 日以下拘留，并处 500 元以上 2000 元以下罚款。

二十四、偷越国（边）境行为

（一）偷越国（边）境行为的构成

偷越国（边）境行为，是指行为人违反国（边）境管理法规，采取各种可能的方式秘密地跨越国（边）境，情节轻微，尚不够刑事处罚的行为。该行为的主要法律特征是：

1. 行为侵犯的客体是国家机关对出入国（边）境的管理活动。

2. 行为的客观方面表现为行为人违反国（边）境管理法规，偷越国（边）境，情节轻微的行为。所谓违反国（边）境管理法规，是指违反《中华人民共和国公民出境入境管理法》、《中华人民共和国外国人入境出境管理法》等法律、法规，以及其他国（边）境通行制度及规定。采取各种方式，是指行为人可以在边境口岸采取伪造、涂改、冒用出入境证件或者其他蒙骗手段蒙混过关，达到跨越国（边）境的目的，也可以在不准出入国（边）境的非边境口岸秘密出入国（边）境。

3. 行为的主体为自然人。

4. 行为的主观方面必须是出于故意。

（二）偷越国（边）境行为与相关行为的区别

认定本行为，要注意其与偷越国（边）境罪的区别：行为的情节是否严重。情节严重的，则构成偷越国（边）境罪。这里的情节严重，根据最高人民法院《关于审理组织、运送他人偷越国（边）境等刑事案件适用法律若干问题的解释》的规定，是指有下列情形之一的：

1. 在境外实施损害国家利益的行为的。

2. 偷越国（边）境3次以上的。

3. 拉拢、引诱他人一起偷越国（边）境的。

4. 因偷越国（边）境被行政处罚后1年内又偷越国（边）

境的。

5. 有其他严重情节的。

除此以外都属于情节轻微，应认定为违反治安管理行为。

(三) 偷越国（边）境行为的处罚

根据《治安管理处罚法》第62条第2款的规定，对构成本行为的，处5日以下拘留或者500元以下罚款。

二十五、故意损毁文物、名胜古迹行为

(一) 故意损毁文物、名胜古迹行为的构成

故意损毁文物、名胜古迹行为，是指行为人违反文物保护法规，刻划、涂污或者以其他方式故意损坏国家保护的文物、名胜古迹，情节轻微，尚不够刑事处罚的行为。该行为的主要法律特征是：

1. 行为侵犯的客体是国家文物、名胜古迹的管理秩序。行为侵害的对象是国家保护的文物、名胜古迹。国家保护的文物包括国家保护的珍贵文物、一般文物和被确定为全国重点文物保护单位、省级文物保护单位，市、县级文物保护单位的文物。根据《文物保护法》第2条的规定，文物包括：

(1) 具有历史、艺术、科学价值的古文化遗址、古墓葬、古建筑、石刻寺和石刻、壁画。

(2) 与重大历史事件、革命运动或者著名人物有关的以及具有重要纪念意义、教育意义或者史料价值的近现代重要史迹、实物、代表性建筑。

(3) 历史上各时代珍贵的艺术品、工艺美术品。

(4) 历史上各时代重要的文献资料以及具有历史、艺术、科学价值的手稿和图书资料等。

(5) 反映历史上各时代、各民族社会制度、社会生产、社会生活的代表性实物。

具有科学价值的古脊椎动物化石和古人类化石同文物一样受国家保护。

名胜古迹，一般是指具有重大历史、艺术、科学价值，并被核定为全国或者地方重点文物保护单位的风景区或与名人事迹、历史重大事件有关而值得后人登临凭吊的胜地和建筑物。

2. 行为的客观方面表现为刻划、涂污或者以其他方式故意损坏国家保护的文物、名胜古迹的行为。刻划，是指违反国家文物保护规定，使用器具在文物或者名胜古迹上面进行刻字、留名等。涂污，是指违反国家文物保护规定，使用油漆、涂料等物品玷污、弄脏文物和名胜古迹。其他方法，包括砸坏、污损、挖掘、焚烧、拆刮等方法，使文物或者名胜古迹的价值受到损害的行为。上述行为不仅直接破坏了国家对文物、名胜古迹的正常管理，而且直接破坏了文物、名胜古迹的外观和整体形象，既影响了其历史价值、文化价值，也影响了人们的参观、游览。

3. 行为的主体为自然人。

4. 行为的主观方面必须是出于故意。

（二）故意损毁文物、名胜古迹行为与相关行为的区别

认定本行为，要注意其与故意损毁文物罪、过失损毁文物罪、故意损毁名胜古迹罪的区别：情节是否严重，是否造成严重后果。如果是故意损毁国家保护的珍贵文物或者被确定为全国重点保护单位、省级文物保护单位的文物，则构成故意损毁文物罪；过失损毁，造成严重后果的，构成过失损毁文物罪。对于故意损毁国家保护的名胜古迹，情节严重的，则构成故意损毁名胜古迹罪。只有情节轻微，没有造成严重后果的，才可认定为违反治安管理行为。

（三）故意损毁文物、名胜古迹行为的处罚

根据《治安管理处罚法》第 63 条的规定，对构成本行为的，处警告或者 200 元以下罚款；情节较重的，处 5 日以上 10 日以

下拘留，并处200元以上500元以下罚款。

二十六、危害文物安全行为

(一) 危害文物安全行为的构成

危害文物安全行为，是指行为人违反国家规定在文物保护单位附近进行爆破、挖掘等活动，危及文物安全，情节轻微，尚不够刑事处罚的行为。该行为的主要法律特征是：

1. 行为侵犯的客体是国家文物保护单位的管理秩序和安全。

2. 客观方面表现为违反国家规定在文物保护单位附近进行爆破、挖掘等活动，危及文物安全。违反国家规定，主要是指违反《文物保护法》的规定。根据规定，在文物保护单位的保护范围内不得进行其他建设工程或者爆破、钻探、挖掘等作业。但是，因特殊情况需要进行以上作业的，必须保证文物保护单位的安全，并经核定公布该文物保护单位的人民政府批准，在批准前应当征得上一级人民政府文物行政管理部门的同意。

3. 行为的主体是自然人，单位也可以构成本行为的主体。

4. 行为在主观方面表现为故意。

(二) 危害文物安全行为的处罚

根据《治安管理处罚法》第63条的规定，对构成本行为的，处警告或者200元以下罚款；情节较重的，处5日以上10日以下拘留，并处200元以上500元以下罚款。

二十七、偷开他人机动车行为

(一) 偷开他人机动车行为的构成

偷开他人机动车行为，是指行为人未经机动车所有人或机动车保管人同意，秘密开动他人机动车，尚不够刑事处罚的行为。该行为的主要法律特征是：

1. 行为侵犯的客体是交通管理秩序，侵犯的对象是他人的机动车。机动车是指以动力装置驱动或者牵引，上道路行驶的供人员乘用或者用于运送物品以及进行工程专项作业的轮式车辆。

2. 行为的客观方面表现为行为人未经机动车所有人、保管人或驾驶人员的允许，私自偷开机动车的行为。

3. 行为的主体是自然人。

4. 行为的主观方面表现为故意，但没有非法占有的目的。

（二）偷开他人机动车行为与相关行为的区别

认定本行为，要注意其与盗窃机动车的区别：行为人对机动车是否具有非法占有的目的并实施了相应的行为。如果行为人将机动车私自开走后予以改装、变卖或者遗弃，则构成违反治安管理的盗窃行为或者盗窃罪。与此相反，如果行为人在实施该行为时，不是以非法占有为目的，并且事后将偷开的机动车放在原处的，应当按本行为予以处罚。

（三）偷开他人机动车行为的处罚

根据《治安管理处罚法》第 64 条的规定，对构成本行为的，处 500 元以上 1000 元以下罚款；情节严重的，处 10 日以上 15 日以下拘留，并处 500 元以上 1000 元以下罚款。

二十八、未取得驾驶证驾驶或者擅自驾驶他人航空器、机动船舶行为

（一）未取得驾驶证驾驶或者擅自驾驶他人航空器、机动船舶行为的构成

1. 行为侵犯的客体是交通管理秩序，侵犯的对象是他人的航空器、机动船舶。

2. 行为在客观方面表现为实施了未取得驾驶证驾驶或者未经所有人、管理人等人允许，擅自驾驶他人航空器、机动船舶的行为。航空器，包括各种飞机、飞艇、热气球等能在空中飞行的器具。

3. 行为的主体为自然人。

4. 主观上必须是出于故意。

(二) 未取得驾驶证驾驶或者擅自驾驶他人航空器、机动船舶行为的处罚

根据《治安管理处罚法》第 64 条的规定，对构成本行为的，处 500 元以上 1000 元以下罚款；情节严重的，处 10 日以上 15 日以下拘留，并处 500 元以上 1000 元以下罚款。

二十九、故意破坏、污损他人坟墓或者毁坏、丢弃他人尸骨、骨灰行为

(一) 故意破坏、污损他人坟墓或者毁坏、丢弃他人尸骨、骨灰行为的构成

1. 行为侵犯的客体是死者的人格权和其家属的精神利益。

2. 行为的客观方面表现为故意破坏、污损他人坟墓或者毁坏、丢弃他人尸骨、骨灰的行为。破坏，是指有意进行挖掘、铲平他人的坟墓、毁坏他人的墓碑等行为。污损，既指用污秽物品泼洒在他人的坟墓上，也包括污损他人的墓碑的行为。毁坏，丢弃他人尸骨、骨灰，是指将他人的尸骨进行破坏或陈尸野外，将他人的骨灰丢弃的行为。

3. 行为的主体为自然人。

4. 行为的主观方面必须是出于故意。

(二) 故意破坏、污损他人坟墓或者毁坏、丢弃他人尸骨、骨灰行为的处罚

根据《治安管理处罚法》第 65 条的规定，对构成本行为的，处 5 日以上 10 日以下拘留；情节严重的，处 10 日以上 15 日以下拘留，可以并处 1000 元以下罚款。

三十、在公共场所停放尸体行为

（一）在公共场所停放尸体行为的构成

在公共场所停放尸体行为，是指行为人在公共场所停放尸体或者因停放尸体影响他人正常生活、工作秩序，不听劝阻，情节轻微，尚不够刑事处罚的行为。该行为的主要法律特征是：

1. 行为侵犯的客体是国家对社会的正常管理秩序。

2. 行为在客观方面表现为两种形式：一是在公共场所停放尸体。二是在非公共场所停放尸体，影响了他人正常生活、工作秩序，且不听劝阻。不听劝阻，不仅包括不听公安机关的劝阻，还包括不听有关单位、有关人员的劝阻。

3. 行为的主体为自然人。

4. 主观上必须出于故意。

（二）在公共场所停放尸体行为的处罚

根据《治安管理处罚法》第65条的规定，对构成本行为的，处5日以上10日以下拘留；情节严重的，处10日以上15日以下拘留，可以并处1000元以下罚款。

三十一、卖淫、嫖娼行为

（一）卖淫、嫖娼行为的构成

卖淫、嫖娼行为，是指不特定的异性之间或者同性之间以金钱、财物为媒介，发生性关系的行为。该行为的主要法律特征是：

1. 行为侵犯的客体是社会治安管理秩序和社会道德风尚。

2. 行为在客观方面表现为卖淫、嫖娼。卖淫，是指行为人为了获取一定数量的钱财与不特定的他人发生性关系的行为。嫖娼，是指行为人支付一定数量的钱财以换取与不特定他人发生性关系的行为。卖淫、嫖娼行为可以发生在异性之间，也可以发生在同性之间。对在文化娱乐服务等场所查获的以营利为目的的手淫、口淫行为，应认定为卖淫、嫖娼行为。对嫖娼者已向卖淫者付了钱财，因意志以外的原因未发生性关系的，也应以卖淫、嫖娼行为定性。

根据《行政处罚法》的规定，对卖淫、嫖娼行为情节较轻的，可予以较轻的处罚。对于卖淫、嫖娼行为情节的轻重，要从行为人的主观恶性、行为方式、行为地点、赢利情况等多方面加以考虑。如因生活所迫而卖淫的，已经给付财物但尚未发生性关系的，被胁迫、诱骗而进行卖淫、嫖娼的，初次卖淫、嫖娼认错态度较好且社会危害性不大的等，可以认定为情节较轻。

3. 行为的主体为自然人，即卖淫者和嫖娼者。

4. 行为的主观方面必须是出于故意。

(二) 卖淫、嫖娼行为与相关行为的区别

认定本行为，应当注意其与传播性病罪的区别：进行卖淫、嫖娼行为的人是否明知自己患有梅毒、淋病等严重性病还进行卖淫、嫖娼。如果是，则构成传播性病罪；否则，属于违反治安管理行为。

(三) 卖淫、嫖娼行为的处罚

根据《治安管理处罚法》第 66 条第 1 款的规定，对构成本行为的，处 10 日以上 15 日以下拘留，可以并处 5000 元以下罚款；情节较轻的，处 5 日以下拘留或者 500 元以下罚款。

三十二、在公共场所拉客招嫖行为

(一) 在公共场所拉客招嫖行为的构成

在公共场所拉客招嫖行为，是指行为人在公共场所实施拉客招嫖，意图卖淫，情节轻微，尚不够刑事处罚的行为。该行为的主要法律特征是：

1. 行为侵犯的客体是社会管理秩序和良好的社会风尚。

2. 行为在客观方面表现为在公共场所实施拉客招嫖的行为。该行为必须同时具备三个条件，即公共场所、拉客、招嫖。拉客，是指通过语言、动作等各种方式，拉拢、引诱他人的行为。招嫖，是指意图卖淫行为。招嫖的人，必须是卖淫者本人。认定本行为，要注意基本证据的要求：一是要保证证据的合法性。取证以招嫖行为人的主动表达为主。二是要注意证据的关联性，即同时能证明公共场所、拉客、招嫖这三个构成要素，并相互印证。三是证据的有效性，即除了行为人的陈述外，还要注意寻找周围证人的证言，包括被招嫖人的证言，通过相应的旁证，证实行为人所实施的拉客招嫖行为，必要时，要用录音、录像等视听资料来固定证据。

3. 行为主体为自然人。

4. 行为在主观上必须是故意。

（二）在公共场所拉客招嫖行为与相关行为的区别

1. 与卖淫、嫖娼行为的区别。前者只需对其拉客“卖淫”的目的进行定性分析，双方主体正在“谈价”就可，至于是否谈成，不影响该行为的成立；而后者则表现为双方已经谈好价格或者已经给付钱、财物，至于是否已经发生性行为，只是情节问题。

2. 与介绍卖淫行为的区别。介绍卖淫行为，是指行为人介绍他人与第三人卖淫的行为。介绍卖淫行为的成立，不以第三人是否实施卖淫行为作为前提。拉客招嫖的行为，其主体是卖淫者本人，而介绍卖淫行为者，是发生卖淫、嫖娼行为双方的第三人，这是二者的本质区别。

（三）在公共场所拉客招嫖行为的处罚

根据《治安管理处罚法》第 66 条第 2 款的规定，对构成本行为的，处 5 日以下拘留或者 500 元以下罚款。

三十三、引诱、容留、介绍他人卖淫行为

(一) 引诱、容留、介绍他人卖淫行为的构成

引诱、容留、介绍他人卖淫行为，是指行为人利用金钱、物质或者其他利益，诱使他人卖淫，或者为他人卖淫提供场所，或者为卖淫的人介绍嫖客，情节轻微，尚不够刑事处罚的行为。该行为的主要法律特征是：

1. 行为侵犯的客体是社会治安管理秩序和良好的社会风尚。

2. 行为的客观方面表现为行为人实施了引诱、容留、介绍他人卖淫的行为。引诱，是指使用金钱、物质或者腐朽的生活方式勾引、诱惑他人从事卖淫的行为。容留，是指提供固定的或不固定的、短期的或长期的卖淫场所的行为。场所可以多种多样，如住处、旅社、宾馆、汽车内等。介绍，是指为卖淫人员寻找对象，俗称“拉皮条”。

3. 行为的主体为自然人，单位也可以构成本行为的主体。

4. 行为的主观方面必须是出于故意。

(二) 引诱、容留、介绍他人卖淫行为与相关行为的区别

1. 与引诱、容留、介绍卖淫罪的区别：情节不同。情节较重的，构成犯罪；情节较轻的，构成违反治安管理行为。情节较轻，一般是指实施引诱、容留、介绍他人卖淫的次数少，或者认错态度好并积极配合公安机关查处案件等情形。值得注意的是，如果行为人引诱的是不满 14 周岁的幼女，无论情节轻重，均构成引诱幼女卖淫罪。

2. 认定本行为，不能把“放任”作为引诱、容留、介绍的行为对待。放任是不管不问的消极不作为行为，在主观上表现为间接故意，如旅馆业、饮食服务业、文化娱乐业、出租汽车业等单位，对发生在本单位的卖淫、嫖娼活动，放任不管，不采取措施制止的，属于单位违反治安管理行为。引诱、容留、介绍是行

为人积极作为的行为，主观上表现为直接故意。二者是两种不同的违反治安管理行为。

（三）引诱、容留、介绍他人卖淫行为的处罚

根据《治安管理处罚法》第 67 条的规定，对构成本行为的，处 10 日以上 15 日以下拘留，可以并处 5000 元以下罚款；情节较轻的，处 5 日以下拘留或者 500 元以下罚款。同时，根据《治安管理处罚法》第 76 条的规定，构成本行为，屡教不改的，可以按照国家规定采取强制性教育措施。

三十四、制作、运输、复制、出售、出租淫秽物品行为

（一）制作、运输、复制、出售、出租淫秽物品行为的构成

制作、运输、复制、出售、出租淫秽物品行为，是指行为人制作、运输、复制、出售、出租淫秽的书刊、图片、影片、音像制品等淫秽物品，情节轻微，尚不够刑事处罚的行为。该行为的主要法律特征是：

1. 行为侵犯的客体是国家文化、出版发行事业的管理秩序和良好的社会风尚。

2. 行为的客观方面表现为制作、运输、复制、出售、出租淫秽的书刊、图片、影片、音像制品等淫秽物品。淫秽物品，是指具体描写性行为或者露骨宣扬色情诲淫性书刊、影片、录像带、录音带、图片及其他淫秽物品。制作，是指生产、录制、编写、译著、绘画、刻印、印刷、摄制、洗印等行为。运输，是指利用交通工具将淫秽物品从一地运往另一地的过程。复制，是指通过翻拍、翻印、复写、复录、复印等方式，对已有的淫秽物品进行再造再现的行为。以上可以是直接制作，也可以将原非淫秽物品改制为淫秽物品。出售即贩卖，是指以各种方式销售、发行淫秽物品的行为。出租，是指为了营利而将淫秽物品给予承租人一定期限的行为。本行为属于选择性行为，只要实施其中之一，

即可构成本行为。

3. 行为的主体既可以是自然人，也可以是单位。

4. 行为的主观方面必须是出于故意。

（二）制作、运输、复制、出售、出租淫秽物品行为与相关行为的区别

认定本行为，要注意其与制作、复制、出版、贩卖、传播淫秽物品牟利罪，传播淫秽物品罪的区别：行为人的动机目的和行为情节。以牟利为目的，数量（数额）达到法定标准的，则构成制作、复制、出版、贩卖、传播淫秽物品牟利罪；不是为了牟利，而是在社会上传播淫秽的书刊、影片、音像、图片或者其他淫秽物品，情节严重的，则构成传播淫秽物品罪。根据最高人民法院《关于审理非法出版物刑事案件具体应用法律若干问题的解释》第8条的规定，以牟利为目的，具有下列情形之一的，以制作、复制、出版、贩卖、传播淫秽物品牟利罪定罪处罚：

1. 制作、复制、出版淫秽影碟、软件、录像带50至100（盒）以上，淫秽音碟、录音带100至200张（盒）以上，淫秽扑克、书刊、画册100至200副（册）以上，淫秽照片、画片500至1000张以上的。

2. 贩卖淫秽影碟、软件、录像带100至200张（盒）以上，淫秽音碟、录音带200至400张（盒）以上，淫秽扑克、书刊、画册200至400副（册）以上，淫秽照片、画片1000至2000张以上的。

3. 向他人传播淫秽物品达200至500人次以上，或者组织播放淫秽影、像达10至20场次以上的。

4. 制作、复制、出版、贩卖、传播淫秽物品，获利5000至10000元以上的。

对于未达到上述法定数额标准的，可认定为违反治安管理行为。

（三）制作、运输、复制、出售、出租淫秽物品行为的处罚

根据《治安管理处罚法》第68条的规定，对构成本行为的，处10日以上15日以下拘留，可以并处3000元以下罚款；情节较轻的，处5日以下拘留或者500元以下罚款。同时，根据《治安管理处罚法》第76条的规定，构成本行为，屡教不改的，可以按照国家规定采取强制性教育措施。

三十五、利用计算机信息网络、电话以及其他通讯工具传播淫秽信息行为

（一）利用计算机信息网络、电话以及其他通讯工具传播淫秽信息行为的构成

利用计算机信息网络、电话以及其他通讯工具传播淫秽信息行为，是指行为人利用计算机信息网络、电话以及其他通讯工具传播淫秽信息，情节轻微，尚不够刑事处罚的行为。该行为的主要法律特征是：

1. 行为侵犯的客体是社会管理秩序和良好的社会风尚。

2. 行为在客观方面表现为利用计算机信息网络、电话以及其他通讯工具传播淫秽信息。计算机网络包括国际互联网、局域网以及移动网络。其他通讯工具包括传真、无线寻呼等。淫秽信息，是指具体描绘性行为或者露骨宣扬色情的诲淫性的视频文件、音频文件、电子刊物、图片、文章、短信等互联网、移动通讯终端电子信息和声讯台语音信息。淫秽信息的性质属于《刑法》第367条第1款规定的“其他淫秽物品”。利用计算机网络传播，主要表现为：一是将自己创作或他人创作的淫秽作品经过选择和编辑加工，登载到网上供公众浏览、阅读、下载的在线传播行为。二是通过互联网出卖淫秽信息，以获取物质利益。三是将淫秽信息发送、张贴给他人或公众，以扩大淫秽信息的影响范围，如发送淫秽电影、动画、声音、照片、文章、短信等各种电子信息。

3. 行为主体既可以是自然人，也可以是单位。

4. 行为的主观方面表现为故意，是否以营利为目的，不影响本行为的成立。

(二) 利用计算机信息网络、电话以及其他通讯工具传播淫秽信息行为与相关行为的区别

认定本行为，要注意与传播淫秽物品罪和制作、复制、出版、贩卖、传播淫秽物品牟利罪的区别。根据最高人民法院、最高人民检察院《关于办理利用互联网、移动通讯终端、声讯台制作、复制、出版、贩卖、传播淫秽电子信息刑事案件具体应用法律若干问题的解释》第1条的规定，以牟利为目的，利用互联网、移动通讯终端制作、复制、出版、贩卖、传播淫秽电子信息，具有下列情形之一的，以制作、复制、出版、贩卖、传播淫秽物品牟利罪定罪处罚：

1. 制作、复制、出版、贩卖、传播淫秽电影、表演、动画等视频文件20个以上的。

2. 制作、复制、出版、贩卖、传播淫秽音频文件100个以上的。

3. 制作、复制、出版、贩卖、传播淫秽电子刊物、图片、文章、短信息等200件以上的。

4. 制作、复制、出版、贩卖、传播的淫秽电子信息，实际被点击数达到1万次以上的。

5. 以会员制方式出版、贩卖、传播淫秽电子信息，注册会员达200人以上的。

6. 利用淫秽电子信息收取广告费、会员注册费或者其他费用，违法所得1万元以上的。

7. 数量或者数额虽未达到第1项至第6项规定标准，但分别达到其中两项以上标准一半以上的。

8. 造成严重后果的。

利用聊天室、论坛、即时通信软件、电子邮件等方式，实施上述行为的，以制作、复制、出版、贩卖、传播淫秽物品牟利罪定罪处罚。以牟利为目的，通过声讯台传播淫秽语音信息，具有下列情形之一的，对直接负责的主管人员和其他直接责任人员以传播淫秽物品牟利罪定罪处罚：第一，向100人次以上传播的。第二，违法所得1万元以上的。第三，造成严重后果的。

不以牟利为目的，利用互联网或者移动通讯终端传播淫秽电子信息，具有下列情形之一的，以传播淫秽物品罪定罪处罚：第一，数量达到上述第1项至第5项规定标准2倍以上的。第二，数量分别达到上述第1项至第5项两项以上标准的。第三，造成严重后果的。利用聊天室、论坛、即时通信软件、电子邮件等方式，实施上述行为，以传播淫秽物品罪定罪处罚。

对未达到上述规定的刑事处罚标准的，则认定为违反治安管理行为。

（三）利用计算机信息网络、电话以及其他通讯工具传播淫秽信息行为的处罚

根据《治安管理处罚法》第68条的规定，对构成本行为的，处10日以上15日以下拘留，可以并处3000元以下罚款；情节较轻的，处5日以下拘留或者500元以下罚款。同时，根据《治安管理处罚法》第76条的规定，构成本行为，屡教不改的，可以按照国家规定采取强制性教育措施。

三十六、组织播放淫秽音像行为

（一）组织播放淫秽音像行为的构成

组织播放淫秽音像行为，是指违反国家规定，组织播放淫秽音像，尚不够刑事处罚的行为。该行为的主要法律特征是：

1. 行为侵犯的客体是社会主义道德和良好的社会风尚。

2. 行为的客观方面表现为组织播放淫秽音像制品的行为。

组织，是指行为人为播放淫秽音像制品而纠集他人，安排播放淫秽音像制品的场所，召集观众观看的行为。播放，是指使用电影放映机、录像机、录音机、影碟机等机器来进行传播淫秽音像制品的行为。淫秽音像制品主要包括淫秽的电影、录像、幻灯片、录音带、激光唱片等。组织播放的行为既可以在公民住宅里实施，也可以在公共场所或单位里实施。

3. 行为的主体为自然人。

4. 行为的主观方面必须是出于故意。

（二）组织播放淫秽音像行为与相关行为的区别

认定本行为，要注意其与组织播放淫秽音像制品罪的区别：行为人组织播放的场次多少或造成影响是否恶劣。根据最高人民法院《关于审理非法出版物刑事案件具体应用法律若干问题的解释》第10条第2款的规定，组织播放淫秽的电影、录像等音像制品达15至30场次以上或者造成恶劣社会影响的，以组织播放淫秽音像制品罪定罪处罚。未达到法定的场次或者没有给社会造成恶劣影响的，则认定为违反治安管理行为。

（三）组织播放淫秽音像行为的处罚

根据《治安管理处罚法》第69条第1款的规定，对构成本行为的，处10日以上15日以下拘留，并处500元以上1000元以下罚款。

三十七、组织或者进行淫秽表演行为

（一）组织或者进行淫秽表演行为的构成

组织或者进行淫秽表演行为，是指违反国家规定，组织或者进行淫秽表演，尚不够刑事处罚的行为。该行为的主要法律特征是：

1. 行为侵犯的客体是国家对文化娱乐业活动的管理秩序和良好的社会风尚。

2. 行为在客观方面表现为组织或者进行淫秽表演。组织他人，是指为进行淫秽表演而进行策划，编排节目，纠集、招募、雇佣表演人员，寻找、安排、租用表演场地，招揽观众观看等行为。淫秽表演是指行为人通过声音、表情、动作向人们展现色情淫荡形象，实施挑动人们性欲的行为，如脱衣舞、裸体舞或者表演性交动作等。进行淫秽表演，是指表演人员被组织者纠集、招募、雇佣或者未经组织而独立进行脱衣舞、裸体舞或者表演性交动作等败坏社会风尚、有伤风化的表演。

3. 行为的主体既可以是自然人，也可以是单位。

4. 行为主观方面必须是出于故意，一般具有牟利的目的。

（二）组织或者进行淫秽表演行为与相关行为的区别

认定本行为，要注意其与组织淫秽表演罪的区别：一是行为的主体不同。前者包括组织者，也包括具体从事淫秽表演的人员；后者只包括组织者，不包括具体从事淫秽表演的人员。二是行为情节严重程度不同。对组织淫秽表演或者进行淫秽表演情节显著轻微，对社危害不大的，如组织的次数很少，或者观看的人数少，按违反治安管理行为认定；反之，依照刑法追究刑事责任。

（三）组织或者进行淫秽表演行为的处罚

根据《治安管理处罚法》第69条第1款的规定，对构成本行为的，处10日以上15日以下拘留，并处500元以上1000元以下罚款。

三十八、参与聚众淫乱活动行为

（一）参与聚众淫乱活动行为的构成

参与聚众淫乱活动行为，是指参加由3人以上共同进行的猥亵、性交等淫乱活动，尚不够刑事处罚的行为。该行为的主要法律特征是：

1. 行为侵犯的客体是社会公共秩序和社会风化。

2. 行为在客观方面表现为参与了由 3 人以上共同进行的性交、猥亵等淫乱活动的行为。聚众，是指 3 人以上。猥亵，是指男女之间除奸淫外的抠摸、吸吮、搂抱、手淫、口淫等，能够刺激或者满足性欲的行为。聚众淫乱具体可以通过多个男女进行性交表演，聚众奸宿，聚众跳脱衣舞、裸体舞，男女多人一起裸体玩耍、挑逗等各种淫乱活动形式表现出来。聚众淫乱违反了公共生活规则，破坏了公共秩序，败坏了社会风气。

3. 行为的主体是自然人。

4. 行为的主观方面是出于故意。

（二）参与聚众淫乱活动行为与相关行为的区别

认定本行为，要注意其与聚众淫乱罪的区别，即参加聚众淫乱活动的次数和是否组织了聚众淫乱活动。如果行为人没有组织聚众淫乱活动，而且参加聚众淫乱的次数只有一次或者两次，则只构成违反治安管理行为；如果行为人组织了聚众淫乱活动或者参加了 3 次以上的聚众淫乱活动，则构成犯罪。

（三）参与聚众淫乱活动行为的处罚

根据《治安管理处罚法》第 69 条第 1 款的规定，对构成本行为的，处 10 日以上 15 日以下拘留，并处 500 元以上 1000 元以下罚款。

三十九、为播放淫秽音像、淫秽表演、淫乱活动提供条件行为

（一）为播放淫秽音像、淫秽表演、淫乱活动提供条件行为的构成

为播放淫秽音像、淫秽表演、淫乱活动提供条件行为，是指明知他人从事播放淫秽音像、淫秽表演、聚众淫乱等活动，而为其提供条件，尚不够刑事处罚的行为。该行为的主要法律特

征是:

1. 行为侵犯的客体是社会治安管理秩序和社会风化。

2. 行为客观方面表现为明知他人从事播放淫秽音像、淫秽表演、聚众淫乱活动，而为其提供条件。提供条件，既包括提供场所，如提供旅馆、出租房、私人房屋、娱乐服务场所的部分房间等地方，也包括提供其他条件，如提供音像设施、提供进行淫秽表演的设备等。

3. 主体既可以是自然人，也可以是单位。

4. 主观上是故意，且要求是“明知”。

（二）为播放淫秽音像、淫秽表演、淫乱活动提供条件行为的处罚

根据《治安管理处罚法》第 69 条第 2 款的规定，对构成本行为的，处 10 日以上 15 日以下拘留，并处 500 元以上 1000 元以下罚款。

四十、为赌博提供条件行为

（一）为赌博提供条件行为的构成

为赌博提供条件行为，是指行为人以营利为目的，为赌博提供条件，尚不够刑事处罚的行为。该行为的主要法律特征是:

1. 行为侵犯的客体是社会治安管理秩序和社会风化。

2. 行为在客观方面表现为以营利为目的，为赌博提供条件。这种行为主要包括以下行为:

（1）提供赌具。赌具，是指被直接用作实施赌博的工具，只要是被直接用于实施赌博的一切物品，都可以成为赌具。

（2）提供赌博场所。这个场所，可以是自己的家，也可以是亲戚朋友的家，还可以是办公室、仓库以及其他不易被人发现的地方。

（3）提供赌资，即为赌博人员提供用于赌博的资金和财物。

(4) 提供交通工具，专门运送赌徒。

(5) 为赌博提供其他方便条件，如食宿等。

3. 行为的主体既可以是自然人，也可以是单位。

4. 行为的主观方面必须是出于故意，即明知他人是在赌博，仍为他们提供便利条件。主观动机是以营利为目的，如果不是以营利为目的而为赌博提供条件的，不属于违反治安管理行为。

(二) 为赌博提供条件行为的处罚

根据《治安管理处罚法》第70条的规定，对构成本行为的，处5日以下拘留或者500元以下罚款；情节严重的，处10日以上15日以下拘留，并处500元以上3000元以下罚款。同时，根据《治安管理处罚法》第76条的规定，构成本行为，屡教不改的，可以按照国家规定采取强制性教育措施。

四十一、赌博行为

(一) 赌博行为的构成

赌博行为，是以钱财为赌注，使用某种方式或者工具比输赢来非法获取钱财，尚不够刑事处罚的行为。该行为的主要法律特征是：

1. 行为侵犯的客体是社会治安管理秩序和社会风化。

2. 行为在客观方面表现为参与赌博，赌资较大的。这里用作赌注的财物可以是钱币、有价证券，也可以是动产或者不动产。赌博的形式可以多种多样，如麻将、打牌、百家乐、地下六合彩、网络赌博等。赌博财物的交付，可以是当场，也可以是事后，均不影响赌博行为的成立。对亲戚朋友之间带有少量财物比输赢的娱乐活动，不能认定为本行为。查处赌博行为，应当注意对赌资、筹码的确认。只有在赌博中用作赌注的款物、换取筹码的款物和通过赌博赢取的款物，才能视为赌资。除此之外的款物，如行为人随身携带的尚未用作赌注或者换取筹码的现金、财物、信用卡内的其他资金等，则不能视为赌资。赌场中已发放给赌博人员用于赌博的高利贷属于赌资。在网络赌博中用“点数”计算作为赌注的款物和赌博赢取的款物的数额，这里的“点数”相当于现实赌博中的筹码。

3. 行为的主体是自然人。

4. 行为的主观方面必须是故意。

（二）赌博行为与相关行为的区别

认定本行为，要注意其与赌博罪的区别。首先，看行为的情节是否严重，是否达到特定的法定情形。以营利为目的，聚众赌博、开设赌场或者以赌博为业的，依照刑法则构成赌博罪。聚众赌博，是指纠集多人在不固定的场所进行赌博的行为。开设赌场，是指以公开或者秘密的方式，为赌博活动提供固定场所，招引他人进行赌博，从中渔利的行为。以赌博为业，是指以赌博所得为其生活的主要来源，一贯进行赌博的。最高人民法院、最高人民检察院《关于办理赌博刑事案件具体应用法律若干问题的解释》第 1 条规定：“以营利为目的，有下列情形之一的，属于刑法第三百零三条规定的‘聚众赌博’：（一）组织 3 人以上赌博，抽头渔利数额累计达到 5000 元以上的；（二）组织 3 人以上赌博，赌资数额累计达到 5 万元以上的；（三）组织 3 人以上赌博，参赌人数累计达到 20 人以上的；（四）组织中华人民共和国公民 10 人以上赴境外赌博，从中收取回扣、介绍费的。”以营利为目的，在计算机网络上建立赌博网站，或者为赌博网站担任代理，接受投注的，属于“开设赌场”。明知他人实施赌博犯罪活动，而为其提供资金、计算机网络、通讯、费用结算等直接帮助的，以赌博罪的共犯论处。不以营利为目的，进行带有少量财物输赢的娱乐活动，以及提供棋牌室等娱乐场所只收取正常的场所和服务费用的经营行为等，不以赌博论处。对不构成犯罪的，以违反治安管理行为论处。

(三) 赌博行为的处罚

根据《治安管理处罚法》第70条的规定，对构成本行为的，处5日以下拘留或者500元以下罚款；情节严重的，处10日以上15日以下拘留，并处500元以上3000元以下罚款。同时，根据《治安管理处罚法》第76条的规定，构成本行为，屡教不改的，可以按照国家规定采取强制性教育措施。

四十二、非法种植毒品原植物行为

(一) 非法种植毒品原植物行为的构成

非法种植毒品原植物行为，是指违反政府规定，非法种植少量罂粟或者其他毒品原植物。该行为的主要法律特征是：

1. 行为侵犯的客体是国家对种植毒品原植物的管制。罂粟等毒品原植物，是指生产和提炼毒品的植物原料，如罂粟、大麻、古柯等。这些植物原料可以制成鸦片、吗啡、海洛因等毒品。这些毒品严重危害人们的身体健康，并且引发很多社会问题。国务院规定，除国家指定国有农场按照严格计划种植少量药用罂粟外，其他任何单位和个人一律不准种植罂粟。对私自种植的罂粟，必须立即铲除，就地销毁，并追缴已经收获的鸦片和种子。

2. 行为在客观方面表现为非法种植少量罂粟或者其他毒品原植物。种植，是指播种、插栽、施肥、灌溉、撒药、收获等行为。

3. 行为的主体是自然人。

4. 行为的主观方面必须是出于故意。

(二) 非法种植毒品原植物行为与相关行为的区别

认定本行为，要注意其与非法种植毒品原植物罪的区别，即非法种植毒品原植物的数量和情节是否严重。根据规定，非法种植罂粟500株、大麻5000株以上，或者经公安机关处理后又种植的，或者抗拒铲除的，构成非法种植毒品原植物罪。否则，认定为违反治安管理行为。

（三）非法种植毒品原植物行为的处罚

根据《治安管理处罚法》第 71 条第 1 款的规定，对构成本行为的，处 10 日以上 15 日以下拘留，可以并处 3000 元以下罚款；情节较轻的，处 5 日以下拘留或者 500 元以下罚款。值得注意的是，根据《治安管理处罚法》第 71 条第 2 款的规定，非法种植罂粟或者其他毒品原植物，在成熟前自行铲除的，不予处罚。

四十三、非法买卖、运输、携带、持有毒品原植物种子、幼苗行为

（一）非法买卖、运输、携带、持有毒品原植物种子、幼苗行为的构成

非法买卖、运输、携带、持有毒品原植物种子、幼苗行为，是指非法买卖、运输、携带、持有少量未经灭活的罂粟等毒品原植物种子或者幼苗，尚不够刑事处罚的行为。该行为的主要法律特征是：

1. 行为侵犯的客体是国家对毒品原植物种植的管制。

2. 行为在客观方面表现为非法买卖、运输、携带、持有少量未经灭活的罂粟等毒品原植物种子或者幼苗。买卖，包括购买或者销售，可以是自产自销，也可以是购买他人的。运输，是指将种子、幼苗从一地运往另一地的行为。持有，是指对毒品原植物种子、幼苗的实际控制和支配，包括随身携带、藏在家里或托他人保管等。未经灭活，是指未经某种物理、化学的方法处理，使毒品原植物种子、幼苗未丧失发芽、生长的存活能力。

3. 行为的主体是自然人。

4. 行为的主观方面必须是出于故意。

（二）非法买卖、运输、携带、持有毒品原植物种子、幼苗行为与相关行为的区别

认定本行为，要注意其与非法买卖、运输、携带、持有毒品原植物种子、幼苗罪的区别，即数量大小。数量较大的，依照刑法则构成非法买卖、运输、携带、持有毒品原植物种子、幼苗罪；数量较少的，应认定为本行为。

（三）非法买卖、运输、携带、持有毒品原植物种子、幼苗行为的处罚

根据《治安管理处罚法》第 71 条第 1 款的规定，对构成本行为的，处 10 日以上 15 日以下拘留，可以并处 3000 元以下罚款；情节较轻的，处 5 日以下拘留或者 500 元以下罚款。

四十四、非法运输、买卖、储存、使用罂粟壳行为

（一）非法运输、买卖、储存、使用罂粟壳行为的构成

非法运输、买卖、储存、使用罂粟壳行为，是指非法运输、买卖、储存、使用少量罂粟壳，情节轻微，尚不够刑事处罚的行为。该行为的主要法律特征是：

1. 本行为侵犯的客体是国家对麻醉药品的管理。侵害的对象是人的身体健康。

2. 行为在客观方面表现为非法运输、买卖、储存、使用少量罂粟壳。运输，是指自身携带或利用交通工具将罂粟壳从一处移往另一处。买卖，是指购买或者销售罂粟壳的行为。储存，是指将罂粟壳存放在一定的场所。使用，是指将罂粟壳添加在食品里或者用作其他用途。国务院于 1989 年发布的《麻醉药品管理办法》明确把罂粟壳列为麻醉药品，严格禁止非法运输、买卖、存放、使用。

3. 行为的主体是自然人。

4. 在主观上，行为人必须是出于故意。

（二）非法运输、买卖、储存、使用罂粟壳行为与相关行为的区别

认定本行为，主要应当注意其与犯罪的区别。根据最高人民法院《关于审理毒品案件定罪量刑标准有关问题的解释》第 2 条的规定，走私、贩卖、运输、制造、非法持有罂粟壳 50 千克以上的，就构成非法运输、买卖、储存、使用罂粟壳罪。因此，构成违反治安管理行为的“少量”，应当是少于 50 千克。

（三）非法运输、买卖、储存、使用罂粟壳行为的处罚

根据《治安管理处罚法》第 71 条第 1 款的规定，对构成本行为的，处 10 日以上 15 日以下拘留，可以并处 3000 元以下罚款；情节较轻的，处 5 日以下拘留或者 500 元以下罚款。

四十五、非法持有毒品行为

（一）非法持有毒品行为的构成

非法持有毒品行为，是指违反国家法律和国家主管部门的规定，占有、携有、私藏或以其他方式持有鸦片、海洛因等毒品，尚不够刑事处罚的行为。该行为的主要法律特征是：

1. 行为侵犯的客体是国家对毒品的管理制度。

2. 客观方面表现为非法持有鸦片不满 200 克、海洛因或者甲基苯丙胺不满 10 克或者其他少量毒品。

3. 主体是自然人。

4. 在主观上，行为人必须是出于故意。

（二）非法持有毒品行为与相关行为的区别

认定本行为，应当注意其与非法持有毒品罪的区别，即非法持有毒品的数量大小。非法持有鸦片 200 克以上、海洛因或者甲基苯丙胺 10 克以上，构成非法持有毒品罪。此外，根据最高人民法院《关于审理毒品案件定罪量刑标准有关问题的解释》第 2 条的规定，非法持有其他毒品数量达到下列标准之一的，构成犯罪：

1. 苯丙胺类毒品（甲基苯丙胺除外）20 克以上。

2. 大麻油 1000 克以上，大麻脂 2000 克以上，大麻叶及大麻烟 30 千克以上。

3. 可卡因 10 克以上。

4. 吗啡 20 克以上。

5. 度冷丁（杜冷丁）50 克以上（针剂 100 毫克/支规格的 500 支以上，50 毫克/支规格的 1000 支以上；片剂 25 毫克/片规格的 2000 片以上，50 毫克/片规格的 1000 片以上）。

6. 盐酸二氢埃托啡 2 毫克以上（针剂或者片剂 20 微克/支、片规格的 100 支、片以上）。

7. 咖啡因 50 千克以上。

8. 罂粟壳 50 千克以上。

9. 上述毒品以外的其他毒品数量较大的。

未达到上述数量标准的，构成违反治安管理行为。

（三）非法持有毒品行为的处罚

根据《治安管理处罚法》第 72 条的规定，对构成本行为的，处 10 日以上 15 日以下拘留，可以并处 2000 元以下罚款；情节较轻的，处 5 日以下拘留或者 500 元以下罚款。

四十六、向他人提供毒品行为

（一）向他人提供毒品行为的构成

1. 行为侵犯的客体是国家对毒品的管理制度和他人身体健康，行为的对象是毒品。

2. 行为的客观方面表现为向他人提供毒品，一般是指无偿向他人提供毒品，如果行为人是有偿向他人提供毒品，则构成贩毒罪。

3. 行为的主体是自然人。

4. 本行为在主观上必须是故意，即明知是毒品而向他人提供，但没有引诱他人吸毒的意图，也没有营利的目的，否则构成其他违法犯罪行为。

（二）向他人提供毒品行为的处罚

根据《治安管理处罚法》第72条的规定，对构成本行为的，处10日以上15日以下拘留，可以并处2000元以下罚款；情节较轻的，处5日以下拘留或者500元以下罚款。

四十七、吸食、注射毒品行为

（一）吸食、注射毒品行为的构成

吸食、注射毒品行为，是指违反国家法律规定，吸食鸦片、注射吗啡等毒品的行为。该行为的主要法律特征是：

1. 行为侵犯的客体是国家对毒品的管理制度。毒品，是指鸦片、海洛因、甲基苯丙胺（冰毒）、吗啡、大麻、可卡因以及国家规定管制的其他能够使人形成瘾癖的麻醉药品和精神药品。

2. 行为客观方面表现为违反国家法律规定，吸食、注射毒品。吸食、注射毒品，是指用口服、鼻吸、吞服、饮用、皮下注射或静脉注射等方法使用毒品。

3. 行为的主体是自然人。

4. 行为的主观方面必须是出于故意。

（二）吸食、注射毒品行为的处罚

根据《治安管理处罚法》第72条的规定，对构成本行为的，处10日以上15日以下拘留，可以并处2000元以下罚款；情节较轻的，处5日以下拘留或者500元以下罚款。

四十八、胁迫、欺骗医务人员开具麻醉药品、精神药品行为

（一）胁迫、欺骗医务人员开具麻醉药品、精神药品行为的构成

1. 行为侵犯的客体是国家对麻醉药品、精神药品的管理制

度和医务人员的人身权利，行为的对象是麻醉药品、精神药品。

2. 行为在客观方面表现为胁迫、欺骗医务人员开具麻醉药品、精神药品。胁迫，是指采取暴力或者恫吓、威胁等方法对他人进行精神上的强制，迫使医务人员开具的行为。欺骗，是指行为人编造虚假的理由，骗取医务人员的信任。

3. 行为的主体是自然人。

4. 行为在主观上必须是故意。

（二）胁迫、欺骗医务人员开具麻醉药品、精神药品行为的处罚

根据《治安管理处罚法》第72条的规定，对构成本行为的，处10日以上15日以下拘留，可以并处2000元以下罚款；情节较轻的，处5日以下拘留或者500元以下罚款。

四十九、教唆、引诱、欺骗他人吸食、注射毒品行为

（一）教唆、引诱、欺骗他人吸食、注射毒品行为的构成

1. 行为侵犯的客体是国家对毒品的管理制度和他人的身心健康。

2. 行为在客观方面表现为行为人采用各种方法，教唆、引诱、欺骗他人吸食、注射毒品。教唆，是指以劝说、授意、怂恿等方法，鼓动、唆使他人吸食、注射毒品。引诱，是指勾引、诱使、拉拢他人吸食、注射毒品。欺骗，是指采取隐瞒事实真相或者制造假象等方法，使他人在不知道是毒品的情况下吸食、注射毒品。

3. 行为的主体是自然人。

4. 行为的主观方面必须是出于故意。

（二）教唆、引诱、欺骗他人吸食、注射毒品行为与相关行为的区别

认定本行为，要注意其与教唆、引诱、欺骗他人吸毒罪的区

别。教唆、引诱、欺骗他人吸毒罪属于行为犯，只要行为人实施了教唆、引诱、欺骗他人吸食、注射毒品的行为，根据《刑法》第353条的规定，即构成教唆、引诱、欺骗他人吸毒罪。但是，根据《刑法》第13条的规定，情节显著轻微危害不大的，不认为是犯罪。据此，只有对教唆、引诱、欺骗他人吸食、注射毒品，情节显著轻微危害不大，不认为是犯罪的，才以违反治安管理行为论处。如教唆、引诱、欺骗他人吸食、注射毒品，而他人没有吸食、注射毒品的；教唆、引诱、欺骗他人吸食、注射毒品的次数、人数很少，没有使他人成瘾的；教唆、引诱、欺骗他人吸食、注射一般精神类毒品，情节轻微的等。

（三）教唆、引诱、欺骗他人吸食、注射毒品行为的处罚

根据《治安管理处罚法》第73条的规定，对构成本行为的，处10日以上15日以下拘留，并处500元以上2000元以下罚款。

五十、旅馆业、饮食服务业等单位的人员为违法犯罪行为人通风报信行为

（一）旅馆业、饮食服务业等单位的人员为违法犯罪行为人通风报信行为的构成

旅馆业、饮食服务业等单位的人员为违法犯罪行为人通风报信行为，是指旅馆业、饮食服务业、文化娱乐业、出租汽车业等单位的人员，在公安机关查处吸毒、赌博、卖淫、嫖娼活动时，为违法犯罪行为人通风报信，尚不够刑事处罚的行为。其主要法律特征是：

1. 行为侵犯的客体是公安机关的执法活动。

2. 行为在客观方面表现为旅馆业、饮食服务业、文化娱乐业、出租汽车业等单位的人员，在公安机关查处吸毒、赌博、卖淫、嫖娼活动时，为违法犯罪行为人通风报信。旅馆业，是指面向社会经营接待旅客住宿的旅馆、饭店、宾馆、酒店、招待所、

浴池等。饮食服务业，是指公共场所以饮食为主要内容进行消费的行业，一般包括饭馆、餐厅、咖啡厅、酒吧等。文化娱乐业，是指提供场所、设施、服务等，供公众娱乐的行业，包括舞厅、歌厅、迪吧、康乐宫、游乐场、夜总会、影剧院等。出租汽车业，是指经营出租汽车服务的行业，包括专门提供出租汽车服务的出租汽车公司及宾馆、酒店等单位兼营的出租汽车行业。通风报信，是指在公安机关依法查处吸毒、赌博、卖淫、嫖娼活动时，行为人有意泄漏或者直接告知违法犯罪行为人有关公安机关查处违法犯罪活动的信息，即行动部署、措施、地点、时间、对象、规模等情况，或者为其放哨、望风，随时通报查处情况等的行为。

3. 行为的主体为特殊主体，即只能是在旅馆业、饮食服务业、文化娱乐业、出租汽车业等行业从业的人员，包括一般员工和负责人员。

4. 行为的主观方面必须是出于故意，目的一般是为了牟取非法利益，而纵容吸毒、赌博、卖淫、嫖娼等违法犯罪活动。

（二）旅馆业、饮食服务业等单位的人员为违法犯罪行为人通风报信行为与相关行为的区别

认定本行为，要注意其与包庇罪的区别：一是只有情节严重的才构成包庇罪。情节严重，一般是指导致违法犯罪分子逃跑或者有其他严重情节的。二是仅限于公安机关查处卖淫、嫖娼活动时，为违法犯罪分子通风报信，情节严重的，才构成包庇罪。公安机关查处吸毒、赌博活动时，为违法犯罪分子通风报信，即使情节严重，也只能给予治安管理处罚，而不构成包庇罪。

（三）旅馆业、饮食服务业等单位的人员为违法犯罪行为人通风报信行为的处罚

根据《治安管理处罚法》第 74 条的规定，对构成本行为的，处 10 日以上 15 日以下拘留。

五十一、饲养动物干扰他人正常生活或者放任动物恐吓他人行为

（一）饲养动物干扰他人正常生活或者放任动物恐吓他人行为的构成

1. 行为侵犯的客体是社会管理秩序和公民的人身权利。

2. 行为在客观方面表现为饲养动物，干扰他人正常生活，或者放任动物恐吓他人。干扰他人正常生活，是指行为人在饲养动物或者管理动物过程中，饲养的动物干扰了他人的正常生活。放任动物恐吓他人，是指行为人对动物不加以一定的约束，使得具有危险性、攻击性的动物有可能攻击别人，或者给他人造成惊吓的场合，而不采取有效措施的放任的情形。值得注意的是，如果是驱使动物伤害他人的，则构成了故意伤害他人身体行为。

3. 行为的主体是特殊主体，即饲养动物的主人或者饲养人员。

4. 行为的主观方面可以是故意，也可以是过失。

（二）饲养动物干扰他人正常生活或者放任动物恐吓他人行为的处罚

根据《治安管理处罚法》第 75 条第 1 款的规定，饲养动物，干扰他人正常生活的，处警告；警告后不改正的，或者放任动物恐吓他人的，处 200 元以上 500 元以下罚款。

思考题：

1. 简述妨害社会管理行为的含义及其构成要件。
2. 简述阻碍依法执行职务与妨碍公务罪的区别。
3. 招摇撞骗的行为应如何认定？
4. 简述在公共场所拉客招嫖行为的构成。
5. 赌博行为的罪与非罪如何区分？
6. 简述卖淫、嫖娼行为的构成。

第十一章　治安案件的受理、管辖和回避

第一节　治安案件的受理

治安案件的受理，以前称为立案，即对构成违反治安管理应予处罚的行为，予以受理立案。《公安机关办理行政案件程序规定》称为受案，《治安管理处罚法》表述为受理和登记，本书简称为受理。

一、治安案件受理的概念

根据《治安管理处罚法》第77条的规定，公安机关对报案、控告、举报或者违反治安管理行为人主动投案，以及其他行政主管部门、司法机关移送的违反治安管理案件，应当及时受理，并进行登记。治安案件的受理，是指公安机关对报案、控告、举报或者违反治安管理行为人主动投案，以及其他行政主管部门、司法机关移送的违反治安管理案件，表示接受，并拟作为治安案件调查处理的一种程序上的法律活动。

受理是查处违反治安管理行为法律程序中的第一步。除对违反治安管理行为当场实施处罚外，其他任何治安案件需要查处都必须先予受理。受理就表示公安机关已经审查了报案的材料，认为违反治安管理行为的事实存在，并且需要调查取证、处理，因此，决定作为一个治安案件进行查处。需要强调的是，受理仅是对违法事实存在的确认，至于已确认的法律事实发生何种法律后

果，则需视查处的结果而定。在实践中，治安案件受理后，除破案外，还有销案、终止调查等结果。但是，治安案件一经确定即发生法律效力，必须认真进行查处，不得随意撤销或变更。

受理主要由县级公安机关和公安派出所负责。根据《行政处罚法》第7条和第91条的规定，县级以上公安机关均有权受理治安案件，但在实践工作中，治安案件的受理工作，主要由县级公安机关和公安派出所负责。

针对大量各种形式的案件来源，及时受理和审查，拟订进一步的处理办法，既是公安机关的权利，也是公安机关的职责。对违反治安管理行为，只有受理后才能确定是否进行调查取证，查处活动才有合法的依据。因此，对治安案件及时、准确的受理，对于及时处理矛盾，迅速组织力量查处治安案件，教育和处罚违反治安管理行为人，保障公共安全，保护公民、法人和其他组织的合法权益，保障公安机关依法行使职权，树立程序意识等方面均具有重要的意义。

二、治安案件受理的来源

控告、检举、揭发、申诉等都是宪法赋予公民的基本权利之一。群众在自身的合法权益或者国家、集体、他人的权益受到侵害时，有权向公安机关报告、扭送不法分子，这既是公民的权利，也是公民的社会义务，而接受并受理报案则是国家赋予公安机关的职责。

根据《治安管理处罚法》第77条的规定，治安案件受理的来源主要有以下几个方面：

（一）报案

报案，是指违法犯罪行为发生后，公民、法人、其他组织或者被侵害人主动报告公安机关，反映其发现的违法事实和违反治安管理行为人，要求公安机关对案件依法进行调查的行为。这是公安机关受理违反治安管理案件的主要来源之一。其报案的形式多种多样，有的通过电话，特别是110报警台报案，有的自己到公安机关报案。

（二）控告

控告，是指被侵害人及其近亲属、代理人、监护人因被侵害人的人身、财产权利遭受到违反治安管理行为人的不法侵害，而向公安机关告发，要求公安机关依法查处的行为。控告是被侵害人维护自己合法权益的重要举措，也是其寻求法律帮助的重要途径。

（三）举报

举报，是指被侵害人以外的公民、法人和其他组织发现违法事实和违反治安管理行为人而向公安机关告发或者提供案件线索、证据，请求公安机关依法查处的行为。在实践中，举报是公安机关受理的违反治安管理案件的最重要的来源之一，为治安案件查处工作提供了极大的帮助，有益于对治安案件的及时查破和对违法行为人的及时处理。举报的方式很多，有的是电话，有的是信函，更多的还是“群众扭送”。

（四）投案

投案，是指违反治安管理行为人实施违反治安管理行为后，主动到公安机关投案，如实交代自己的违法行为，并主动接受调查和处罚的行为。

（五）移送

这里的移送包括两方面内容：一是其他行政主管部门移送的违反治安管理案件。二是司法机关移送的违反治安管理案件。其他行政主管部门移送的违反治安管理案件，是指公安机关以外的行政主管部门（如工商、税务、质检、海关等部门）在执法工作中，将不属于本部门管辖，但属于公安机关管辖的违反治安管理案件移交公安机关依法处理。司法机关移送的违反治安管理案件，主要是指人民法院、人民检察院在办理刑事案件过程中，根据《刑法》、《刑事诉讼法》的有关规定，认为尚不够刑事处罚或者免予刑事处罚的人以及被决定不起诉的人需要给予治安管理处罚的，移送公安机关依法处理的案件。例如，《刑法》第 37 条规定："对于犯罪情节轻微不需要判处刑罚的，可以免予刑事处罚，但是可以根据案件的不同情况，予以训诫或者责令具结悔过、赔礼道歉、赔偿损失，或者由主管部门予以行政处罚或者行政处分。"《刑事诉讼法》第 142 条第 3 款规定："人民检察院决定不起诉的案件，应当同时对侦查中扣押、冻结的财物解除扣押、冻结。对被不起诉人需要给予行政处罚、行政处分或者需要没收其违法所得的，人民检察院应当提出检察意见，移送有关主管机关处理。有关主管机关应当将处理结果及时通知人民检察院。"

此外，治安案件受理的来源还包括公安机关自身发现的案件、公安机关内部各业务部门移送的案件、其他无管辖权的公安机关移送的案件以及新闻媒体报道的案件等。公安机关自身发现的违反治安管理案件，是指公安机关治安管理部门和公安派出所在日常的业务工作（如在公共复杂场所管理、特种行业管理、危险物品管理和进行巡逻、社会调查等工作）中发现的案件。公安机关内部各业务部门移送的违反治安管理案件，是指公安机关内部刑事侦查部门、经济文化保卫部门、安全保卫部门等在从事其业务工作中发现的案件，将其移交给治安管理部门办理。其他无管辖权的公安机关移送的案件，是指根据案件管辖原则，原受理的公安机关经调查后认为不属于自己管辖的案件，而将其移送给有管辖权的公安机关。新闻媒体报道的案件，是指通过广播、电视等途径，向公众公开报道的违反治安管理行为事实。

三、治安案件受理的条件

公安机关在接到公民、组织、单位的报案、控告、举报、投案后，并不是都要将其作为治安案件进行调查处理，而应当区分具体情况，分析其是犯罪行为、违反治安管理行为还是相当轻微的违法行为甚至是违规行为，有的甚至还属于错告、诬告的情形。为此，必须明确治安案件受理的条件。

(一) 有违反治安管理行为事实存在

公安机关调查治安案件的前提是必须有违法事实客观发生，违法行为性质是违反治安管理行为，而且有初步的证据材料能够证明违反治安管理行为事实的存在。但是，受理审查阶段的证据材料只要能够证明违法事实存在即可，无须证明案件的每一情节。

(二) 必须是需要追究治安行政责任

违反治安管理行为的法律结果是对违反治安管理行为人依法追究治安行政责任；违反治安管理行为人对自己的违法行为承担治安行政责任是治安案件查处的最终目的。因此，公安机关调查的治安案件必须是依法应当对行为人追究治安行政责任的案件。

根据规定，不需要追究治安行政责任的情形主要有三种：一是没有违法事实。二是违法情节轻微，不需要追究治安行政责任。三是有其他依法不追究治安行政责任情形。例如，违法行为人未达到14周岁的法定责任年龄，或者不具有责任能力，或者违反治安管理行为已经超过追究时效，或者违法行为人已经死亡等。

(三) 必须是属于本公安机关自己管辖的案件

属于本公安机关自己管辖，是指根据地域管辖、级别管辖和职能管辖等规定，确定案件归受理案件的公安机关自己管辖。否则，案件即使符合前两个条件，也应移送有管辖权的公安机关处理。

四、治安案件受理的步骤

公安机关在接受报案，决定是否受理工作过程中，应当按照受理、审查、决定的程序进行。

（一）接受报案，登记备查

1. 热情、及时接受报案。接受报案时，应特别注意态度和方式方法。值班接待人员必须热情、周到，同时，对报案人可能的过激言行要冷静对待，帮助其恢复情绪，促使其客观、详尽地叙述案情；切忌态度冷漠、动作怠慢的“衙门”作风。

接受报案时应当重点注意：

（1）认真接待。在多数情况下，群众对所报案件的性质，公安机关内部机构的职责分工和案件管辖范围等并不清楚，只是就近报案。因此，公安机关对群众的最初报案都必须接待，问清情况。

（2）认真解释。对不属公安机关管辖的案件，应向报案者解释清楚，告知其到有管辖权的机关报案，有些情况下还应直接移送有管辖权的机关。认为不属于违反治安管理行为的，应当告知报案人、控告人、投案人，并应说明理由。

（3）当场处置。遇有现行违法行为或群众扭送的，首先应当制止不法行为和对行为人采取控制措施，随后问明案情，对属本部门管辖的，依法处理；对不属本部门管辖的，直接移交有管辖权的部门处理。

2. 严格依法办事，对报案情况做好记录。报案既可以采用书面形式，也可以采用口头形式。凡接受口头报案的，要让对方把事情说清、说全、说完，接待人员应当全面、认真地做好记录。对于书面提出的，要注意审查其内容、材料是否完备，不完备的要通过询问补充完整。

接报时，接报人员应制作接报记录，记录内容一般包括：

(1) 报案人、控告人、举报人及投案人的身份情况（姓名、性别、年龄、职业、单位和住址等)。

(2) 报案人与案件的关系。

(3) 简要案情、损失物品、人员伤亡等，包括所报案件发生的时间、地点、人物、起因、经过、后果等事实及其证据和理由。

(4) 控告、举报的目的、要求等。

(5) 接受报案、控告、举报及投案的公安机关的名称和接报人员姓名等。接报人员要在接待记录上签署自己的姓名、工作单位、职务和接待日期。

3. 收集报案材料、证据。报案材料首先是证明违法行为是否真实存在，是否属于违反治安管理行为，是否应当作为治安案件调查的重要依据，也是调查取证的重要线索来源，甚至有可能是处理治安案件的证据。因此，接报人员应当从职业纪律要求出发，认真、全面地收集报案材料，并养成良好的职业习惯。同时，报案人、控告人、举报人或者投案人在报案或者投案时也有可能同时提交能够证明案情的物品、文件等，接报人员应当树立强烈的证据意识，随时收集、登记相关证据，并妥善保管。

(二) 对报案材料进行审查

治安案件的受理审查，是指接受报案、控告、举报及投案的公安机关，经过对接受报案、控告、举报及投案所形成的材料进行审查，确认是否属于违反治安管理行为，并拟作为治安案件调查的一种法律活动。这种确认是判断违反治安管理行为是否存在的活动。

公安机关在接受报案工作完成后，应当对报案人提供的报案材料进行初步审查，初步判断违法行为是否真实、客观存在，初步确定违法行为的性质是否属于违反治安管理行为，是否属于公安机关管辖范围。只要是属于公安机关管辖的治安案件，承办人就应当受理，并履行法律手续。对于不属于本级或者本地公安机关管辖的案件，在受理后，受理的公安机关应当依照规定移送有管辖权的公安机关处理。如果案件显而易见是刑事案件或者其他案件，如民事案件、其他行政违法案件，办案人员应告知报案人或者违法行为人向有管辖权的机关报案或者投案；或者所报情况明显不属于违法行为或者不存在违法事实以及属于求助类的报案，公安机关办案人员应当向报案人、投案人解释清楚情况或者及时提供救助。

（三）作出处理决定

公安机关办案人员对受理的治安案件经过审查，在初步确定案件性质、是否应当追究治安行政责任和管辖权限等情况的基础上，对治安案件作出以下不同处理：

1. 作为治安案件调查处理。对经审查认为属于违反治安管理行为，需要追究治安行政责任，且属于自己管辖的案件，办案人员应当立即提出调查处理的受理意见，及时报办案部门负责人审批并进行调查。

2. 作出不予处理决定。对经审查，认为没有违法事实，或者违法情节轻微，不需要追究行政责任，或者有其他依法不追究行政责任情形的，经办案部门以上负责人批准，不予处理。其中，对受害人报案的，应当制作不予处理决定书，在3日内送达报案人；无法送达的，应当注明。

3. 作出不予受理决定。对不属于公安机关管辖的案件，不予受理，但应当告知报案人或者违法嫌疑人向有管辖权的机关报案或者投案。

五、治安案件受理的要求

公安机关应认真接待单位和个人报案或者违法行为人投案，并按照以下要求做好治安案件受理工作：

（一）认真接待，并对报案情况如实登记

公安机关对报案的群众必须认真负责、热情接待，保持冷静的头脑，严格依法办事，促使报案人把案情说清、说全，务求弄清事实真相。公安机关依法保护控告、申诉人的合法权利，对公民、法人和其他组织依据规定提出的控告、申诉都应接受，不得置之不理或者敷衍塞责；不准对控告人、申诉人歧视、刁难和打击报复。目前，公安机关实行警务公开制度，有的地方公安机关采取在网上公开治安案件受理、查破情况的方式，报案人可以在网上查询所报案件的处理情况，便于群众监督。

（二）登记报案人提供的有关证据材料、物品，并妥善保管

依法登记，妥善保管有关证据材料和物品，既是进一步调查处理案件的需要，也是保护当事人合法权益、打击违法犯罪活动的需要。根据要求，对报案人提供的有关证据材料、物品，首先，要进行登记，对物品，要写明名称、规格、数量、特征、明显标记等；对其他文字材料，要写明份数、起止页码等。其次，要妥善保管，保证报案人所提供的证据材料、物品的真实性、准确性，不得损毁、转移、遗失或者挪作他用，更不准将控告材料转给被控告人。对认定不属于治安案件，公安机关将案件移交给有关主管部门依法处理的，应当同时将上述物品一并移交，并将有关情况告知报案人、举报人、控告人、投案人。对认定不属于治安案件，公安机关告知报案人、举报人、控告人、投案人向有管辖权的机关报案、举报、控告、投案的，应当将上述物品退还报案人、举报人、控告人、投案人。

（三）立即派出警力，赶赴现场

对违法行为正在发生，需要立即制止或者抓捕违法行为人，以及需要赶赴现场进行调查的，公安机关接警后要立即组织警力快速赶赴案发现场，实地查看、询问、勘验检查、取证，及时制止危害行为，控制事态发展，马上开展调查取证，及时控制违反

治安管理行为人。必要时可将受理、取证等程序交叉或同步进行。

（四）遵守保密规定

保障报案人、举报人、控告人及其亲属的安全，是当前形势下同违法犯罪行为作斗争的迫切需要。《公安机关办理行政案件程序规定》第41条规定："报案人不愿意公开自己的姓名和报案行为的，公安机关应当为其保密。"为了保证报案人的安全，免除其报案时的恐惧心理，报案人对不愿意公开自己的姓名和报案行为提出保密要求的，公安机关及其办案人员都有义务为其保守秘密。同时，保守工作秘密也是人民警察应当遵守的职业道德和工作要求。在实际工作中，即使报案人未提出保密要求，也应注意为其保密，不得向无关人员透露案情及有关报案人的情况，更不能徇私情，故意泄露工作秘密。

同时，根据《治安管理处罚法》第80条的规定，公安机关及其人民警察在办理治安案件时，对涉及的国家秘密、商业秘密或者个人隐私，应当予以保密。

（五）依法妥善处理受理过程中所涉及的人和物

1. 做好对涉案人员的处理工作。对案件涉及的有关人员，要区别不同情况进行妥善处理。对报案人当中需要加以保护的要采取有效措施保证安全，对不愿公开自己姓名的控告人、检举人，应当为其保密；对群众扭送的作案人、作案嫌疑人和投案的行为人，视情况区别对待：或责令回去听候处理，或立即询问查证。同时要切实采取措施防止发生脱逃、行凶、自杀或毁灭证据等意外事件的发生。

2. 做好对与案件相关的各种物品的处理。对作案人、作案嫌疑人携带的违禁物品（如爆炸物品、剧毒物品、枪支弹药、管制刀具、淫秽物品等）以及作案工具、违反治安管理的非法所得等，一经发现，即予以扣押，要逐人逐项开列清单，并按有关规定严密封存，妥善保管和及时处理，禁止私自处分涉案物品。除淫秽物品和易于发生危险、容易腐烂的物品外，扣押物品及其清单要随案移送。对不明性质、用途的物品，不要随便拆卸，要请有关专家、技术人员鉴定和处理，以免造成意外伤害。对当事人随身携带的日常用品，一般不应扣押。

第二节　治安案件的管辖

治安案件的管辖，是指公安机关受理、调查治安案件时在事务、地域和层级等方面的分工，或者说是确定某个违反治安管理行为应当由哪一级和哪一个公安机关受理、调查的法律制度。治安案件的管辖权是对公安机关办理治安案件的权限进行划分，明确公安机关之间的分工的重要措施，是解决公安机关在职权范围内各司其职、各尽其责的主要依据。明确规定公安机关对治安案件的管辖权，有利于防止公安机关越权查处或者重复查处违反治安管理行为，同时也可以防止因管辖不明而互相推诿的现象，从而使公安机关能够各尽其责地行使职权，使违反治安管理行为能够得到及时、有效地查处，提高公安机关的工作效率，保障公安机关有效地实施治安管理活动，更好地保护公民、法人和其他组织的合法权益。为此，《行政处罚法》第 20 条规定："行政处罚由违法行为发生地的县级以上地方人民政府具有行政处罚权的行政机关管辖。法律、行政法规另有规定的除外。"《行政处罚法》第 21 条规定："对管辖发生争议的，报请共同的上一级行政机关指定管辖。"鉴于治安案件的管辖主要是公安机关的内部事务，《治安管理处罚法》第 7 条第 2 款规定："治安案件的管辖由国务院公安部门规定。"公安部为了明确治安案件的管辖分工，在制定的《公安机关办理行政案件程序规定》中，对治安案件的管辖作出了明确的规定。

根据《行政处罚法》、《治安管理处罚法》及《公安机关办理行政案件程序规定》的规定，治安案件管辖的类别包括地域管辖、级别管辖、共同管辖、指定管辖、转移管辖、专门管辖、移送管辖和职能管辖等。

一、地域管辖

地域管辖，是指按照同级公安机关之间的行政管辖区域划分、确定其办理治安案件权限的地域范围，是横向划分同级公安机关之间及其所属部门在各自辖区内受理、调查治安案件的权限分工。公安机关对治安案件实行属地管辖，即办理治安案件时，公安机关确定地域管辖应当首先遵循“违反治安管理行为发生地”的原则。根据《公安机关办理行政案件程序规定》第9条第1款的规定，行政案件由违法行为发生地的公安机关管辖。同时，根据《公安机关办理行政案件程序规定》第9条第2款的规定，如果由违法行为发现地公安机关管辖更为适宜的，可以由违法行为发现地公安机关管辖。这一补充规定体现了立法上原则性与灵活性相结合的精神。为了提高行政效率，降低办案成本，规定如果由违反治安管理行为发现地公安机关管辖更为适宜的，可以由违反治安管理行为发现地公安机关管辖，作为属地管辖的补充。

二、级别管辖

级别管辖，是指根据各级公安机关的职责确定其对治安案件的调查管辖范围。它是从纵向上划分上下级公安机关之间对治安案件的管辖分工。

级别管辖主要根据违反治安管理行为的危害性、复杂程度，结合公安机关的职能、任务来确定。一般来说，治安案件由公安派出所进行管辖，对于案情重大、性质严重、情况复杂、危害影响较大或者违反治安管理行为人身份特殊和跨地区作案等案件，为了便于调动警力、物力，及时有效查处案件，由县级以上公安机关治安管理部门组织查破。

三、共同管辖

共同管辖是指两个或者两个以上公安机关对同一治安案件都有管辖权时，确定具体由哪个公安机关管辖的制度。共同管辖是由于治安案件具有某些牵连关系而产生的管辖制度，属于地域管辖的一种特殊情况。

《公安机关办理行政案件程序规定》第10条规定："几个公安机关都有权管辖的行政案件，由最初受理的公安机关管辖。"这是因为最初受理的公安机关对案件已经进行了一定的工作，对案情比较了解，由它负责有利于及时、顺利查明案情。同时，也有利于避免公安机关互相争夺管辖权或互相推诿，延误办案。倘若是几个不具有行政隶属关系的不同级别的公安机关都有管辖权，需要根据治安案件的性质、情节、复杂程度等，依据级别管辖的原则确定办理治安案件的公安机关。显然应当由高级别公安机关管辖，低级别公安机关予以协助。

四、指定管辖

指定管辖，是指两个或两个以上的公安机关之间因治安案件管辖权问题发生争议无法协商一致，报请共同的上一级公安机关以决定方式指定其中某一公安机关管辖该案件的情形。《公安机关办理行政案件程序规定》第11条规定："对管辖权发生争议的，报请共同的上一级公安机关指定管辖。"该规定主要是解决两个或者两个以上的公安机关对同一治安案件都认为属于自己管辖（争夺管辖权）或者都认为不属于自己管辖（推诿管辖权）而发生的冲突。为确保指定管辖权的正确行使，指定管辖应以书面的决定形式下达。下级公安机关必须接受上级公安机关的指定，并不得再对案件的管辖提出异议。

五、转移管辖

转移管辖，是指根据上级公安机关的指定或者经上级公安机关同意，将治安案件的管辖权由下级公安机关转移到上级公安机关。转移管辖是对级别管辖的变通和调整，通常在有直接的上下级关系的公安机关之间进行。对此，《公安机关办理行政案件程序规定》第12条规定："上级公安机关在必要的时候，可以依法查处下级公安机关管辖的行政案件。下级公安机关认为案情重大、复杂，需要由上级公安机关查处的，可以请求移送上一级公安机关查处；上级公安机关对下级公安机关申请移送的案件，应当在二十四小时内作出审查决定，并通知其办理移交手续或者由其继续办理。"

六、专门管辖

专门管辖，是相对于一般管辖而言的，是指对发生在专门系统内的某一具有特定性质的治安案件，依照规定应当由专门公安机关管辖的制度。这里的专门公安机关，是指铁路、港航、民航、林业等专门公安机关。专门管辖首先要遵循一般管辖的各项管辖原则，如地域管辖、级别管辖等。

根据《公安机关办理行政案件程序规定》第14条的规定，专门管辖主要有以下几种情形：

1. 铁路公安机关负责管辖列车上，火车站工作区域内，铁路建设施工工地，铁路系统的机关、厂、段、所、队等单位内发生的案件，以及在铁路线上放置障碍物或者损毁、移动铁路设施等可能影响铁路运输安全，盗窃铁路设施的案件。

2. 港航公安机关负责管辖港航系统的轮船上、港口、码头工作区域内和机关、厂、所、队等单位内发生的案件。

3. 民航公安机关负责管辖民航管理机构管理的机场工作区域以及民航系统的机关、厂、所、队等单位内和飞机上发生的案件。

4. 国有林区的森林公安机关负责管辖林区内发生的案件。

七、移送管辖

移送管辖，是指对某一治安案件本无管辖权的公安机关将已经受理的治安案件，依法移送给有管辖权的机关或者部门办理的情形。其目的在于防止治安案件由于管辖权不明而久拖不决，确保公安行政执法活动的顺利进行。对此，《公安机关办理行政案件程序规定》第15条第1款规定："公安机关对不属于自己管辖的案件，应当在二十四小时内经本机关负责人批准，移送有管辖权的机关处理。"

公安机关移送管辖的前提是管辖错误，即公安机关对某一治安案件本无管辖权，误以为有管辖权而予以受理。但有时也会发生移送管辖错误的情况，如受移送的机关对被移送的行政违法案件也无管辖权，在这种情况下，借鉴司法规则，受移送的机关不得再移送或退回原移送机关，但为正确解决管辖问题，受移送的机关可向原移送机关提出异议，以便原移送机关撤回移送，并转而把违法案件送到真正有管辖权的机关。受移送的机关在异议不被移送行政主体采纳时，也可提请双方共同的上一级主管机关指定管辖。

根据规定，公安机关对不属于自己管辖的治安案件有采取强制措施必要的，应当先依法采取强制措施，再办理有关案件移送手续。有些案件，如不及时采取必要的强制措施，可能造成难以弥补的损失，所以应当先采取必要的强制措施，然后再移送有管辖权的机关办理，这样有利于保证案件的顺利交接和公安行政执法活动的连续性、有效性。

八、职能管辖（内设机构管辖）

职能管辖，是对具有特定性质的治安案件，规定由享有特定职能的公安机关的职能部门（内设机构）管辖的制度。对此，《公安机关办理行政案件程序规定》第 13 条规定：“依法具有独立执法主体资格的公安边防、消防、交通管理等业务部门和边防检查站，对行政案件的管辖，依照本规定执行，但法律、行政法规和部门规章另有规定的除外。”在公安机关内设机构管理体制上，有的公安机关职能部门实行垂直行政管理，主要有公安边防、消防、交通管理等业务部门和边防检查站。而且，在公安实践中，有些公安工作专业性较强，如交通违章的处理等，为了提高行政效率，应由专门的公安机关职能部门管辖。对此，法律、行政法规和部门规章，如《道路交通安全法》、《交通违章处理程序规定》、《沿海船舶边防治安管理规定》、《消防法》等均有专门规定。办理治安案件时，依法具有独立执法主体资格的公安边防、消防、交通管理等业务部门和边防检查站，对治安案件的管辖，依照一般管辖规定执行，但法律、行政法规和部门规章另有专门规定的除外。

此外，在办理治安案件，明确管辖分工时，还应当注意公安机关和军队互涉治安案件的管辖分工。目前可以依据以下原则进行：第一，军人在地方作案的，当地公安机关应当在查明身份后及时移交并配合军队保卫部门查处。第二，地方人员在军队营区作案的，由军队保卫部门移交并配合公安机关查处。第三，军人和地方人员共同在军队营区作案的，以军队保卫部门为主组织查处，公安机关配合；共同在地方作案的，以公安机关为主组织查处，军队保卫部门配合。第四，军人退出现役后，在离队途中作案的，以及已经批准入伍尚未与军队办理交接手续的新兵违反治安管理的，由公安机关查处。第五，对管辖有争议的案件，应当共同协商，必要时可由双方的上级机关协调解决。这里所称的军人，是指中国人民解放军和中国人民武装警察部队的现役军人、部队在编职工以及由部队管理的离、退休人员。但列入武装警察部队序列的公安边防、消防、警卫部门的人员违反治安管理的案件，由公安机关管辖。

第三节 治安案件的回避

回避制度作为现代程序法的重要制度，不仅是司法诉讼程序制度的重要组成部分，也是包括治安案件办理程序在内的行政办案程序的重要制度。为此，《行政处罚法》、《治安管理处罚法》和《公安机关办理行政案件程序规定》均对治安案件办理程序中的回避制度作出了规定。

一、治安案件回避的概念

治安案件回避，是指办理治安案件的人民警察因与所办案件或者案件的当事人有利害关系或者其他关系，可能影响案件公正处理时，依照法律规定不参加办理该案件调查处理的法律制度。建立回避制度的根本目的是为了更好地保护公民、法人或者其他组织的合法权益，保证人民警察能够客观、公正地查处治安案件，防止人民警察因与案件或者案件当事人存在利害关系或者其他关系而徇私舞弊，影响案件公正处理。

二、治安案件回避适用对象

办理治安案件过程中，回避的适用对象包括以下人员：

第一，办理治安案件的办案人员。办案人员即具体负责办理治安案件的公安机关人民警察。

第二，办理治安案件的公安机关负责人。公安机关负责人虽然不负责具体治安案件的办理，但负责治安案件的受理、调查、决定等工作，所以也应在回避之列。

第三，鉴定人和翻译人员。根据《公安机关办理行政案件程序规定》第22条的规定，在行政案件调查过程中，鉴定人和翻译人员需要回避的，同样适用该程序的规定。因为鉴定人和翻译人员对治安案件的调查处理也同样具有影响作用。鉴定人和翻译人员的回避情形、决定程序及回避的效力同公安机关负责人和办案人员。

三、治安案件回避的情形

回避必须有正当的理由。根据《治安管理处罚法》第81条的规定，公安机关人民警察在办理治安案件过程中，应当回避的法定情形包括：

（一）是本案当事人或者当事人的近亲属的

本案，是指承办的具体案件。当事人，即本案的违反治安管理行为人、被侵害人。近亲属，是指当事人的夫妻、父母、子女、同胞兄弟姐妹。如果公安机关负责人、办案人员是本案的违反治安管理行为人、被侵害人，即案件当事人，或者是其中一方当事人的近亲属，由于案件的处理与他们有切身的利害关系，他们极有可能从维护自身利益出发左右案件的处理结果，因而妨碍到案件的客观、公正处理，因而，应当回避。

（二）本人或者其近亲属与本案有利害关系的

公安机关负责人、办案人员虽然不是本案当事人或者当事人的近亲属，但与本案有利害关系，即本案的处理结果对公安机关负责人、办案人员或者近亲属的利益将产生某种影响。在这种存在利害关系的情况下，公安机关负责人、办案人员如果参与本案的办理，可能发生偏袒、不公，从而影响案件的客观、公正处理，所以应当回避。

（三）与本案当事人有其他关系，可能影响案件公正处理的

公安机关负责人和办案人员与本案违反治安管理行为人或者被侵害人有其他关系，可能影响案件公正处理的。其他关系，是指除（一）、（二）项以外的关系，如恩仇关系、亲朋关系、同学同事关系、上下级关系、邻里关系、战友关系等。仅有这些关系还不足以构成回避的条件，关键要看其是否可能影响案件的公正处理。只有由于与本案当事人有其他关系，而且又可能影响案件公正处理这两个要件同时具备，才构成这一回避条件。此外，如果公安机关负责人、办案人员是本案的证人或者鉴定人、代理人，已经提供过证言或鉴定结论，或者已经履行代理事务的，对某一事实已经形成自己的看法，如果再由他们充当本案的办案人员，容易先入为主，主观臆断，将会影响案件事实的正确认定和公正处理，所以也应当作为这一情形予以回避。

四、治安案件回避的程序及效力

（一）回避的形式

根据《行政处罚法》和《公安机关办理行政案件程序规定》的规定，治安案件回避分为自行回避、申请回避和指令回避三种形式。

1. 自行回避。自行回避，是指公安机关负责人、办案人员知道自己具有应当回避的情形时，自行主动向所在机关或者有权决定的公安机关负责人提出回避申请的制度。

公安机关办理治安案件时，公安机关负责人、办案人员自行提出回避申请的，其申请方式既可以是口头方式，也可以是书面方式。在实践中，为了方便公安机关及时进行审核，申请最好以书面方式提出，对于口头申请，公安机关应当记录在案。而且，申请时应当说明属于法律规定的哪种回避情形和理由。对于回避

理由成立的，公安机关应及时作出回避的决定。

2. 申请回避。申请回避，是指违反治安管理行为人、被侵害人或者其法定代理人认为公安机关负责人、办案人员具有应当回避的法定情形，而公安机关负责人、办案人员没有主动自行回避时，依法提出申请，要求其回避的制度。

申请回避，是当事人及其法定代理人的法定权利。为确保当事人依法履行这一法定权利，公安机关在办理治安案件时，应当向当事人及其法定代理人告知这一权利。当事人及其法定代理人申请回避，既可以书面方式提出，也可以口头方式提出。对于当事人及其法定代理人口头提出申请的，公安机关应当记录在案。但无论以哪种方式提出申请，均须详细具体地说明回避理由，包括应当回避的公安机关负责人、办案人员的姓名、人数，他们具有的法定回避的何种情形，是否有相关的证据和线索等。

根据《公安机关办理行政案件程序规定》第20条的规定，公安机关自收到当事人及其法定代理人提出的回避申请之日起2日内，应当对申请进行审查，对当事人及其法定代理人提出的回避理由应当进行充分的调查、核实，然后作出回避决定或驳回申请，并将决定通知申请人。回避决定一经作出，即产生法律效力。

3. 指令回避。指令回避，是指公安机关负责人、办案人员具有应当回避的情形，本人没有自行申请回避，当事人及其法定代理人也没有申请其回避的，公安机关负责人有权作出决定，指令他们回避的制度。《公安机关办理行政案件程序规定》第21条规定："公安机关负责人、办案人员具有应当回避的情形之一，本人没有申请回避，当事人及其法定代理人也没有申请他们回避的，有权决定他们回避的公安机关负责人可以指令他们回避。"指令回避体现了加强公安机关内部执法监督的宗旨，有利于保证公安行政执法活动客观、公正地进行，防止出现不必要的失误。

人民警察在办理治安案件过程中，应当回避而没有回避的，属于程序违法，所作出的治安处罚决定无效。

（二）回避的决定

《治安管理处罚法》第 81 条第 2 款规定："人民警察的回避，由其所属的公安机关决定；公安机关负责人的回避，由上一级公安机关决定。"因此，关于治安案件回避的决定机关，一般办案人员的回避，由其所属公安机关负责人决定；公安机关负责人的回避，由上一级公安机关负责人决定。

（三）申请回避的期间

回避的期间，即公安机关负责人、办案人员自行回避，或者当事人及其法定代理人向公安机关提出回避申请的起止时限。对此，目前尚无法律规定，但根据办理治安案件的实践，可以将回避的期间确定为治安案件受理之后的任何阶段，当事人及其法定代理人都可以提出申请回避。

（四）回避决定作出前不停止对案件的调查

根据《公安机关办理行政案件程序规定》第 23 条的规定，在公安机关作出回避决定前，办案人员不停止对行政案件的调查。这是由公安执法工作的特殊性决定的。公安行政执法活动具有连续性和紧迫性，追求一定的行政效率。况且，公安机关负责人、办案人员是否回避尚处于一种不确定的状态，如果在审查是否回避期间停止对案件的调查，很可能导致违法行为人逃跑，证据灭失，甚至造成无法挽回的损失，给治安案件调查、处理带来困难。

（五）回避决定作出前的行为对案件的影响

根据《公安机关办理行政案件程序规定》第 24 条的规定，公安机关办理治安案件过程中，被决定回避的公安机关负责人、办案人员、鉴定人和翻译人员，在回避决定作出以前所进行的与案件有关的活动是否有效，由作出回避决定的公安机关根据案件情况决定。

被决定回避的公安机关负责人、办案人员、鉴定人和翻译人员通常和案件有一定的利害关系，可能存在不能正确履行职责的因素，且在回避决定作出前，他们通常都进行了一定的调查取证工作，如办案人员的询问调查、鉴定人员的鉴定等，这些与案件有关的活动是否具有法律效力，是一个较为复杂的问题，需要根据具体情况进行甄别，不能一概而论。因此，由作出回避决定的公安机关根据案件情况决定其是否有效，有利于保障治安调查的顺利进行。

思考题：

1. 治安案件的受理条件是什么？
2. 治安案件的管辖制度有哪些？简述各自的内容。
3. 治安案件回避的理由是什么？
4. 简述治安案件回避的程序。

第十二章　治安案件的证据和调查

第一节　治安案件的证据

一、治安案件证据的含义

治安案件的证据是证明和认定违反治安管理事实的依据。治安案件的调查过程就是收集有关证据材料的过程，治安管理处罚决定的事实依据就是根据调查所获得的证据材料。因此，证据问题是治安案件查处的核心问题。

关于治安案件证据的含义，治安管理处罚法及相关的治安管理法律规范并未作出具体规定。根据证据学的有关理论和查处治安案件工作的实际，治安案件的证据是指公安机关和人民警察依法收集的，能够确定或者否定违反治安管理行为事实，证明违反治安管理行为人是否违反治安管理以及违反治安管理行为情节轻重的一切客观事实。

根据治安案件证据的含义及证据学的有关理论，治安案件证据具有以下三个特征：

（一）客观性

任何违反治安管理行为都是在一定的时间、空间和条件下进行的，其活动作用于客观外界必然会引起一定的变化，这种变化会通过痕迹、物品或其他物质形态反映出来。这些客观的反映，无论其形式如何，均是违反治安管理行为事实的真实反映。因此，治安案件证据必须是客观存在的事实，任何主观臆想、推测、假设都不能成为证据。治安案件证据的这一特征要求办案人员在查处治安案件过程中，一方面必须忠实于事实真相，客观、全面地调查取证；另一方面应认真、仔细地审查、判断各种证据，以确定真伪，把经过查证属实的证据材料作为治安管理处罚的根据。

（二）关联性

治安案件证据的关联性，是指证据必须同违反治安管理行为存在某种联系，并因此能够证明违反治安管理行为的相关事实。客观存在的事实纷繁复杂、多种多样，并非所有的客观事实都能作为证据，只有那些与案件事实情况存在着内在客观联系，借以能够认定案件事实情况的事实才能成为证据。也就是说，只有那些能够证明违反治安管理行为人是否实施了违反治安管理行为，以及实施违反治安管理行为的时间、地点、情节、手段、原因、结果等案件事实才能作为证据。

证据同案件事实之间的联系是多种多样的，既可以是直接联系，也可以是间接联系；既可以是必然联系，也可以是偶然联系；既可以是肯定联系，也可以是否定联系。治安案件证据与客观事实联系的情况不同，在治安案件中的证明作用和意义也不相同。

（三）合法性

治安案件证据的合法性是指证据必须是公安机关和人民警察依照法定程序收集，并经查证属实，具备法定形式的客观事实材料。任何客观存在的并与违反治安管理行为相关联的事实，在公安机关依法收集之前，只是可能成为证据材料，处于自然状态。只有经过依法收集，并经公安机关查证属实，才能成为治安案件的证据，具有法律效力。

治安案件证据的合法性特征要求收集、审查、判断治安案件证据的人员必须是依据法律授权并实际承办治安案件的人民警察，其他人员无权收集、审查和判断治安案件的证据。同时，治安案件的证据必须是符合法定形式的事实和材料，否则，不具有法律效力。此外，治安案件的证据必须依法获得，使用非法手段收集的证据不能作为治安案件定案和处罚的根据。只有坚持治安案件证据的合法性，治安案件证据的客观性和关联性才能得到保障，也才能规范公安机关及其人民警察的执法行为。

二、治安案件的证据种类

根据《行政处罚法》和《公安机关办理行政案件程序规定》的规定，治安案件的证据主要包括书证，物证，视听资料、电子数据，证人证言，被侵害人陈述，违反治安管理行为人的陈述和申辩，鉴定、检测结论，勘验、检查笔录等八种。

（一）书证

书证，是指以文字、符号、图形等表示的内容证明案件真实情况的书面文件或其他物品。它具有两个显著的特点：一是书面形式。它是书证形式上的重要特征。文件、标语、传单、信件、日记、证件以及日常生活中的票证、单据、图画、图表、照片等都是书证形式。二是书面内容。以记载的内容来证明案件真实情况是书证的又一重要特征。只有当书面材料包含有与案件有关的信息，这种信息可以被人们所识读、所认识的时候，它才能成为书证。具有书面形式，但却以其存在状态、所处位置、外部特征等证明案件情况的，属于物证，而不是书证。这是区别书证与物证的重要标准。

（二）物证

物证，是指以其外部特征、物质属性和存在状态证明治安案件事实的物品和痕迹。例如，非法携带的枪支、弹药，赌场上的赌资、赌具，吸食、注射毒品用的器具，被损坏的公私财物，遗留在现场的足迹、指印等都是物证。物证除具备所有证据必须具备的客观性、关联性、合法性外，还具有以下特点：一是物证以实体物的存在证明案件事实。二是物证具有较强的稳定性和可靠性。三是物证一般表现为间接证据。

物证在治安案件查处中具有十分重要的意义。首先，物证是查明案件事实的有效手段；其次，物证是检验、鉴别其他证据真实性、可靠性的客观依据；再次，物证是促使违反治安管理行为人如实供述违法行为的有利武器。

（三）视听资料、电子数据

视听资料，是指以录音、录像设备记录的声音、图像以及其他科技设备与手段提供的信息来证明案件真实情况的证据。它是伴随着科学技术的发展普及而从物证、书证中独立出来的一种证据形式。视听资料具有直观性、直接性、准确性、可靠性等特点，往往能以形象、生动、直观的形式反映治安案件事实。依据视听资料可以直接认定某些治安案件事实，验证其他证据，具有很强的证明力。在治安案件中，安全防范系统、电视监控系统所获得的录音、录像资料等都属于视听资料。

电子数据，是指以电子形式存在的，用作证据使用能够证明案件真实情况的一切材料及其派生物。电子形式指的是由介质、磁性物、光学设备、计算机内存或类似设备生成、发送、接收、存储的信息的存在形式。电子数据证据相对于传统证据具有以下的特点：一是数字性。电子数据证据与传统证据相比，其证明机制并没有发生本质的变化，只不过其载体形式发生了变化。作为电子数据的信息是多以电讯号代码（由 0 和 1 组成的二进制代码）形式储存于计算机的存储介质之中（如 RAM、磁盘、光盘等），必须采用特定的输出形式。二是脆弱性。电子数据证据由于其具有数字化的特点，其生成、储存、传输的信息容易被篡改，从表面上看难以区分其复印件和原件，真实件和伪造件。因此，电子证据具有脆弱性的特点。三是安全性。电子证据如果没有外界的蓄意破坏和修改，电子证据能够准确地存储和反映案件的有关情况而且如果传统的证据被损毁，很难复原，而计算机硬盘上的每一次擦写记录都可以轻松捕捉到。最新的计算机研究结果表明，电子证据任何被删除、复制、修改都能够通过技术手段分析认定。四是共享性。电子数据证据由于以电讯号代码形式存储于计算机的存储介质中，比较容易被查看、复制和输出，其电子数据资源可以被广泛的共享。无论是司法机关、法人、其他组织和个人均可以通过单机和网络共享其电子数据资源。

实践部门已开始运用电子数据来查处治安案件，例如，为了解决网络赌博证据固定困难的问题，北京市公安局已经建立了电子数据司法鉴定中心专门负责电子数据鉴定。

（四）证人证言

证人证言，是指证人就自己所知道的案件情况向公安机关所作的，对查明违反治安管理行为有意义的陈述。证人证言一般比较客观，并具有不可替代性。根据相关法律的规定，凡知道案件情况的人，都有作证的义务。从证据学的观点看，证人一般必须是能够辨别是非、正确表达个人意志的自然人。单位不能充当证人。此外，生理上、精神上有缺陷或者年幼不能辨别是非、不能正确表达的人，也不能作为证人。

证人证言在查处治安案件中有着非常重要的作用，根据证人证言既可以直接查明某些案件事实，也可以核实其他证据。

（五）被侵害人陈述

被侵害人陈述，是指治安案件中的被侵害人就自己所知道的案件情况所作的陈述。由于被侵害人经历了违反治安管理行为的侵害过程，因此对案件事实有着直接的感受，可以提供有关案件的详细情节，一般来说，具有真实性，但由于受害人与案件有着直接的利害关系，出于对违反治安管理行为人的憎恨，其陈述有可能存在夸大案件事实等虚假成分，案发时的客观状况也影响被害人的判断力。因此，在运用这种证据时要注意审查它的真伪。

被侵害人陈述在治安案件调查中，对于确定是否有违反治安管理行为及性质，确定调查范围，印证、核实其他证据都具有重要的作用。

（六）违反治安管理行为人的陈述和申辩

违反治安管理行为人的陈述和申辩，是指违反治安管理行为人就治安案件的事实，向公安机关所作的供述、坦白、交代、检举、揭发和辩解，包括对自己违反治安管理行为的供认、交代，对他人违法犯罪事实的检举，以及否认自己有违反治安管理行为或对行为情节轻重的辩解等。

违反治安管理行为人的陈述和申辩经过查证属实可以作为案件定性的依据。长期以来，在重口供，轻证据的思想支配下，违反治安管理行为人的陈述被当做“证据之王”，有的基层人民警察因此将违反治安管理行为人的陈述作为办案的突破口。但应当意识到违反治安管理行为人毕竟是治安案件的当事人，其在提供陈述时有可能掺杂虚假成分或作完全虚假的陈述。因此，在查处治安案件时，不能轻信违反治安管理行为人的陈述和申辩，当然也不能忽视其证明作用，而应当结合其他证据，认真审查判断。对待违反治安管理行为人的陈述和辩解，应当遵循重证据、重调查研究、不轻信口供的原则。根据《治安管理处罚法》第 93 条的规定，公安机关在查处治安案件时，只有违反治安管理行为人本人的陈述，没有其他证据证明的，不能作出治安管理处罚决定。没有违反治安管理行为人本人的陈述，但其他证据能够证明案件事实的，可以作出治安管理处罚决定。

（七）鉴定、检测结论

鉴定结论，是指受公安机关指派或聘请的具有专门知识的人员，运用科学技术知识和技能对治安案件中的专门性问题，经过科学的检验、分析、判断后作出的书面结论。鉴定结论经查证属实后，是治安案件中正确认定案件事实的一种重要证据。作为一种独立的证据，鉴定结论具有两个基本特征：一是鉴定结论是鉴定人对治安案件中的某些专门性问题提出的客观理性意见，不是感性认识。二是鉴定结论只是鉴定人就案件中的专门性问题发表的意见，而不能解决法律问题。

在治安案件中，鉴定主要包括：法医鉴定，如伤害程度的鉴定；司法精神病鉴定，如行为人的责任能力鉴定；痕迹检验鉴定，如指纹、足迹、工具痕迹的检验鉴定；文件检验鉴定，如笔迹、印文检验鉴定；物品估价鉴定，如确定扣押物品的价格鉴定；其他物品检验鉴定，如毒品、爆炸物品、淫秽物品等的检验鉴定。

检测结论，是指公安机关在办理治安案件过程中利用专用的工具对特定的对象经过检测、分析后形成的书面结论。例如，根据《公安机关办理行政案件程序规定》第 76 条、第 77 条的规定，公安机关可以对有吸毒嫌疑的人和有酒后驾驶机动车辆嫌疑的人分别进行人体毒品成分和酒精含量检测鉴定，以确定嫌疑人的违法性。

在办理治安案件过程中，通过对某些文件、物品和痕迹的鉴定，可以确认其与案件事实的联系，印证其他证据的真伪和可靠程度，揭示物证、书证的证明力。在有些案件中，运用鉴定、检测结论可以直接认定或者否定案件事实，如依照对行为人所进行的人体毒品成分的检测结论，就可以直接认定或否定其吸食、注射毒品行为。

(八) 勘验、检查笔录

勘验笔录是指办案人员依法对与案件有关的场所、物品及其他证据材料进行勘验所制作的笔录。检查笔录是公安机关和人民警察为了正确认定物品特征、损毁情况、人身伤害程度、场所等进行检查所作的客观记载。

勘验、检查笔录是办案人员对违反治安管理行为有关的场所、物品等进行勘验、检查的一种客观记载，它对于正确认定违反治安管理行为事实和查明行为人具有重要作用。同时，它又是公安机关保全和固定证据的重要手段。

三、收集治安案件证据的基本要求

收集治安案件证据是治安案件调查的目的之一，是获取证据、审查证据以及运用证据的前提和基础。为达到预期目的，收集治安案件证据的工作必须符合收集证据的基本要求。

（一）必须依法收集证据

收集治安案件的证据材料是一个执法过程，应当严格依照法律规定进行。只有严格依照规定的程序和方法收集证据，才具有法律效力。

依法收集证据有两层含义：一是收集证据必须符合法律规定的程序。根据《治安管理处罚法》的规定，收集治安案件证据的方式很多，但不同的收集方式，有不同的法定程序。只有严格依照法定方法和法定程序调查、收集相关证据，才能保证“严格、公正、文明”执法，才能切实保障公民的合法权益，才能为认定案件事实提供可靠的依据，防止诬告、陷害和冤假错案的发生。这就要求公安机关一方面在收集治安案件证据时要严格执行治安管理处罚法的相关规定。例如，公安机关在询问违反治安管理行为人时必须严格遵守有关询问查证时间的规定，在询问不满 16 周岁的违反治安管理行为人的时候应当通知其父母或者其他监护人到场，对与案件无关的物品不得扣押等。另一方面，还必须严格遵守与治安管理处罚法有关的法律、法规、规章关于调查治安案件、收集证据的规定。例如，根据《行政处罚法》的规定，行政机关调查或者检查时，执法人员不得少于两人，并应当向当事人或者有关人员出示证件。二是收集证据的方法必须符合法律规定。为了保证公安机关在调查治安案件过程中全面、客观、公正地调查取证，根据《治安管理处罚法》第 79 条在确定依法收集治安案件证据原则的基础上，又进一步规定了严禁以非法手段收集证据的原则。规定在收集治安案件证据时严禁刑讯逼供或者采用威胁、引诱、欺骗等非法手段收集证据，以非法手段收集的证据不得作为处罚的依据。

（二）必须客观、全面、细致地收集治安案件的证据

治安案件的证据必须是与治安案件有联系的客观事实。因此，收集证据要客观。要尊重客观事实，不能以主观臆想代替客观事实，更不能弄虚作假。事实是什么样子，就应如实反映，不能夸大，也不能缩小，更不能任意添加和去掉。

治安案件证据的收集应当全面。凡是与治安案件有联系的事实都要收集，不能遗漏。既要收集证明违反治安管理行为人有违反治安管理行为或者应当从重处罚等不利于违反治安管理行为人的证据，也要收集证明违反治安管理行为人没有违反治安管理行为或者违反治安管理行为情节较轻等有利于违反治安管理行为人的证据；既要收集直接证据，还要收集间接证据。只要能收集的各种证据，都要尽可能收集齐全，才能使案件定性准确，处罚适当。

收集治安案件的证据要细致。要善于从蛛丝马迹入手，收集有价值的证据。而不应只收集大的证据，不重视收集小的证据；只注意收集明显的证据，忽视隐蔽的证据。只有认真细致，才能保证案件的质量。

（三）要有计划、有目的地收集治安案件的证据

对治安案件的证据不能随意收集，要有计划、有目的地收集。要根据对案件的了解，围绕认定事实和确认违法行为性质的需要，对要证明什么问题、收集什么证据、向谁收集、从什么渠道收集、采取哪些步骤和方法收集等，都要做到心中有数，并应

制定出计划，有条不紊地开展调查取证工作。同时，随着调查工作的进行，要随时修正查破案件的计划，以确定新的目的，循着新的线索收集新的证据。

（四）必须主动及时地收集治安案件的证据

治安案件与刑事案件相比，具有发案多、情节轻、容易被忽视等特点，而且违反治安管理行为人为了掩盖违法行为，可能会破坏现场，毁灭证据；各种自然因素也可能破坏甚至毁灭现场痕迹；保留在人们意识中的有关案件真实情况的记忆，可能会随着时间逐渐模糊、失真甚至消失。因此，为了收集到真实可靠、全面客观的证据，必须不失时机地开展调查，主动及时地收集证据。

（五）必须及时固定和妥善保全治安案件的证据

收集证据的任务是发现、取得为查明案件事实真相所必需的各类证据。对于收集到的各类证据，应根据其各自不同的特点，采用科学合理的方法，及时加以固定，妥善保全，以保证证据的证明效力。有些无法长期保存或者不能原物附卷保存的证据，可以拍照或复制模型，并作详细记录。同时，为了有效证明证据收集的合法性，相关的法律手续必须完备，且要妥善保管。

（六）要善于运用科学技术手段收集证据

在办理治安案件中，办案人员必须掌握必要的专业知识，运用科学技术的方法和手段收集证据。证据具有复杂性、多样性，治安案件涉及社会生活的各个方面，这就要求办案人员必须具有社会科学、自然科学等方面的知识和办理治安案件的实际工作经验，随着科学技术的飞速发展，违反治安管理行为人也越来越多地利用科学技术进行违反治安管理活动。查处治安案件工作要求办案民警必须具有较高的科技知识、文化知识和公安业务知识水平，运用科学技术手段，准确、及时、全面地收集治安案件证据，做好治安案件查处工作，以便充分了解违法行为的事实真相，解决办案中遇到的疑难问题。

第二节 治安案件的调查

治安案件的调查，就是公安机关依法了解、查证案件事实真相的法律活动。任何构成治安案件的违反治安管理行为，都是行为人在一定的时间、空间及相关的客观环境下，通过有关的人、物、事的相互联系、作用、影响和制约而实施的，每一个环节可能揭示案情或案件的一个侧面。治安案件的调查就是通过对诸多与案情相关的事实的查证，对整个案件由不知到知的认识过程，也是治安案件受理后的继续和发展。

治安案件调查的基本任务，就是查清案件客观事实，取得证据，及时结案，为肯定或否定案情提供充分、准确的根据。为完成这一任务，办案机关应在法律允许的权限和范围内，通过开展各种调查，尽可能完整地再现案件发生的全过程，查明作案人实施危害行为的时间、地点、涉及的人员（作案人、被侵害人、知情人、关系人等）、动机、目的、情节、手段、作案工具、危害结果等案件事实。根据《治安管理处罚法》和《公安机关办理行政案件程序规定》等相关法律、法规、规章的规定，治安案件调查主要有询问违反治安管理行为人、询问证人及受害人、勘验、检查、鉴定、检测、抽样取证、先行登记保存、扣押等几种基本方法。

一、询问违反治安管理行为人

询问违反治安管理行为人是公安机关为了查明和证实治安案件的事实真相，依法对涉嫌违反治安管理的行为人进行询问，以获取其供述和辩解的一种调查方法。根据《治安管理处罚法》第83条第1款的规定，公安机关传唤违反治安管理行为人后，应当及时询问查证。

（一）询问违反治安管理行为人的主要任务

对违反治安管理行为人进行询问的任务，就是通过询问涉嫌违反治安管理的行为人，听取其对自己作案行为的供述和辩解，结合其他调查，查明案件的全部真实情况。其任务主要是：

1. 复核已掌握的案件事实和案件证据，补充收集没有掌握的事实和证据，以查清全部案件事实真相。

2. 追查共同违反治安管理行为人，发现本案和本案以外的线索，以破获“积案”和“漏案”。

3. 听取其辩解，全面、客观地判断案情，及时发现和纠正办案工作中的疏忽和错误，防止出现错案、假案或不适当的处罚。

4. 了解和掌握作案人或作案嫌疑人的个性特点、行为原因、认错态度，以便确定询问策略和方法。

5. 对违反治安管理行为人进行道德、法律教育，促使其认识错误和改正错误。

（二）询问查证的时间

询问查证的时间，是指公安机关每一次传唤违反治安管理行为人后对其进行询问的时间，不是指整个治安案件的全部询问查证时间。根据《治安管理处罚法》第 83 条第 1 款的规定，对违反治安管理行为人询问查证的时间不得超过 8 小时；情况复杂，依照《治安管理处罚法》的规定可能适用行政拘留处罚的，询问查证的时间不得超过 24 小时。这里所说的询问查证时间不得超过 8 小时，是指从被传唤人到案接受调查之时起到其可以自由离开时止，总计时间不能超过 8 小时。如需延长询问查证的时间到 24 小时必须同时满足情况复杂和依照《治安管理处罚法》规定可能适用行政拘留处罚两个条件。具体地说，根据《治安管理处罚法》关于行为人实施该法第 36 条、第 56 条第 1 款、第 57 条第1款、第58条、第75条第1款所规定的行为不适用行政拘留处罚的规定，公安机关在对实施以上违反治安管理行为的行为人进行询问时，询问时间不得超过8小时。对实施治安管理处罚法规定的其他违反治安管理行为，只要情况复杂，询问查证的时间都可以达到24小时。

(三) 询问违反治安管理行为人应注意的问题

1. 按照规定制作询问笔录。询问笔录是公安机关人民警察在对违反治安管理行为人询问查证活动中，依法制作的如实记载调查人员提问和违反治安管理行为人陈述和辩解的文书。它是一种具有法律效力的书面文件，经过查证属实的询问笔录，是认定案件事实的证据之一，因此，在制作询问笔录时必须依法进行。《治安管理处罚法》第84条第1款规定："询问笔录应当交被询问人核对；对没有阅读能力的，应当向其宣读。记载有遗漏或者差错的，被询问人可以提出补充或者更正。被询问人确认笔录无误后，应当签名或者盖章，询问的人民警察也应当在笔录上签名。"如果被询问人拒绝签名或盖章的，询问的人民警察应在笔录上注明情况和原因。为方便保存，在制作询问笔录时应当使用钢笔、签字笔或者能够长期保持笔迹的墨水书写，不能使用圆珠笔或者铅笔。

2. 保障被询问人自行提供书面材料的权利。《治安管理处罚法》第84条第2款规定："被询问人要求就被询问事项自行提供书面材料的，应当准许；必要时，人民警察也可以要求被询问人自行书写。"人民警察收到违反治安管理行为人的书面陈述后，应当在该书面材料上注明收到的具体时间，并签名。

3. 询问不满16周岁的违反治安管理行为人应履行通知义务。由于未成年人在生理和心理方面尚未发育成熟，在心理承受能力等方面与成年人存在较大的差别，其在法律上尚属于无行为能力人或者限制行为能力人，在行使权利方面也受到一些限制。

因此，《治安管理处罚法》第 84 条第 3 款规定：“询问不满十六周岁的违反治安管理行为人，应当通知其父母或者其他监护人到场。”这是公安机关的义务，不得以任何理由或者借口不通知。当然，如果公安机关经多方查找，确实无法找到、通知到其父母或者其他监护人的，或者公安机关履行了通知义务，未成年人的父母或者其他监护人拒绝到场的，办理案件的人民警察应在询问笔录中注明。

4. 按照规定配备翻译人员。公安机关在对违反治安管理行为人进行询问时遇到特殊情况时应为被询问人配备翻译人员。《治安管理处罚法》第 86 条规定：“询问聋哑的违反治安管理行为人、被侵害人或者其他证人，应当有通晓手语的人提供帮助，并在笔录上注明。询问不通晓当地通用的语言文字的违反治安管理行为人、被侵害人或者其他证人，应当配备翻译人员，并在笔录上注明。”按照规定配备翻译人员是公安机关的法定义务。在询问笔录中，不仅要注明被询问人的聋哑情况、不通晓当地通用语言文字的情况，而且要注明相关翻译人员的姓名、工作单位、住址、职业等基本情况，并应要求通晓手语、当地通用语言文字的人员在询问笔录上签名。

二、询问证人、受害人

询问被侵害人或者其他证人，是指公安机关为了查明案件事实，收集、核实证据，而向被侵害人或者其他证人进行查询的一种调查活动。《治安管理处罚法》第 85 条第 1 款规定：“人民警察询问被侵害人或者其他证人，可以到其所在单位或者住处进行；必要时，也可以通知其到公安机关提供证言。”根据该规定，公安机关的人民警察在询问被侵害人或者其他证人时可以根据案件具体情况和被侵害人或者其他证人的情况确定询问地点。为了保护公民的合法权益，加强对人民警察的监督，《治安管理处罚法》第85条第2款规定："人民警察在公安机关以外询问被侵害人或者其他证人，应当出示工作证件。"

询问被侵害人时应注意重点了解三个方面的内容：一是行为人的基本情况、行为活动的详细过程、参与违法行为的人数和每个人的具体特征等。二是有关伤害和财物损失情况，如伤害程度，财物损失或被窃物品的名称、型号、数量、价值、新旧程度、有无明显特征等。三是受害人与行为人的关系，如是否相识，有何矛盾等；询问其他证人时主要应注意了解其在案发之前是否听到或看到可疑情况和可疑人，是否看到行为过程和细节，是否认识行为人、被侵害人等。总之，询问被侵害人或者其他证人时要围绕何时、何地、何人、何事、何结果（后果）、何原因、如何进行等几个方面开展调查取证工作。

根据《治安管理处罚法》第85条第3款的规定，询问被侵害人或者其他证人时应注意的问题和询问违反治安管理行为人时应注意的问题相同，在此不再赘述。

三、勘验

勘验，是指为了查明案情，办理治安案件的人员对与案件有关的场所、物品进行实地勘测检验的一种调查活动，是获得有关案件的线索和信息和了解案情的有效手段。根据《公安机关办理行政案件程序规定》第63条的规定，治安案件的办案人员对于违反治安管理行为的案发现场，必要时可以进行勘验，以便及时提取与案件有关的证据材料，为案件的调查提供方向和范围。对案发现场进行勘验必须做到全面、及时、合法、客观、公正，不先入为主、主观臆断。

由于违反治安管理行为现场是违法行为证据比较集中的地方，同时又客观地反映了违法行为的整个过程或某些侧面，对于正确处理治安案件无疑具有重要的意义。因此，现场勘验要注意保护现场，避免现场的证据或者痕迹灭失。

对案发现场进行勘验时应当制作现场勘验笔录和现场图，现场勘验笔录应包括发案与报案情况、现场保护情况、勘验工作情况以及现场本身状况、提取物证的名称数量等内容。有条件的应该进行录像以固定相关证据。在勘验、检查计算机违法的现场时，应当注意保护计算机及相关设备和数据，并及时复制与案情有关的电子资料和数据，防止有人通过不法手段破坏或删除计算机所记录的违法信息或相关信息。

四、检查

检查，是指公安机关为了查明案情，依法对与违反治安管理行为有关的场所、物品、人身进行实地查看、寻找、检验，以发现和收集有关证据的一种调查活动。针对办理治安案件的实际需要，《治安管理处罚法》第 87 条规定："公安机关对与违反治安管理行为有关的场所、物品、人身可以进行检查。检查时，人民警察不得少于二人，并应当出示工作证件和县级以上人民政府公安机关开具的检查证明文件。对确有必要立即进行检查的，人民警察经出示工作证件，可以当场检查，但检查公民住所应当出示县级以上人民政府公安机关开具的检查证明文件。检查妇女的身体，应当由女性工作人员进行。"

（一）检查权的适用对象

根据规定，检查只能适用于与违反治安管理行为有关的场所、物品、人身。对与违反治安管理行为无关的场所、物品、人身，则不得检查。与违反治安管理行为有关的场所，是指实施违反治安管理行为的现场、现场周边以及其他可能留有或者隐蔽违反治安管理行为的证据的地方，包括违反治安管理行为人的住所或其他可能隐蔽违反治安管理行为人或者证据的场所。与违反治安管理行为有关的物品，是指用于违反治安管理行为的工具、违反治安管理的非法所得和非法财物、现场遗留物等，包括违反治安管理行为人随身携带的物品。与违反治安管理行为有关的人身，是指违反治安管理行为人或者被侵害人的身体。通常人身检查的目的主要有两个方面：一是收集证据。二是确定与违反治安管理行为有关的人的某些身体特征、伤害情况、生理状态等。

（二）检查权的执法主体

为了既能够保护被检查人的合法权益，防止检查人员违法行使或者滥用检查权，又能保护人民警察的合法权益和人身安全，治安管理处罚法明确规定，行使检查权的执法主体必须是公安机关的人民警察，并且在具体实施检查权时的执法主体不得少于两人。在实践中，不具有人民警察身份的人员，如治安员、联防队员、协勤员等，一律不得替代人民警察行使检查职责。

同时，根据规定，检查妇女的身体，应当由女性工作人员进行。这里的女性工作人员，不仅包括公安机关的女性人民警察及聘用、雇用的女性工作人员，也包括为了实施检查而临时借用的女性医务工作者或者其他女性工作人员。

（三）检查权的具体适用

根据规定，公安机关人民警察对与违反治安管理行为有关的场所、物品和人身进行检查时，应当出示人民警察的工作证件和县级以上人民政府公安机关开具的检查证明文件。对与违反治安管理行为有关的场所、物品、人身确有必要立即进行检查的，人民警察经出示工作证件后，可以当场检查。所谓确有必要立即进行检查的，主要是指需要立即进行检查的紧急情况，如果不立即进行检查，就有可能导致证据被转移、毁灭或者违反治安管理行为人逃脱等情况的发生，从而贻误战机，影响案件调查工作的顺利开展。例如，人民警察在执法执勤中发现的有违法犯罪嫌疑的人员，或者在110接处警时需要对有关场所、物品、人身进行立即检查的等。在实践中可由办案人民警察根据当时的情形、案件调查工作的需要等情况综合判断是否“确有必要立即进行检查”，但必须遵循合法、合理、必要的原则进行。

为了保护公民的住宅不受非法搜查和侵入，《治安管理处罚法》明确规定，公安机关的人民警察需要对公民住所进行检查时，无论在什么情况下，都必须出示人民警察工作证件和县级以上人民政府公安机关开具的检查证。没有检查证和不出示人民警察的工作证件，任何人都不得对公民的住所进行检查。

对违反治安管理行为人和被侵害人的人身进行检查时，要尊重被检查人的人格，不得以有损人格尊严的方式进行检查。

《治安管理处罚法》第 88 条规定：“检查的情况应当制作检查笔录，由检查人、被检查人和见证人签名或者盖章；被检查人拒绝签名的，人民警察应当在笔录上注明。”公安机关在对与违反治安管理行为有关的物品、人身进行检查时必须就检查的情况按要求制作检查笔录。

五、鉴定

鉴定，是指公安机关为了查明案情，解决案件中有争议的专门性问题，而指派或者聘请具有专门知识的人员，对案件中有争议的专门性问题进行鉴别和判断的一种调查活动。《治安管理处罚法》第 90 条规定：“为了查明案情，需要解决案件中有争议的专门性问题的，应当指派或者聘请具有专门知识的人员进行鉴定；鉴定人鉴定后，应当写出鉴定意见，并且签名。”在办理治安案件中，鉴定是一种重要的调查手段，它对及时收集证据，准确揭露违法行为，正确认定案件事实，有着重要作用。从办理治安案件的实践来看，需要通过鉴定解决的专门性问题主要包括：

（一）伤情鉴定

伤情鉴定即人身伤害的部位、程度、成因、后果以及身体恢复情况等。根据《公安机关办理行政案件程序规定》第 71 条第

2 款的规定，伤情鉴定由法医或者县级以上医院进行。对于明显不属于轻伤、重伤或者违反治安管理行为人和被侵害人都认为不构成轻伤、重伤的，公安机关在查处治安案件时，无须作伤情鉴定。只有对那些不易判断是否已构成轻伤以上伤情或者双方当事人对伤情有争议的，才需要进行伤情鉴定。

(二) 价格鉴定

价格鉴定，是指对违反治安管理所涉及的需要进行价格鉴定的物品进行价格估价。公安机关在办理治安案件中，对价格不明、价格有争议或价格难以确定需要估价的涉案物品，应依法委托县级以上人民政府价格主管部门设立的价格鉴定机构对涉案物品的价格进行评估、计算和确认。在委托价格鉴定机构对涉案物品进行鉴定时，公安机关应出具涉案物品价格鉴定委托书，并如实提供有关情况和资料，委托书一般应载明价格鉴定的目的和要求、价格鉴定的范围、委托鉴定事项的名称（包括牌号）、种类、数量、来源、价格鉴定费用的支付方式、委托机关的名称、印章和委托日期等内容。

(三) 淫秽物品鉴定

淫秽物品鉴定即有关部门对治安案件的涉案财物中的书刊、影片、录像带、录音带、图片等是否为淫秽物品进行鉴定。根据公安部《对〈关于鉴定淫秽物品有关问题的请示〉的批复》的规定，公安机关查获的物品需审查认定是否为淫秽物品的，可以由县级以上公安机关治安部门负责鉴定工作。

(四) 精神病鉴定

根据《公安机关办理行政案件程序规定》第 71 条第 1 款的规定，对精神病的医学鉴定，应当由省级人民政府指定的医院进行。

(五) 音像资料鉴定

音像资料鉴定包括对录音带、录像带、磁盘、光盘、图片等载体上记录的声音、图像信息的真实性、完整性及其所反映的情况过程进行的鉴定和对记录的声音、图像中的语言、人体、物体作出种类或同一认定。音像资料的鉴定，由公安机关依法进行。

鉴定人对以上几方面鉴定后，应当写出书面鉴定意见。鉴定意见应当对公安机关办案部门提出鉴定的问题作出明确的回答，不能模棱两可。确实难以作出结论的，应当实事求是地予以说明。鉴定人必须在鉴定意见上签名，以示对鉴定结论的真实性、客观性负责。鉴定人故意作虚假鉴定的，要依法追究其法律责任。此外，公安机关应当将鉴定结论复印件交违法行为人和受害人各一份。行为人或受害人对鉴定结论有意见的，可以提出重新鉴定的申请，经县级以上公安机关负责人批准后，进行重新鉴定，但申请重新鉴定以一次为限。

根据《公安机关办理行政案件程序规定》第75条的规定，鉴定费用由公安机关承担。重新鉴定，如果鉴定结论有改变的，鉴定费用由公安机关承担；如果鉴定结论没有改变，鉴定费用由重新鉴定申请人承担。

六、检测

公安机关对治安案件调查取证过程中主要在以下两种情况运用检测这种调查方法：一是根据1998年公安部《关于对吸食、注射毒品人员成瘾标准界定问题的批复》的规定，有证据证明其吸毒，且查获时尿样毒品检测为阳性的，认定为成瘾；对曾经吸过毒，但有证据证明其没有继续吸毒，且查获时尿样毒品检测为阴性的，不认定为成瘾。二是正在执法的交通民警对有酒后驾驶机动车辆嫌疑的人可以对其进行酒精度检测。一般认为，通过检测，车辆驾驶人员血液中的酒精含量大于或等于20mg/100ml，小于80mg/100ml的驾驶行为为饮酒驾车；车辆驾驶人员血液中的酒精含量大于或者等于80mg/100ml的驾驶行为为醉酒驾驶。

七、抽样取证

抽样取证是指治安案件的办案人员从数量很多的物品中随机抽取一部分物品作为样品进行检验，以此推断出物品整体是否可以作为证据使用的调查方法。根据《公安机关办理行政案件程序规定》第 78 条的规定，一般情况下，只有在需要调查的物品数量较大，不易进行全部检验的情况下，才能使用抽样取证的方法。抽样取证应当采取随机的方式，抽取样品的数量以能够认定本品的品质特征为限。

公安机关在抽样取证时应当有被抽样物品的持有人或者见证人在场，并要开具抽样取证证据清单，而且抽样取证证据清单应由办案人员和被抽样物品的持有人或者见证人签名，被抽样物品的持有人拒绝签名的，办案人员应当在抽样取证证据清单上予以注明，然后将其中一份抽样取证证据清单交被抽样物品的持有人。

公安机关对抽取的样品应当及时进行检验，以判断被抽取的样品能否作为证据使用，经检验，能够作为证据使用的，应当及时采取证据保全措施。经检验认为不属于证据的，应当及时向物品持有人返还样品。如果不能作为证据使用的样品，因为公安机关的抽样提取受到损坏的，公安机关应当对相对人予以补偿。

八、先行登记保存

根据《公安机关办理行政案件程序规定》第 82 条第 1 款的规定，公安机关人民警察在对治安案件进行调查时，在证据可能灭失或者以后难以取得的情况下，可以先对证据进行登记保存，留待以后在办案过程中加以运用。证据的先行登记保存通常在勘验、检查后进行。先行登记保存的证据通常是可以用以证明违反治安管理行为是否存在、是否严重以及确定行为性质的物证、书证及视听资料。

对相关证据的先行登记保存，必须经过办案部门负责人的批准，才可以实施。在具体采取这种措施时，应当会同证据的持有人或者见证人对证据的名称、数量、特征等进行登记，开具先行登记保存证据清单，由办案人员和证据持有人签名，证据持有人拒绝签名的，办案人员应当在先行登记保存证据清单上注明，并将先行登记保存证据清单交证据持有人。必要时，应当对登记保存的证据拍照。

为了防止办案机关滥用先行登记保存证据的权力，对所扣留物证的无限期控制，影响物证所有人或持有人的正常使用，侵犯公民的相关权利，根据《公安机关办理行政案件程序规定》第82条第2款的规定，公安机关对先行登记保存的证据必须在7日内作出处理意见，7日内没有作出处理决定的，视为自动解除。

九、扣押

扣押是指公安机关在办理治安案件过程中，发现能够证明违反治安管理行为人有无违反治安管理行为的物品，可以依法予以扣留的调查措施。

（一）扣押的范围和程序

《治安管理处罚法》第89条第1款规定："公安机关办理治安案件，对与案件有关的需要作为证据的物品，可以扣押；对被侵害人或者善意第三人合法占有的财产，不得扣押，应当予以登记。对与案件无关的物品，不得扣押。"与案件有关，是指与公安机关正在办理的治安案件有关联。需要作为证据的物品，是指能够证明案件真实情况，需要作为定案根据的物证、书证和视听资料等。根据这一规定，以下两类物品不得扣押：一是与案件无关的物品不得扣押。二是对被侵害人或者善意第三人合法占有的财产不得扣押。但是，对被侵害人或者善意第三人合法占有的财产，应当予以登记。

为了保证扣押的合法性和公正性，加强群众对公安机关扣押工作的监督，防止案件调查人员遗失或私自截留、私分、侵占被扣押物品，《治安管理处罚法》第 89 条第 2 款规定："对扣押的物品，应当会同在场见证人和被扣押物品持有人查点清楚，当场开列清单一式二份，由调查人员、见证人和持有人签名或者盖章，一份交给持有人，另一份附卷备查。"

（二）扣押物品的处理

《治安管理处罚法》第 89 条第 3 款规定："对扣押的物品，应当妥善保管，不得挪作他用；对不宜长期保存的物品，按照有关规定处理。经查明与案件无关的，应当及时退还；经核实属于他人合法财产的，应当登记后立即退还；满六个月无人对该财产主张权利或者无法查清权利人的，应当公开拍卖或者按照国家有关规定处理，所得款项上缴国库。"根据这一规定，公安机关对被扣押的物品应该区分不同的情况区别处理：

1. 对于被扣押的物品，公安机关应当妥善保管，不得挪作他用；对不宜长期保存的物品，按照有关规定处理。这里所说的不宜长期保存的物品，主要是指容易腐烂变质、灭损或者无法保管的物品，如蔬菜、水果、鲜活海鲜等。对这些物品，应当通过登记、拍照等方式保存证据后，及时退还其合法所有人，以避免当事人的权益因案件的处理而受到损害。如果无人对上述物品主张权利或者无法查清权利人的，则可以公开拍卖或者变卖，并将所得款项上缴国库。所谓按照有关规定处理，是指依照有关法律、法规及有关规定处理。例如，根据《行政执法机关移送涉嫌犯罪案件的规定》第 4 条第 2 款的规定，对易腐烂、变质等不宜或者不易保管的涉案物品，应当采取必要措施，留取证据。根据《公安机关办理行政案件程序规定》第 156 条的规定，对容易腐烂、灭损或者无法保管的其他物品，应当及时退还原主；对找不到原主的，经县级以上公安机关负责人批准，可以在拍照或者录像后变卖，变卖所得依法返还被侵害人或者上缴国库。

2. 经查明与案件无关的，应当及时退还，不得以任何理由继续扣押；经核实属于他人（包括被侵害人）合法财产的，应当登记后立即退还。

3. 自查明被扣押财物为他人合法财物之日起满 6 个月无人对该财产主张权利或者无法查清权利人的，应当公开拍卖或者按照国家有关规定处理，所得款项上缴国库。

4. 根据《公安机关办理行政案件程序规定》第 88 条的规定，对扣押的物品和文件，公安机关应当在 15 日内作出处理决定。逾期不作出处理决定的，公安机关应当退还当事人。

思考题：

1. 什么是治安案件的证据，治安案件的证据形式主要有哪几种？

2. 简述收集治安案件证据的基本要求。

3. 询问违反治安管理行为人时应注意哪些问题？

4. 简述扣押的范围和程序。

5. 简述检查权的法律适用。

第十三章　治安管理处罚决定

第一节　治安管理处罚决定概述

一、治安管理处罚决定的含义

治安管理处罚决定，是指公安机关根据治安管理处罚法和其他有关法律法规的规定，对调查终结的治安案件或当场发现的违反治安管理行为，在查清违反治安管理行为人的违法事实、性质、情节、后果的基础上，依照法定的处罚种类及幅度和法定程序、权限作出处罚决定的一种适用法律的活动。

理解治安管理处罚决定的含义应从以下几个方面把握：

第一，治安管理处罚决定的主体是国家赋予治安管理处罚权的公安机关及其人民警察。

第二，治安管理处罚决定的适用对象是违反治安管理行为人。

第三，治安管理处罚决定的实质是适用法律的活动。

第四，治安管理处罚决定的内容包括决定处罚的种类、幅度，也包括决定采取的相关法律措施。

二、治安管理处罚决定的法律效力

治安管理处罚决定一经作出，即具有以下法律效力，主要表现在：

（一）稳定性

治安管理处罚决定的稳定性是由法律的严肃性决定的。治安管理处罚决定是适用法律的结果。决定一经作出，任何其他机关、团体和个人都无权变更或撤销，如果决定在认定事实或适用法律上有错误，也只能由复议机关或人民法院进行复议或审理，才能予以变更或撤销。

（二）排他性

治安管理处罚决定的排他性是由法律的统一性决定的。依法规定，对同一治安案件只能作出一个处罚决定，当一个治安案件的处罚决定没有依照法律的程序撤销以前，不允许再对同一案件作出其他治安行政处罚决定。

（三）强制性

治安管理处罚决定的强制性是由法律的强制性决定的。决定一经作出，即具有法律的强制效力，公安机关和被决定人都必须按照决定的内容严格执行，不允许以任何借口拒绝执行。

三、治安管理处罚决定的前提和标准

（一）治安管理处罚决定的前提

1. 查明证实有违反治安管理行为。《治安管理处罚法》第93条规定："公安机关查处治安案件，对没有本人陈述，但其他证据能够证明案件事实的，可以作出治安管理处罚决定。但是，只有本人陈述，没有其他证据证明的，不能作出治安管理处罚决定。"由此可见，决定治安管理处罚的首要前提是查明证实有违反治安管理行为。只有本人陈述，没有其他证据证明，显然从法律的角度不能认定有违反治安管理行为，故不能决定治安管理处罚。与此相反，即使没有本人陈述，但有其他证据能够证明案件事实的，可以作出治安管理处罚决定。

2. 依据治安管理处罚法，能够对违法行为人实施处罚。法无明文规定不违法，行为人的违法事实必须违反治安管理处罚法的具体规定，并且依据治安管理处罚法的规定应当予以处罚或者承担有关法律责任。如果经过查证，行为人的违法行为不属于违反治安管理行为，就不能决定治安管理处罚。

3. 办案机关和办案人员具有法律授予的决定权。治安管理处罚的决定权，必须由公安机关及其人民警察依法实施。其他任何机关、组织和个人，都无治安管理处罚的决定权。即使公安机关内部，也必须按照治安案件的管辖分工行使决定权。

4. 依法履行相关程序。决定治安管理处罚必须依照法定程序，只有程序公正，才能保证治安管理处罚的合理合法，从而取得良好的社会效益。尤其值得注意的是，《治安管理处罚法》第3条规定："治安管理处罚的程序，适用本法的规定；本法没有规定的，适用《中华人民共和国行政处罚法》的有关规定。"治安管理处罚必须按照治安管理处罚法和行政处罚法设定的程序进行。

（二）治安管理处罚决定的标准

1. 事实清楚。违反治安管理行为发生的时间、地点、经过、方法、手段、原因、结果以及违反治安管理行为人的姓名、年龄、单位、住址、神智是否清楚，平时表现，是否受过治安管理处罚，行为后的态度等，都已查证属实。《公安机关办理行政案件程序规定》第132条规定："公安机关在办理行政案件中必须查明违法事实；违法事实不清的，不得作出行政处罚决定。违法嫌疑人不讲真实姓名、住址，身份不明，但只要违法事实清楚，证据确凿的，可以按其自报的姓名作出处罚决定，并在相关法律文书中注明。"由此可见，事实清楚是决定治安管理处罚的标准之一，至于违法嫌疑人不讲真实姓名、住址，身份不明的，并不影响处罚的决定。不讲真实姓名、住址，身份不明，是指违法行为人谎报或者不报自己的姓名、住址，造成公安机关对其身份难以查证、无法确定。在治安案件查处中，公安机关应当尽力查清违法行为人的身份，但更应当把主要精力放在对行为的调查取证上。

2. 证据确凿。违反治安管理事实、情节的人证、物证等各种证据齐全，并核实鉴定无误，足以证明违反治安管理的事实、情节。证据之间相互印证关联，并形成一致指向违反治安管理事实的证据体系。

3. 定性准确。决定时要在调查取证的基础上，认定行为是否是违法行为，是犯罪行为还是违反治安管理行为或其他违法行为，是何种违反治安管理行为。只有定性准确，决定才会正确。定性必须以事实为根据，以法律为准绳。

4. 裁量适当。选择的处罚种类、幅度与所认定的违反治安管理行为种类、情形相一致，必须是在法定的处罚种类与幅度内进行决定，同时还应注意是否有法定处罚的情节。

5. 程序合法。经过普通程序裁决治安案件，受理、传唤、调查、告知、听证、审核、决定等均应符合行政处罚法和治安管理处罚法规定的程序、规则和手续。对适用简易程序处理的治安案件，也应符合法律规定的程序。程序不合法，必然带来决定结果不合法。

6. 法律文书规范。治安案件查处过程中形成的法律文书和案件材料必须符合法律文书制作的要求。例如，鉴定意见书、询问笔录、检查记录等法律文书要制作清楚、准确、规范。法律文书的规范是治安案件查处合法的外在表现。

四、治安管理处罚的决定权限

治安管理处罚的决定权限，是指公安机关在治安管理处罚决定权上的分工与限制。《治安管理处罚法》第 2 条的规定，治安管理处罚的实施机关是公安机关。《治安管理处罚法》第 91 条规定："治安管理处罚由县级以上人民政府公安机关决定；其中警告、五百元以下的罚款可以由公安派出所决定。"这是对公安机关处罚决定权内部分工的规定。根据这一规定，只有县级以上公安机关才有对违反治安管理行为实施处罚的决定权。公安派出所，只能对警告、500元以下罚款有决定权，超过这个限度，必须由县级以上公安机关决定。

县级以上公安机关，既包括县级以上人民政府公安机关，也包括铁路、民航、交通、森林等专业部门的县级以上公安机关。铁路、交通、民航、森林公安派出所、公安科可以行使警告、500元以下罚款处罚的决定权。铁路、交通、民航、森林公安派出所与上一级公安机关不在同一县、市的，对违反治安管理人处罚超过500元的罚款或拘留处罚的，送请所在地的县、市公安局、公安分局决定。

客运列车、客运轮船运行中发生的违反治安管理行为，客运列车乘警和客运轮船乘警可以行使警告、200元以下罚款处罚的当场处罚决定权。超过权限的处罚，可以将违反治安管理的人连同证据材料交到前方站、港或违反治安管理人的终点站、港的公安派出所处理。

此外，《根据治安管理处罚法》第100条的规定，违反治安管理行为事实清楚，证据确凿，处警告或者200元以下罚款的，可以当场作出治安管理处罚决定。

第二节　治安管理处罚的简易程序

一、简易程序的概念

简易程序也称当场处罚程序，是指人民警察在依法执行职务时，对违法事实确凿、情节简单、因果关系明确的违反治安管理行为，依照法律规定，当场作出处罚决定的法律活动。当场处罚，是指人民警察对于当场违反治安管理的行为人直接作出治安管理处罚决定的一种处罚程序。当场处罚制度对于公安机关及其人民警察及时维护社会治安秩序，迅速处理简单的治安案件，高效履行治安管理职责，具有积极的作用。

二、简易程序适用的条件

《治安管理处罚法》第100条规定："违反治安管理行为事实清楚，证据确凿，处警告或者二百元以下罚款的，可以当场作出治安管理处罚决定。"依据该规定，适用简易程序时必须具备以下条件：

（一）执法主体是在依法执行职务中发现违反治安管理行为的人民警察

当场处罚是法律赋予人民警察维护社会治安的职权，应当是人民警察在依法执行职务时对当场发现的违反治安管理行为适用。人民警察当场作出治安管理处罚决定时，是由一名人民警察直接作出决定，还是需要两名或者两名以上警察才能作出，治安管理处罚法并没有作出具体规定，但是，根据《公安机关办理行政案件程序规定》第34条第1款的规定，适用简易程序处罚的，可由办案人员一人作出处罚决定。人民警察如果是在非工作时间发现有违反治安管理行为，应当予以制止，并将违法行为人送交当地公安机关或者正在值勤的人民警察处理。

（二）违法事实清楚、证据确凿

适用当场处罚的治安案件必须是案情简单，情节轻微，因果关系分明，证据充分确凿，不需要进行多方查证即能认定违法事实，且不涉及其他违法犯罪案件的违反治安管理行为。同时，被处罚人应承认违法事实，即违法行为客观存在，并且已被查明属实。

(三) 有法定依据

这是指适用简易程序的违反治安管理行为，应由现行有效的法律、法规或规章规定，包括该违反治安管理行为应予治安管理处罚有法律、法规的规定和适用简易程序应符合法定的其他条件。

(四) 符合法定处罚种类和幅度

根据《治安管理处罚法》第100条的规定，可适用当场处罚的种类是罚款或警告处罚。当场罚款处罚的幅度是200元以下。此外，根据《公安机关办理行政案件程序规定》第32条的规定，对卖淫、嫖娼和引诱、介绍、容留卖淫、嫖娼的以及涉外违反治安管理行为，不适用当场处罚。

三、简易程序的步骤

(一) 主动向违法行为人表明执法身份，口头告知其拟作出治安处罚的事实、理由、依据及其依法享有的权利

执法的人民警察应主动地向违反治安管理行为人出示执法身份证件，以表明自己是合法的执法人员。人民警察主动表明身份有利于取得当事人和周围群众的理解和支持，也便于人民群众对警察的执法行为进行监督。依法执行职务的人民警察在确认违法事实的基础上应当口头告知当事人拟作出行政处罚的事实、理由、依据及其依法享有的权利（包括陈述、申辩、申诉、诉讼等权利）。

(二) 听取违反治安管理行为人的陈述和申辩

人民警察对违反治安管理行为人的陈述和申辩，应当充分听取。违法行为人提出的事实、理由或者证据成立的，应当采纳。适用当场处罚应该做到事实清楚，责任明确，客观公正。尤其应注意的是，要坚持正确的执法目的，不得因当事人的申辩而加重处罚。

（三）填写处罚决定书

决定当场处罚的人民警察要填写处罚决定书，处罚决定书上应当载明被处罚人的姓名、违法行为、处罚依据、处罚种类（如果是罚款，应当写明罚款具体数额）、处罚时间、处罚地点以及公安机关名称，并由经办的人民警察签名或者盖章。公安机关名称，是指当场作出治安管理处罚的人民警察所属的公安机关名称，包括公安派出所。

（四）当场送达处罚决定

这是指执法人员按照法定的格式、要求填写完毕后，将处罚决定书当场交付当事人，并由当事人签名或盖章。有被侵害人的，应将决定书副本抄送被侵害人。

（五）告知诉讼权

告知当事人对当场作出的治安管理处罚决定不服的，可以依法申请行政复议或者提起行政诉讼。

（六）收缴罚款

见本书第十四章治安管理处罚决定的执行。

第三节　治安管理处罚的一般程序

治安管理处罚的一般程序是指查处治安案件一般的、通常适用的程序，是指公安机关对适用简易程序以外的治安案件，经过受理、传唤、调查、告知、审核审批、听证、决定、送达等环节进行处理的法律过程。为保障公安机关依法行政，保护相对人的合法权益，避免在治安管理处罚的决定过程中出现“重实体、轻程序”的问题，行政处罚法、治安管理处罚法在办案程序上作出了明确的规定。

一、受理

详细内容见第十一章治安案件的受理、管辖和回避。

二、传唤

传唤，是指公安机关通知违反治安管理行为人于指定时间到达指定地点接受询问的法律措施。传唤并非治安案件查处的必经程序，只是为顺利查明案件事实而依法采取的法律措施，随案件调查的需要而使用。

（一）传唤的方式

《治安管理处罚法》第 82 条规定："需要传唤违反治安管理行为人接受调查的，经公安机关办案部门负责人批准，使用传唤证传唤。对现场发现的违反治安管理行为人，人民警察经出示工作证件，可以口头传唤，但应当在询问笔录中注明。公安机关应当将传唤的原因和依据告知被传唤人。对无正当理由不接受传唤或者逃避传唤的人，可以强制传唤。"因此，传唤的方式主要有口头传唤与书面传唤两种。

1. 书面传唤，是指用传唤证进行传唤。传唤证是为传唤当事人于指定时间到案接受询问的法律文书，传唤证须载明被传唤人的姓名、性别、住址和传唤事由，到案时间、地点及其他应予记载的事项，一般须先期送达，也可以随票到案。被传唤人收到传唤证后必须在附联上签名和注明收到的时间，并根据公安机关的要求在指定时间到达指定地点接受询问。在传唤过程中人民警察应当将传唤的原因和依据告知被传唤人。回执由送达人带回后入卷。

2. 口头传唤，是指对于现场发现的违反治安管理行为人，人民警察经出示工作证件，口头通知其到案接受询问的一种方法。口头传唤不必使用传唤证。现场发现，既包括人民警察在违反治安管理行为的实施现场发现或抓获行为人的情况，也包括人民警察在违反治安管理实施现场以外的地点发现或抓获已受理的治安案件的违反治安管理行为人的情况。口头传唤有利于人民警察及时有效地制止违反治安管理行为、抓获违反治安管理行为人，防止或减轻可能造成的危害，及时作出处罚决定，提高工作效率。适用口头传唤应注意以下几个问题：一是人民警察应主动出示工作证件。二是只适用于现场发现的违反治安管理行为人。三是应当将传唤的原因和依据告知被传唤人。四是口头传唤的过程应当在之后的询问笔录中得到体现。

违反治安管理行为人一经合法传唤，除有正当理由不能按时到案外，应当在指定的时间到指定地点接受询问。经过合法传唤，没有正当理由而不到案的，或者逃避传唤的，公安机关可以强制传唤。

强制传唤，是指公安机关对无正当理由不接受传唤或者逃避传唤的违反治安管理行为人，采取强制的方法将其带到公安机关或其他地点接受询问的一种法律强制措施。因涉及公民的人身自由，在使用强制传唤时必须慎重，同时，应当注意以下几点：一是必须符合治安管理处罚法规定的条件，即必须是经过合法传唤，没有正当理由而不接受传唤或者逃避传唤的。二是必须由公安机关执行。三是必须事先进行告诫，进行必要的教育。四是措施必须得当，强制方法应以能将传唤人传唤到案为限度，必要时，可以使用手铐、警绳等约束性警械。

（二）传唤的要求

1. 只有对需要传唤的，才能传唤。为了切实保障人民群众的合法权益，防止公安机关滥用传唤权，根据《治安管理处罚法》第 82 条的规定，只有对“需要传唤”的，才适用传唤措施，即对一些不必要进行传唤的，就没有必要采取传唤措施。

2. 传唤必须依照法律规定，严格履行法律手续。使用传唤证传唤，需经公安机关办案部门负责人批准。适用口头传唤，人民警察应主动出示工作证件。无论是书面传唤还是口头传唤，都应当将传唤的原因和依据告知被传唤人。

3. 禁止传唤证人或与案件无关的人。

4. 送达传唤证时，如果被传唤人拒绝签名的，根据《公安机关办理行政案件程序规定》第 31 条第 2 款的规定，案件承办人员可以邀请其邻居或者其他见证人到场，经说明情况后，把传唤证留在被传唤人处，并在送达回执上注明拒绝的事由、送达日期，由案件承办人员和见证人签名，即视为送达。

5. 正确运用传唤法律措施，区别传唤与盘查、继续盘问的关系，禁止用继续盘问来代替传唤。治安盘查是指人民警察在执行职务活动中为发现或确认违法犯罪行为，对可能具有违法或犯罪行为的嫌疑人进行仔细盘问和检查的法律活动。继续盘问是指公安机关的人民警察对当场盘问、检查后，仍不能排除或是证实违法犯罪嫌疑的人员，符合法定情形的，依法将其带至公安机关，经该公安机关批准，对其继续审查的法律活动。继续盘问的对象主要是针对有违法犯罪嫌疑的人员，对违反治安管理行为人不能适用继续盘问，而只能根据需要适用治安传唤。在适用继续盘问的过程中，查明只有违反治安管理行为的，应当解除继续盘问，按查处治安案件的一般程序处理。

三、调查

详细内容见第十二章治安案件的证据与调查

四、告知

（一）告知的含义

告知程序是一种基本的行政程序制度。行政主体作出影响行政相对人权益的行为，应事先告知该行为的内容，包括行为的时间、地点、主要过程，作出该行为的事实根据和法律根据，相对人对该行为依法享有的权利等，以及事后享有的法律救济权利，从而保证行政程序的公正，保护公民的合法权益，防止行政权力的滥用和不当行政行为的发生而妨害社会公正。《治安管理处罚法》第 94 条第 1 款规定："公安机关作出治安管理处罚决定前，应当告知违反治安管理行为人作出治安管理处罚的事实、理由及依据，并告知违反治安管理行为人依法享有的权利。"

告知是治安管理处罚的必经程序。对当事人来说，是法定的权利；对公安机关来说，是法定的义务。正确履行告知程序，有利于保护当事人的知情权，使其理解和配合公安机关的执法行为，达到治安管理处罚的目的。《行政处罚法》第 41 条规定："行政机关及其执法人员在作出行政处罚决定之前，不依照本法第三十一条、第三十二条的规定向当事人告知给予行政处罚的事实、理由和依据，或者拒绝听取当事人的陈述、申辩，行政处罚决定不能成立；当事人放弃陈述或者申辩权利的除外。"由此可见，公安机关不依法履行告知程序，治安管理处罚无效。

（二）告知的内容

根据《治安管理处罚法》第 94 条的规定，告知的内容包括两方面：一是告知当事人作出行政处罚决定的事实、理由及依据。应当注意的是，这里作出行政处罚决定，应当是具体而明确的决定。二是告知当事人依法享有的权利，即当事人依法享有的陈述、申辩权。

拟作出的治安管理处罚种类和幅度符合听证范围的，公安机关还应向当事人告知其有要求听证的权利。当事人要求听证的，则进入听证程序。

（三）告知的方式

根据《公安机关办理行政案件程序规定》第 32 条和第 133 条的规定，告知的方式有口头告知和书面告知两种。适用简易程序作出治安管理处罚决定的，采取口头方式进行告知；适用一般程序作出治安管理处罚决定的，则必须采取书面形式或笔录形式告知。

当事人收到告知书后，可以以书面或者口头形式对被告知处罚的事实、理由、依据进行陈述、申辩或者提出对自己有利的事实和证据。公安机关办案部门对违反治安管理行为人提出的事实、理由和依据，应当进行复核，能够成立的，公安机关应当采纳，不得因违反治安管理行为人的陈述、申辩而加重处罚。

五、听证

在治安管理处罚中，听证是一种选择性的程序，只有符合法定条件，且被处罚人要求听证的，听证才能举行。详细内容请见本章第四节治安管理处罚的听证程序。

六、审核、审批

（一）审核

审核即审查和核实，是指公安机关的案件审核部门对调查终结的治安案件，就违反治安管理行为的事实、证据、认定依据和处理意见进行审查核实，提出处理意见的过程。从实践来说，治安案件的审核部门是公安机关的法制部门。审核是公安机关办理治安案件的内置程序，属公安机关的内部行为，对外不产生法律效力。在实践中，将调查取证和审核分离，由法制部门对案件从事实和法律两方面进行把关，有利于确保案件质量。根据规定，公安派出所办理的治安案件，适用警告、500元以下的罚款，派出所可自行决定，即经派出所负责人审批后就可以决定。超过此处罚幅度的，派出所应报县级公安机关法制部门审核，然后经公安机关负责人审批决定。公安机关其他办案部门办理的治安案件，也应报法制部门审核，然后经公安机关负责人审批决定。

1. 上报审核前的准备。经调查取证，违反治安管理行为事实清楚，证据充分，需要给予行为人治安管理处罚的，办案人员应填写《治安管理处罚审批表》，并由办案部门负责人签署意见，然后连同有关案件材料一并上报。

2. 审核的内容。

(1) 应审核违反治安管理行为人的基本情况是否清楚，包括其姓名、性别、出生日期、户籍所在地、现住址、身份证件号码、健康状况、是否曾受到过刑事处罚或者行政处罚以及是否被劳动教养、收容教育、强制戒毒等情况，尤其是要注意违法行为人的年龄、精神健康状况、是否受过处理等对案件处理结果有直接影响的情况。

(2) 应审核案件事实是否清楚，证据是否确凿。看案件事实是否清楚，主要是看违反治安管理行为发生的时间、地点、过程、现场环境是否清楚，违法行为使用的工具、方法、手段是否清楚，共同违反治安管理行为人在违法行为中所处的地位和作用及行为的危害结果是否清楚等。看证据是否确凿，主要是看能够证明上述案件事实的证据应该收集的是否都收集了，是否能形成相互联系、相互印证的证据体系。看证据是否确凿，主要是看所收集的证据能否证明案件的主要事实。审查案件事实是否清楚，证据是否确凿，是一个问题的两个方面，密切相关，不可分割。

(3) 应审核定性和适用法律是否正确。定性是否准确，直接关系到适用法律是否正确和实施的治安管理处罚是否适当。所以，审核时必须以事实为依据，以法律为准绳。应注意行为是否已构成犯罪，要不要依法追究行为人刑事责任。同时应注意办案部门在对案件定性时是否使用了法律规定的术语。审核适用法律是否准确，主要应审查办案部门适用治安管理处罚法的具体规定是否准确，是否遵循了治安管理处罚法的立法本意。

(4) 应审查量罚是否适当，即审核办案部门选择的处罚种类、幅度与所认定的违反治安管理行为种类、情节是否一致，是否符合法定的处罚种类与幅度，是否存在显失公正与量罚畸轻畸重的情况。

（5）应审核程序是否合法。程序是否合法，关系到公安机关是否依法行政，也关系到相对人的合法权益，其本身具有独立的价值。在审核时应重点注意办案程序的合法性问题，具体包括审查案件的受理、管辖、回避是否合法；是否存在违法调查取证；是否存在滥用强制措施；在办案过程中，是否履行了告知、听证的相关义务；在办案过程中，是否遵守了各项时限（期间）的规定；涉案财物的处理是否符合规定等内容。

（6）审核法律文书是否规范、完备。法律文书的规范、完备是治安案件查处程序合法的外在表现，也是治安案件查处的基本要求。在审核时应注意审查法律文书的形成过程是否注意了法律语言的规范性，案卷中法律文书是否完备，相关法律文书在案卷中是否得到了体现。

3. 审核的意见。审核部门认为案件事实不清、证据不足的，提出具体退查意见，退回承办单位或承办人限期进行补充调查；认为程序违法的，退回承办单位和承办人限期补正；认为定性和适用法律不准、量罚不当的，应与承办单位和承办人沟通，并由承办单位对违反治安管理行为人重新告知；案件事实已经查清，证据充分，定性和适用法律准确，量罚得当，程序合法，法律文书齐全、规范的，审核部门签署意见后报公安机关负责人审批。

（二）审批

审批是指公安机关的负责人对经审核后的治安案件进行审查并签署处罚意见的过程。审批体现了治安管理处罚决定的权限。

根据《行政处罚法》第 38 条第 2 款的规定，对情节复杂或者重大违法行为给予较重的行政处罚，行政机关的负责人应当集体讨论决定。从实践来看，下列治安案件需集体讨论决定：

1. 涉外案件，涉港、涉澳、涉台人员违反治安管理的。
2. 各级人大代表、政协委员、知名人士等违反治安管理的。
3. 群体性违反治安管理的。
4. 有可能引发突发性事件的。
5. 介于刑事、治安案件之间的。
6. 承办单位与案件审核部门意见不一致的。
7. 上级公安机关或党政领导过问、交办的。
8. 其他疑难、复杂的案件。

七、制作治安管理处罚决定书

公安机关作出治安管理处罚决定的，应当制作治安管理处罚决定书。决定书应当载明下列内容：被处罚人的姓名、性别、年龄、身份证件的名称和号码、住址；违法事实和证据；处罚的种类和依据；处罚的执行方式和期限；对处罚决定不服，申请行政复议、提起行政诉讼的途径和期限；作出处罚决定的公安机关的名称和作出决定的日期；作出处罚决定的公安机关的印章。

被决定行政拘留处罚的，还应填写《治安管理处罚执行行政拘留处罚通知书》；需要采取收容教育、强制戒毒等行政强制措施的，依照有关法律、法规规定，填制相应的法律文书。

八、送达治安管理处罚决定书

《治安管理处罚法》第 97 条规定："公安机关应当向被处罚人宣告治安管理处罚决定书，并当场交付被处罚人；无法当场向被处罚人宣告的，应当在二日内送达被处罚人。决定给予行政拘留处罚的，应当及时通知被处罚人的家属。有被侵害人的，公安机关应当将决定书副本抄送被侵害人。"该条对治安管理处罚决定书的宣布和送达作出了具体规定。

（一）治安管理处罚决定书的交付

公安机关依法作出治安管理处罚决定后，应当及时按照法律要求制作治安管理处罚决定书。决定书向被处罚人宣告，并将决定书当场交付被处罚人，由被处罚人在决定书附卷联上签名。被处罚人拒绝签名的，由办案人员在决定书附卷联上注明。当场宣告不仅使被处罚人了解自己所受处罚情况，而且便于其依法履行治安管理处罚决定，同时也为被处罚人不服处罚而申请法律救济提供了条件，是教育与处罚相结合原则的具体体现。

（二）治安管理处罚决定书的送达

公安机关无法当场向被处罚人宣告的，应当在2日内将治安管理处罚决定书送达被处罚人。治安管理处罚法对送达方式没有作出规定，根据《行政处罚法》的规定，公安机关应当依照民事诉讼法的规定进行送达。对此，《公安机关办理行政案件程序规定》第31条进行了规定。

1. 直接送达。直接送达是指送达机关派专人将有关法律文书直接交付给受送达人。送达机关直接送达时，被送达人不在，可以交付给和他同住的成年家属签收。

2. 留置送达。受送达人本人或者代收人拒绝接收或者拒绝签名或者盖章的，送达人可以邀请其邻居或者其他见证人到场，说明情况，把文书留在受送达人处，在送达回执上记明拒绝的事由、送达日期，由送达人和见证人签名，即视为送达。

3. 委托送达。委托送达是指无法直接送达的，送达机关可以委托受送达人居住地的公安机关代为送达。

4. 邮寄送达。邮寄送达是指通过邮寄方式进行送达。邮寄送达时，挂号的回执为送达凭证，收件人的签收日期为送达日期。

5. 公告送达。经采取上述送达方式仍无法送达的，可以公告送达。公告的范围和方式应当便于公民知晓，公告期限不得少于60日。

此外，根据规定，决定给予行政拘留处罚的，应当及时通知被处罚人的家属。有被侵害人的，公安机关应当将决定书副本抄送被侵害人。

第四节　治安管理处罚的听证程序

一、听证程序的概念

治安管理处罚的听证程序是指公安机关在对法定处罚形式和内容作出决定前，听取违反治安管理行为人的陈述和申辩，并由听证程序的参加人就有关事实相互进行质问、辩论和反驳，从而查明事实，以保证处罚公正合理的法律过程。

听证的本质是体现程序公正。设定听证程序的目的有两个：一是保证行政机关高效合法地行使行政权以维护公共利益。二是赋予相对人知情权、参与权以维护其合法权益。治安管理处罚中的听证程序有利于公安机关在听取当事人意见的基础上，进一步查清案件事实，使治安案件的处罚决定正确、公正、合法；有利于当事人理解公安机关的工作，减少治安行政复议和治安行政诉讼，提高公安机关的工作效率；有利于加强公民及公安机关自身对治安案件办案的监督，保障当事人的合法权益。

二、听证程序的适用范围

听证程序并非所有行政处罚决定的必经程序。在治安管理处罚中，听证是一种选择性的程序，只有符合法定条件，且拟被处罚人要求听证的，听证才能举行。

《行政处罚法》第42条规定："行政机关作出责令停产停业、吊销许可证或者执照、较大数额罚款等行政处罚决定之前，应当告知当事人有要求举行听证的权利；当事人要求听证的，行政机关应当组织听证……”《公安机关办理行政案件程序规定》第89条规定：“公安机关在作出下列行政处罚决定之前，应当告知违法嫌疑人有要求举行听证的权利：（一）责令停产停业、停机（计算机）整顿、停止施工等；（二）吊销许可证或者执照；（三）较大数额罚款；（四）法律、法规和规章规定违法嫌疑人可以要求举行听证的其他行政案件。前款第三项所指‘较大数额罚款’是指对个人处以二千元以上罚款，对违反边防出入境管理法律、法规和规章的个人处以六千元以上罚款，对单位处以一万元以上罚款。对依据地方性法规或者地方政府规章作出的罚款处罚，适用听证的罚款数额按照地方规定执行。”《治安管理处罚法》第98条规定：“公安机关作出吊销许可证以及处二千元以上罚款的治安管理处罚决定前，应当告知违反治安管理行为人有权要求举行听证；违反治安管理行为人要求听证的，公安机关应当及时依法举行听证。”由此可见，公安机关根据治安管理处罚法决定治安管理处罚时，听证程序的适用范围包括吊销许可证以及处2000元以上罚款。根据《行政处罚法》、《公安机关办理行政案件程序规定》及有关法律、法规办理的其他公安行政案件，听证程序的适用范围则包括责令停产停业、吊销许可证或者执照、较大数额罚款等处罚。

对拟作出法定处罚范围内的治安管理处罚，公安机关应当以书面形式告知违反治安管理行为人有权要求举行听证。听证要求可以书面提出，也可以口头提出。根据《行政处罚法》第42条的规定，当事人要求听证的，应当在行政机关告知后3日内提出。当事人不承担公安机关组织听证的费用。

三、听证人员和听证参加人

（一）听证人员

根据规定，听证设听证主持人1名，负责组织听证；记录员1名，负责制作听证笔录。必要时，可以设听证员1名至2名，协助听证主持人进行听证。听证主持人由公安机关负责人指定，一般由法制部门负责人担任。本案调查人员不得担任听证主持人、听证员或者记录员。听证主持人在听证活动中行使下列职权：

1. 确定举行听证的时间、地点。
2. 决定听证是否公开举行。
3. 要求听证参加人到场参加听证，提供或者补充证据。
4. 决定听证的延期、中止或者终止。
5. 主持听证，并就案件的事实、理由、证据、程序、适用法律等组织质证和辩论。
6. 维持听证秩序，对违反听证纪律的行为予以制止。
7. 决定其他听证员、记录员的回避。
8. 依法享有的其他职权。

（二）听证参加人

听证参加人包括：当事人及其代理人，本案办案人员，证人、鉴定人、翻译人员，其他有关人员。与听证案件处理结果有直接利害关系的其他公民、法人或者其他组织，作为第三人申请参加听证的，应当允许。为查明案情，必要时，听证主持人也可以通知其参加听证。当事人在听证活动中享有下列权利：

1. 申请回避。
2. 委托1人至2人代理参加听证。
3. 进行陈述、申辩和质证。
4. 核对、补正听证笔录。

5. 依法享有的其他权利。

四、听证的告知、申请和受理

对适用听证程序的行政案件，办案部门在提出处罚意见后，应当告知违法嫌疑人拟作出的行政处罚和有要求举行听证的权利。违法嫌疑人要求听证的，应当在公安机关告知后3日内提出申请。违法嫌疑人放弃听证或者撤回听证要求后，处罚决定作出前，又提出听证要求的，只要在听证申请有效期限内，应当允许。

公安机关收到听证申请后，应当在2日内决定是否受理。认为违法嫌疑人的要求不符合听证条件，决定不予受理的，应当制作不予受理听证通知书，告知听证申请人。逾期不通知听证申请人的，视为受理。

公安机关受理听证后，应当在举行听证的7日前将举行听证通知书送达听证申请人，并将举行听证的时间、地点通知其他听证参加人。听证应当在公安机关收到听证申请之日起10日内举行。

五、听证的举行

（一）听证的步骤

1. 确定听证会主持人。听证会主持人，是指在行政机关举行听证会上负责组织听证活动正常进行的人员，由行政机关指定的工作人员担任。听证会主持人应符合以下条件：应是行政机关中具有相对独立地位的专门人员或部门，未直接参与本案的调查取证，与本案无直接利害关系。

2. 确定听证会的当事人和其他参加人。听证会的当事人，是指具体行政处罚案件中的承办单位或承办人以及被处罚的相对人。听证会的其他参与人，是指与案件的处理结果有直接利害关系的第三人，以及必要的证人、鉴定人、翻译人员等。听证程序的当事人及第三人可以亲自参加听证会，也可以委托他人作为代理人参加听证会。

3. 听证会的准备。当行政机关得知当事人已要求听证后，应及时指定听证主持人，由其为举行听证会做必要的准备。一般准备的事项包括：调阅案卷；确定并通知当事人和其他听证参加人；公告，即将举行听证会的时间、地点、案由及听证要求人的姓名或名称公布于众。

4. 听证会的举行。听证会除涉及国家秘密、商业秘密或个人隐私外，一律公开进行。其具体步骤一般是：

（1）主持人宣布听证会开始。

（2）由对案件调查取证的执法人员提出当事人违法的事实根据、法律凭证和行政处罚建议。

（3）由当事人针对指控的事实及相关问题进行申辩质证。

（4）调查取证人员与当事人互相辩论。

（5）当事人作最后陈诉。

（6）主持人宣布听证会结束。

5. 听证笔录。记录员应当将举行听证的情况记人听证笔录。听证笔录应当载明下列内容：

（1）案由。

（2）举行听证的时间、地点和方式。

（3）听证人员的姓名、职务。

（4）听证参加人的姓名、单位或者住址。

（5）办案人员陈述的事实、证据和法律依据以及行政处罚意见。

（6）违法嫌疑人或者其代理人的陈述和申辩。

（7）第三人陈述的事实和理由。

（8）办案人员、违法嫌疑人或者其代理人、第三人质证、辩论的内容。

(9) 证人陈述的事实。

(10) 违法嫌疑人、第三人、办案人员的最后陈述意见。

(11) 其他事项。

听证笔录应当交违法嫌疑人阅读或者向其宣读。听证笔录中的证人陈述部分，应当交证人阅读或者向其宣读。违法嫌疑人或者证人认为听证笔录有误的，可以请求补充或者改正。违法嫌疑人或者证人审核无误后签名或者捺指印。拒绝签名或者捺指印的，由记录员在听证笔录上记明情况。

听证笔录经听证主持人审阅后，由听证主持人、听证员和记录员签名。

(二) 中止听证与终止听证的法定情形

1. 中止听证。根据规定，听证过程中，遇有下列情形之一，听证主持人可以中止听证：

(1) 需要通知新的证人到会、调取新的证据或者需要重新鉴定或者勘验的。

(2) 因当事人提出回避申请，致使听证不能继续进行的。

(3) 其他需要中止听证的。

中止听证的情形消除后，听证主持人应当及时恢复听证。

2. 终止听证。根据规定，有下列情形之一的，应当终止听证：

(1) 违法嫌疑人撤回听证申请的。

(2) 违法嫌疑人及其代理人无正当理由拒不出席或者未经听证主持人许可中途退出听证的。

(3) 违法嫌疑人死亡或者作为违法嫌疑人的法人或者其他组织被撤销、解散的。

(4) 听证过程中，违法嫌疑人或者其代理人扰乱听证秩序，不听劝阻，致使听证不能正常进行的。

（5）其他需要终止听证的。

（三）听证报告书的制作

听证结束后，听证主持人应当写出听证报告书，连同听证笔录一并报送公安机关负责人。听证报告书应当包括下列内容：

（1）案由。

（2）听证人员和听证参加人的基本情况。

（3）举行听证的时间、地点和方式。

（4）听证会的基本情况。

（5）案件事实。

（6）处理意见和建议。

公安机关负责人应当根据听证情况，按照规定作出处理决定（如何决定，请见第十五章治安案件的终结）。

思考题：

1. 治安管理处罚决定的前提和标准是什么？
2. 简易程序的适用条件有哪些？
3. 简述治安传唤的适用。
4. 简述告知的适用。
5. 听证程序的适用范围有哪些？

第十四章　治安管理处罚决定的执行

第一节　行政拘留的执行

行政拘留处罚是治安管理处罚法中适用最为广泛的处罚种类。由于其直接涉及公民人身权利，所以治安管理处罚法对行政拘留处罚执行的方式进行了严格的规定，包括直接执行、不执行和暂缓执行三种。

一、行政拘留处罚的直接执行

《治安管理处罚法》第103条规定："对被决定给予行政拘留处罚的人，由作出决定的公安机关送达拘留所执行。"由于人口流动规模量越来越大，治安案件发案率越来越高，为维护法律的权威性和严肃性，提高行政效率，确保行政拘留决定的执行，治安管理处罚法取消了治安管理处罚条例规定的自行履行的执行方式，规定对被决定给予行政拘留处罚的人，由作出决定的公安机关派出工作人员直接送达拘留所执行。

根据公安部的解释规定，行政拘留的执行时间从入所的次日起计算。根据《治安管理处罚法》第92条的规定，对于在行政拘留前已经采取强制措施限制人身自由的，限制人身自由1日，折抵行政拘留1日。

根据《治安拘留所管理办法（试行）》的规定，拘留所在执行时应当查验《治安管理处罚决定书》和被拘留人的居民身份证。在接受被处罚人时，如发现有《治安管理处罚法》第21条规定的不执行行政拘留的情形之一的，不应收所执行，已经收所的，要立即释放，并及时通知作出决定的公安机关。拘留所在管理中必须遵循严格的管理制度，组织被处罚人进行法制学习，并适当地安排劳动。治安管理处罚法没有规定被拘留人负担伙食费，即意味着应当由国家负担被拘留人在行政拘留期间的伙食费。

二、行政拘留处罚的不执行

为了体现尊重和保障人权的原则和以人为本的现代管理理念，治安管理处罚法对几类特殊主体作出了不执行行政拘留的规定。对这几类特殊主体依法作出行政拘留处罚决定，体现了治安管理过罚相当的原则，是对其行为的否定性评价。不实际执行，体现了法律的人道主义本质，其目的在于体现对弱势群体的特殊保护。根据《治安管理处罚法》第21条的规定，有下列情形之一的，可作出行政拘留的处罚决定，但不执行行政拘留：

（一）已满14周岁不满16周岁的

这一规定是出于对未成年人的保护和责任承担能力方面的考虑。人的意识和意志能力即辨别控制能力是随着人的年龄、智力的发育而逐渐成熟的，已满14周岁未满16周岁的人还处于未成年阶段，其责任能力还有所欠缺，排除一些较为严厉的行政处罚措施的执行，有利于未成年人的成长。这种责任承担上的限制也有利于给已满14周岁未满16周岁、智力发育尚未成熟的人更多改过自新的机会，避免行政拘留处罚对其成长可能造成的不利影响。

（二）已满16周岁不满18周岁，初次违反治安管理的

这一规定同样是基于对未成年人的保护。相对于已满14周岁不满16周岁的人来说，已满16周岁不满18周岁的人对自身行为的性质及其后果的认识和控制能力有所提高，但和成年人相

比还是有差距的。另外，对未满 18 周岁的未成年人实施拘留处罚，对其本人的心理、周围人对他的评价和他今后的人生发展会产生一定的负面影响。因此，治安管理处罚法规定对这些初次违反治安管理的行为人，不执行行政拘留处罚。这样做的目的是想将对这些人的负面影响减少到最低程度，但又能通过对其给予行政拘留处罚但不实际执行的方式，对其起到警示作用。如果被处罚人不思改正，再次违反治安管理又依法应当行政拘留的，就应当执行行政拘留处罚。

（三）70 周岁以上的

这主要是出于人道主义考虑，年迈的人大多身体较弱，若处以行政拘留，在自由被限制的情况下，有可能进一步引发健康恶化或其他的疾患，给责任人造成超出责任限度之外的不利后果。

（四）怀孕或者哺乳自己不满 1 周岁婴儿的

这一规定体现了我国立法保护妇女儿童权益的一贯原则。该规定既是对妇女的保护，也是对胎儿和婴儿成长发育的保护。婴儿在哺乳期对母亲具有生理和心理的双重需要，妇女在孕期和哺乳期也需要特殊的保护，若处以行政拘留，被限制人身自由，其身心健康必然会受到不利影响，进而影响胎儿的发育以及婴儿的健康成长。对在公安机关作出行政拘留决定时流产（包括自然流产和人工流产）的妇女，我们认为参照刑法及相关司法解释的规定，如流产不足 1 个月，应视为“怀孕妇女”按怀孕妇女对待。

三、行政拘留处罚的暂缓执行

行政拘留暂缓执行是指被拘留人在申请行政复议、提起行政诉讼期间，向公安机关提出行政拘留暂缓执行申请，公安机关认为对被拘留人暂缓行政拘留不致发生社会危险，在被拘留人或其近亲属提供了担保人或者交纳保证金后，行政拘留决定可以暂缓执行的法律制度。行政处罚法规定了申请行政复议或者提起行政诉讼行政处罚不停止执行的原则。《行政处罚法》第45条规定："当事人对行政处罚决定不服申请行政复议或者提起行政诉讼的，行政处罚不停止执行，法律另有规定的除外。"这样规定主要是考虑到在行政处罚活动中，一方面，为了维护行政机关的权威和保证行政效率，行政处罚一般不停止执行；另一方面，由于任何国家机关在决定处罚时，有可能出现错误，规定暂缓执行，有利于避免执行后造成难以恢复的损害后果。即使经过行政复议或者行政诉讼被认为是错误的，也不可挽回，因此，《行政处罚法》又规定"法律另有规定的除外"。行政拘留区别于其他处罚的显著特征是其处罚结果的不可恢复性，为使被处罚人充分行使法律所赋予的救济权，防止和避免因错误行政拘留被执行而给被处罚人造成难以弥补的精神损失和伤害，更好地保障公民的合法权益，体现尊重和保障人权的原则，治安管理处罚法对行政拘留设定了暂缓执行的规定。

（一）暂缓执行的条件

《治安管理处罚法》第107条规定："被处罚人不服行政拘留处罚决定，申请行政复议、提起行政诉讼的，可以向公安机关提出暂缓执行行政拘留的申请。公安机关认为暂缓执行行政拘留不致发生社会危险的，由被处罚人或者其近亲属提出符合本法第一百零八条规定条件的担保人，或者按每日行政拘留二百元的标准交纳保证金，行政拘留的处罚决定暂缓执行。"从这一规定看，暂缓执行必须符合以下条件：

1. 暂缓执行只限于行政拘留处罚，并由被拘留人提出了申请。对于拘留与罚款并处的情形，暂缓执行只适用于拘留，罚款仍须按规定执行。暂缓执行申请必须由被处罚人本人提出，其近亲属和其他人均无权提出。申请既可以在申请行政复议和行政诉讼的同时提出，也可以在复议与诉讼期间提出。

2. 被处罚人申请了行政复议或者提起了行政诉讼。如果被处罚人没有申请行政复议或者提起行政诉讼的，不得暂缓执行行政拘留处罚。如果公安机关在作出暂缓执行决定前，行政复议机关已经决定或者人民法院已经裁定不予受理的，对被拘留人也不得适用暂缓执行的规定。公安机关决定是否予以暂缓执行，不以复议机关或者人民法院是否受理作为必要条件。

3. 公安机关认为暂缓执行行政拘留不致发生社会危险。这是适用暂缓执行的关键条件。这里的不致发生社会危险，主要是指决定暂缓执行行政拘留后，被处罚人不会发生逃跑、干扰和阻碍证人作证、串供、毁灭伪造证据、重新实施违法犯罪行为等情形。公安机关需要根据被处罚人的违反治安管理行为的性质、社会危害、一贯表现等各方面情况综合考虑，判断其是否具有社会危险性。如果公安机关认为暂缓执行行政拘留可能会发生社会危险的，行政拘留不得暂缓执行。

4. 被处罚人及其近亲属必须提供一定的保证措施。治安管理处罚法规定的保证措施有两种：提供担保人和交纳保证金。被处罚人及其近亲属只需要选择其中的一种。公安机关不得要求被处罚人及其近亲属同时提供担保人和交纳保证金。

只有同时符合上述四个条件，行政拘留才能暂缓执行。

(二) 担保人的条件

根据《治安管理处罚法》第108条的规定，担保人必须同时具备以下四个条件：

1. 与本案无牵连。这是指担保人与被处罚人所涉及的治安案件没有任何利害关系。

2. 享有政治权利，人身自由未受限制。为了确保担保人能履行担保职责和义务，担保人在为被决定行政拘留处罚人承担担保义务时，其本人必须没有被剥夺政治权利或者被限制人身自由。需要注意的是，这里的享有政治权利和人身自由未受限制是指担保人在为被行政拘留处罚人承担担保义务期间享有政治权利和人身自由未受限制。

3. 在当地有常住户口和固定住所。在当地有常住户口，是指担保人在对被担保人作出行政处罚的公安机关所在的县、市、旗被登记为常住户口。在当地有固定住所，是指担保人在对被担保人作出行政处罚的公安机关所在的县、市、旗有赖以生活的合法住所，包括拥有所有权的住所和拥有使用权的出租房。担保人在当地有常住户口和固定住所，便于公安机关与之联系，也有利于担保人履行担保义务，及时配合执法机关的工作，更重要的是使被处罚人顾及到担保人的利益而放弃逃避处罚的妄想，使行政复议和行政诉讼活动顺利进行。

4. 有能力履行担保义务。是否具有履行担保义务的能力，需要对担保人的能力进行综合评判，包括对被担保人是否具有足够的影响力和监督控制能力，担保人的信用程度，担保人的身体状况和是否实际在当地居住足以使他履行监督被处罚人的义务，例如，担保人必须是年满 18 岁并具有完全民事行为能力的成年人，无行为能力和限制行为能力的人不能担任担保人。

（三）担保人的义务与责任

为了保证担保人履行职责，法律规定了担保人的义务和责任。《治安管理处罚法》第 109 条规定：“担保人应当保证被担保人不逃避行政拘留处罚的执行。”“担保人不履行担保义务，致使被担保人逃避行政拘留处罚的执行的，由公安机关对其处三千元以下罚款。”担保人的义务是指在行政拘留暂缓执行期间，担保被担保人不实施逃避行政拘留处罚执行的行为。在被处罚人申请暂缓执行行政拘留期间，担保人要通过语言劝解、监督、督促、提醒等多种方式，保证被处罚人认真配合公安机关和人民法院的工作，既不能阻碍公安机关的调查取证工作、行政复议工作和人民法院的审理工作，也不能以申请暂缓执行为名逃避治安管理处罚。

保证人担保的特点是以保证人的人格、名誉和信誉作保，是纯粹的人格担保。为保证担保的效果，法律又规定保证人没有尽到法定义务必须承担一定的法律后果，即担保人不履行担保义务，致使被担保人逃避行政拘留执行的，由公安机关对其处3000元以下罚款。

在实践中，认定担保人的行为是否构成不履行法定义务致使被担保人逃避处罚的行为，应当从该行为构成的四个要件进行分析：

1. 行为侵害的客体是社会管理秩序。不履行法定义务致使被担保人逃避处罚的行为主要是妨害了公安机关执法活动的正常开展，使公安机关作出的治安管理处罚决定不能得到及时有效执行。

2. 客观方面表现为不履行法定义务，并且造成被担保人逃避行政拘留处罚执行的后果。如果担保人不履行担保义务，但被担保人并未逃避行政拘留处罚执行的，不构成本行为。被担保人逃避行政拘留处罚的执行，包括既遂和未遂。但是，担保人发现被拘留人逃跑后及时报告公安机关而将其抓获归案的，也不构成本行为。

3. 担保人主观方面是出于故意，即故意不履行担保义务致使被担保人逃避行政拘留处罚的执行。如果担保人因过失使被担保人逃避行政拘留处罚的执行的，则不能构成本行为。但是，如果担保人发现被担保人逃避行政拘留处罚执行，既不加以制止，也不及时报告公安机关，从而造成被担保人逃避行政拘留处罚的执行的，则可认定为具有主观故意，应当依法处罚。

4. 行为的主体是特殊主体，即担保人。

(四) 保证金的处理

保证金是指由被拘留人或者其近亲属为了申请暂缓执行而交纳的保证被拘留人不逃避行政拘留执行的一定数量的金钱。根据

《治安管理处罚法》第 107 条的规定，保证金必须按照每日行政拘留 200 元的标准交纳。这里的每日行政拘留，是指在公安机关通知其交纳保证金时尚未执行的行政拘留，而不是指公安机关依法决定的行政拘留。交纳保证金是为了防止被处罚人逃避行政拘留处罚的执行。《治安管理处罚法》第 110 条和第 111 条分别对保证金的没收与退还作了明确规定。

1. 关于保证金的没收。《治安管理处罚法》第 110 条规定："被决定给予行政拘留处罚的人交纳保证金，暂缓行政拘留后，逃避行政拘留处罚的执行的，保证金予以没收并上缴国库，已经作出的行政拘留决定仍应执行。"根据该条的规定，被决定给予行政拘留处罚的人交纳保证金，暂缓行政拘留后，逃避行政拘留处罚的，保证金予以没收。对于没收的保证金，必须按照规定上缴国库。没收被拘留人的保证金，是对其逃避行政拘留处罚执行的一种惩罚。

在没收保证金的同时，已经作出的行政拘留处罚仍应执行。没收保证金只是对被处罚人逃避行政拘留处罚的行为的一种处罚措施，并不能代替其因违反治安管理行为所应受的行政拘留处罚。在没收保证金后，行政拘留决定仍应执行。这就从根本上杜绝了被处罚人妄想通过暂缓执行来逃避行政拘留的企图，这也是公平原则在法律中的体现。

2. 关于保证金的退还。《治安管理处罚法》第 111 条规定："行政拘留的处罚决定被撤销，或者行政拘留处罚开始执行的，公安机关收取的保证金应当及时退还交纳人。"在暂缓执行行政拘留时，交纳保证金是一种临时性的保障措施。当这种需要不存在时，保证金就应当及时退还。退还保证金包括两种情形：一是经过行政复议、行政诉讼，原先的行政拘留决定被撤销的，原处罚决定不再有效，公安机关不得执行原处罚决定，而将保证金退还给交纳人。二是原行政拘留处罚决定被维持，或者处罚幅度变更，但公安机关已经开始执行行政拘留，而将保证金退还给交纳人。

第二节 罚款的执行

罚款是治安行政处罚中适用较为广泛的处罚种类，由于直接涉及被处罚人的经济利益，也是执行过程中难度较大的处罚之一。为了保证罚款的有效执行，行政处罚法和治安管理处罚法对罚款的执行原则、方式、期限和方法等都作了严格的规定。

一、罚款执行的原则

《行政处罚法》第46条第1款和第2款规定："作出罚款的行政机关应当与收缴罚款的机构分离。除依照本法第四十七条、第四十八条规定当场收缴的罚款外，作出行政处罚决定的行政机关及其执法人员不得自行收缴罚款。"《治安管理处罚法》第115条规定："公安机关依法实施罚款处罚，应当依照有关法律、行政法规的规定，实行罚款决定与罚款收缴分离；收缴的罚款应当全部上缴国库。"罚款决定和执行相分离是行政处罚法规定的一项重要制度，也是治安管理处罚执行中必须遵循的基本原则。行政处罚法规定的罚款决定与执行相分离是指行政机关对当事人作出处罚决定时只开具罚款决定书，由当事人自己持行政处罚决定书，在规定的时间内到指定的金融机构缴纳罚款的一种制度。

处罚决定与收缴相分离，是行政处罚法总结我国长期以来的执法经验，为进一步规范执法行为，防止腐败，而作出的重要规定，在实践中取得了较好的效果，主要表现在以下几个方面：一是减少了罚款的流失，强化了财政监控的能力。二是推动了廉政建设，改变了执法人员在罚款过程中的随意性，改善了行政机关的形象，提高了行政机关和行政执法人员依法办事的意识，有效地抑制了滥罚款、罚款不给收据及罚款被截留、挪用、私分等违法现象的发生。三是被处罚人直接到银行缴纳罚款，对处罚比较容易接受，弱化了被处罚人的抵触情绪，更好地达到教育被处罚人的目的。

二、罚款执行的方式

（一）自动履行

自动履行，是指由被处罚人在一定时间内到指定的银行主动缴纳治安管理处罚决定书所确定的罚款，这是罚款执行的主要方式。《治安管理处罚法》第104条规定："受到罚款处罚的人应当自收到处罚决定书之日起十五日内，到指定的银行缴纳罚款……"指定的银行，是指治安管理处罚决定书上标明的办理代收罚款业务的银行。被处罚人缴纳罚款的期限为自收到罚款决定书之日起15日内。

（二）当场收缴

结合执法实践中的特殊情况，为减少执法成本，方便被处罚人，保证罚款决定的执行，治安管理处罚法基本承袭了行政处罚法的规定，设定了当场收缴制度。

1. 当场收缴的条件。根据《治安管理处罚法》第104条的规定，下列三种情况可以当场收缴罚款：

（1）被处50元以下罚款，被处罚人对罚款无异议的。根据这项规定，人民警察当场收缴罚款必须同时具备两个条件：一是罚款金额只能在50元以下。二是被处罚人对处罚决定无异议。治安管理处罚法确定的当场收缴金额高于行政处罚法的20元限额，相对于行政处罚法来说，治安管理处罚法属于特别法，根据特别法效力优于一般法的原则，应当适用治安管理处罚法的规定。

（2）在边远、水上、交通不便地区，公安机关及其人民警察依照治安管理处罚法的规定作出罚款决定后，被处罚人向指定的银行缴纳罚款确有困难，经被处罚人提出的。这是针对特殊地区收缴罚款所遇到的特殊情况而作出的特别规定。根据这一规定，人民警察当场收缴罚款必须同时具备三项条件：一是当场收缴只限于边远、水上、交通不便地区。二是被处罚人向指定的银行缴纳罚款确有困难。三是必须由被处罚人提出要求。这是当场收缴罚款的必备条件，三个条件缺一不可。在边远、水上、交通不便地区，银行网点少，地理位置偏远，交通十分不便，公安机关及其人民警察依法作出罚款决定后，如果要求被处罚人到指定的银行缴纳罚款，对被处罚人来说确有困难，给实际执行造成不必要的麻烦，也背离了罚缴分离制度建立的初衷。为了保证严肃执法，同时，为了方便被处罚人执行罚款决定，被处罚人可以向人民警察提出当场缴纳罚款。经被处罚人要求后，人民警察可以当场收缴罚款。

(3) 被处罚人在当地没有固定住所，不当场收缴事后难以执行的。这项规定是针对在当地，即作出处罚决定的公安机关所在地没有固定住所的临时外来人员。对这类对象如不当场收缴罚款，事后则难以执行。

2. 当场收缴的程序。为了既监督人民警察的执法行为，又方便人民警察的工作，《治安管理处罚法》第105条规定："人民警察当场收缴的罚款，应当自收缴之日起二日内，交至所属的公安机关，在水上、旅客列车上当场收缴的罚款，应当自抵岸或者到站之日起二日内，交至所属的公安机关；公安机关应当自收到罚款之日起二日内将罚款缴付指定的银行。"这里对人民警察当场收缴的罚款规定了两种上交期限：第一种是在一般情况下，人民警察当场收缴的罚款，应当自收到罚款之日起两个工作日内，交至所属的公安机关。如果期满日为节假日时，节假日后的第一个工作日为期满日。第二种是在水上、旅客列车上当场收缴的罚款，人民警察应当在抵岸或者到站后的两个工作日内，交至所属的公安机关。

人民警察当场收缴罚款的，必须出具罚款收据。《治安管理处罚法》第106条规定："人民警察当场收缴罚款的，应当向被处罚人出具省、自治区、直辖市人民政府财政部门统一制发的罚款收据；不出具统一制发的罚款收据的，被处罚人有权拒绝缴纳罚款。"人民警察出具的罚款收据必须由省、自治区、直辖市人民政府财政部门统一制作和发放，不得擅自印制非法定罚款收据。这样便于财政部门对罚款的监管，对于防止公安机关及其人民警察截留、挪用、贪污、私分罚款等现象起到有效的预防作用，促进廉政建设。同时该条还规定，对于不出具统一制发的罚款收据的，被处罚人有权拒绝缴纳罚款。使被处罚人也成为监督公安机关及其人民警察依法行政的重要力量，也便于保护被处罚人的合法权益。

（三）暂缓或分期缴纳

《行政处罚法》第52条规定："当事人确有经济困难，需要延期或者分期缴纳罚款的，经当事人申请和行政机关批准，可以暂缓或者分期缴纳。"在正常的行政处罚的罚款收缴程序之外，可能出现受处罚人因有特殊经济困难，需要延期或者分期缴纳罚款的情况。在这种情况下，受处罚人不是主观上拒交罚款，而是客观上有经济困难，没有如期履行罚款义务的能力。因此，必须与受处罚的当事人故意拒绝或者拖延缴纳罚款的行为区分开来，允许有特殊经济困难的当事人暂缓或者分期履行罚款义务。

受处罚的当事人确有经济困难，需要延期或者分期缴纳罚款的，应当向作出罚款决定的行政机关提出申请，说明不能按期缴纳罚款的原因和理由，并提出申请延期的期限或者缴纳罚款的次数。行政机关在收到当事人的申请后，应当进行严格审查，确定其是否有履行罚款的能力。行政机关经过审查，认为当事人申请理由不成立的，应当驳回申请；认为申请理由成立的，应当作出批准延期或者分期缴纳的决定。行政机关作出批准延期或者分期缴纳决定后，应当制作决定书，银行依照行政机关的决定收缴罚款。

（四）强制执行

治安管理处罚法没有规定对不按期缴纳罚款的违反治安管理行为人如何强制执行，但是，《治安管理处罚法》第3条规定："治安管理处罚的程序，适用本法的规定；本法没有规定的，适用《中华人民共和国行政处罚法》的有关规定。"根据《行政处罚法》第51条的规定，当事人逾期不履行行政处罚决定的，作出行政处罚决定的行政机关可以采取下列措施：

1. 到期不缴纳罚款的，每日按罚款数额的3%加处罚款。加处罚款是指被处罚人逾期不履行缴纳罚款义务，行政处罚主体按一定比例加收罚款。在执行程序中它是一种间接强制执行方法。加处的罚款不受"一事不再罚"的原则限制，可以按日反复进行。为保证罚款决定的实施，行政处罚主体在加处罚款时，应当作出加处罚款决定，并送达当事人执行。

2. 根据法律规定，将查封、扣押的财物拍卖或者将冻结的存款划拨抵缴罚款。查封是指对被执行人的有关财产贴上封条，就地封存，不准任何人转移和处理的临时保全措施。扣押是将被执行人的财产运送到一定场所加以扣留，不准被执行人占有、使用、处分的保全措施。查封、扣押可以在行政处罚决定中采取，也可以在行政处罚执行过程中采取。查封、扣押的财物的处理主要以公开拍卖的形式，将财物卖给出价最高者。例如，被执行人的财物拍卖所得的价款，偿付被处罚人应付罚款并支付执行费用后仍有剩余，应退还给被执行人。国家禁止自由拍卖的物品，应交有关单位按照国家规定的价格收购。

冻结是指对被处罚人在银行、信用合作社或其他有储蓄业务的单位的存款采取的不准其提取或转移的一种强制措施。划拨是指对逾期不履行处罚决定书确定的义务的被处罚人在银行、信用社和其他有储蓄业务的单位的存款，请求有关单位划入行政处罚主体指定账户以抵缴罚款的一种强制措施。冻结可在行政处罚决定程序和执行程序中进行，划拨必须在执行过程中被处罚人不履行行政处罚决定书确定的义务的前提下进行。

在当事人逾期不缴纳罚款的情况下，如果行政机关在此之前已经查封、扣押当事人的财物或者已经冻结当事人的存款，则可以进行拍卖或者划拨抵缴罚款。行政机关采取这一强制措施需要具备两个条件：一是法律明确授权行政机关在查处违法行为时，可以查封、扣押当事人的财物或者冻结当事人的存款，而且行政机关已经实施了这些行为。二是法律明确授权行政机关可以将查封、扣押的财物拍卖或者将冻结的存款划拨抵缴罚款，如果法律仅仅授权行政机关在查处违法行为时，可以查封、扣押当事人的财物或者冻结当事人的存款，但没有明确授权行政机关可以将查封、扣押的财物拍卖或者将冻结的存款划拨抵缴罚款，则行政机关也不得拍卖或者划拨，以抵缴罚款。

3. 申请人民法院强制执行。行政处罚决定作出后，被处罚人逾期不履行义务，应申请人民法院强制执行。行政处罚主体申请人民法院强制执行时，应当提交申请执行书、行政处罚决定书和有关材料。行政处罚主体申请人民法院执行的，应当在法律规定的被处罚人的起诉期限届满之日起 3 个月内提出申请，逾期申请的，人民法院不予受理。

第三节　其他处罚的执行

一、警告的执行

警告是对违反治安管理行为人进行警戒、教育，责令其承认错误并保证改正违法行为的一种治安管理处罚。

在执行人员向被处罚人送达并宣布警告处罚决定书时，不论当事人是否申请复议或者提起行政诉讼，警告处罚即执行完毕。对警告的执行决不是简单的训斥，而是摆事实、讲道理，使被处罚人心服口服，真正受到教育，并决心改正错误。总之，执行警告处罚，切不可简单送达决定书了事，必须同执行拘留、罚款处罚一样，认真对待，只有这样，才能真正体现警告的法律作用。

二、吊销公安机关发放的许可证的执行

吊销公安机关发放的许可证的执行，是通过收回由公安机关发放的许可证，剥夺违反治安管理人经营此行政许可事项的资格。公安机关作出吊销许可证决定的，应当在被吊销的许可证上加盖“吊销”印章后收缴，被处罚人拒不缴销证件的，公安机关可以公告宣布无效。

三、驱逐出境与限期出境的执行

驱逐出境和限期出境都是取消违反治安管理人在中国居留资格的处罚，限期出境属于责令自行出境，公安机关可以监督其离开。对逾期未离境的，公安机关可以采取强制措施将其遣送出境。驱逐出境在执行程度上要重于限期出境，需要由负责执行的公安机关将其强制押解出境。对外国人依法作出罚款、行政拘留决定又附加适用限期出境或者驱逐出境处罚的，应当在罚款、行

政拘留执行完毕后，再执行限期出境和驱逐出境处罚。由于驱逐出境应当立即执行，而罚款的缴纳期限是15天，在时间上会有冲突。为了保护国家利益，维护国家法律的严肃性，对外国人处以罚款的，如果外国人在作出罚款决定的公安机关所在地没有固定住所或者没有合法证件证明其身份的，人民警察应当当场收缴，然后予以驱逐出境或者限期出境。对于不属于当场收缴情形的，应责令被处罚的外国人尽快缴纳罚款，以便执行驱逐出境、限期出境处罚。

思考题：

1. 哪些情形可以不执行行政拘留？
2. 行政拘留的暂缓执行应符合什么条件？
3. 谈谈罚缴分离的重要意义。
4. 当场收缴必须具备哪些条件？
5. 对于被处罚人逾期不缴纳罚款的应如何强制执行？

第十五章　治安案件的终结

第一节　治安案件的结案与终止调查

一、治安案件的结案

治安案件的结案是公安机关办理治安案件的最后一道程序。它是指案件经过依法调查后，案件主要事实已经查清，证据充分、确凿，从而根据不同的情况分别对案件作出不同处理的法律程序。根据《公安机关办理行政案件程序规定》第196条的规定，公安机关在办理治安案件时，有下列情形之一的，应当予以结案：

（一）情节显著轻微，危害不大，决定不予治安管理处罚的

经过调查，公安机关认为尽管行为人实施了违反治安管理行为，但其行为情节显著轻微，对社会没有造成实际危害后果或者危害后果很小，造成的社会影响也很小，通过批评教育，违反治安管理行为人已经认识到自己行为的违法性并及时改正的，本着教育与处罚相结合的原则，公安机关决定不对其实施治安管理处罚的，应当予以结案。

在查处治安案件的实践中，判断情节是否显著轻微，要从行为的动机、手段、实施违反治安管理行为的环境和条件、损害的后果、侵害的对象、行为人的个人情况、一贯表现及认错的态度等方面来考察。

（二）适用调解程序的案件已经调解终结的

根照法律规定，对因民间纠纷引起的打架斗殴和损毁他人财物等违反治安管理行为，情节轻微的，公安机关可以调解处理。经过调解，当事人认识到自己行为的违法性，并就造成的损害赔偿达成协议并实际履行，视为调解终结；或者经过公安机关的调解，双方当事人未达成一致协议，而公安机关认为无须对当事人一方或者双方实施治安管理处罚，可以告知当事人向人民法院提起民事诉讼，也视为调解终结。对于调解终结的案件，公安机关应当予以结案。

（三）作出治安管理处罚决定，并且已经执行完毕的

经过调查，公安机关依法对违反治安管理行为人作出治安管理处罚决定后，不论是公安机关完成对治安管理处罚决定的执行，还是有关机关依法强制执行，都表明执行已经完毕，这时，治安案件应当予以结案。

（四）违法行为涉嫌构成犯罪，转为刑事案件办理的

公安机关在办理治安案件过程中，如果发现违法行为涉嫌触犯刑法，构成犯罪的，应当按照公安机关内部的分工，将案件的全部材料移交刑事侦查部门处理，该案由行政程序转为刑事司法程序，此时该治安案件应予结案。

二、治安案件的结案期限

治安案件的结案期限是指公安机关在受理治安案件后，对治安案件进行调查直至作出处理决定的最长时间限期。在查处治安案件的实践中，公安机关对一起治安案件应当在多长时间内结案，《治安管理处罚法》第 99 条对此作出了明确的规定。根据该规定，公安机关办理治安案件的期限，自受理之日起不得超过 30 日；案情重大、复杂的，经上一级公安机关批准，可以延长 30 日。这就要求公安机关对受理的治安案件应当及时处理、及

时结案，以保护当事人的合法权益，体现法律的公正性和严肃性。

三、治安案件终止调查

终止调查是指治安案件因各种特殊原因无法使调查工作继续进行或无法进行时，从而终止调查。终止调查是案件调查规律的客观反映，也是遵从客观规律的必然结果。在实践中，并不是所有的治安案件都需要处理完毕，公安机关经过调查，如果发现有些治安案件因为具有某种特殊情形而使案件调查工作无法进行或者不必深入调查，就应当及时终止案件调查工作。终止案件调查属于办案程序中案件终结的范畴。根据《公安机关办理行政案件程序规定》第 197 条的规定，具有下列情形之一的，应当终止调查：

（一）没有违法事实的

由于多种因素的影响，公安机关受理的案件中有的可能与事实出入较大，有的可能是错告或者诬告，有的可能是行为人出于认识上的错误而自首等，公安机关对上述治安案件经过调查后，在没有违法事实的情况下，继续调查已无必要，应当终止案件调查工作。

（二）违法行为已过追究时效的

追究时效是指对违反治安管理行为人予以治安管理处罚的有效时限。超过法定时限的，不得对违反治安管理行为人予以治安管理处罚。根据《治安管理处罚法》第 22 条的规定，对违反治安管理行为的追究期限是 6 个月。对超过追究时效的违反治安管理行为，公安机关不应再对其作出治安管理处罚，当然也就无须再进行案件调查工作，因此，公安机关应当终止案件调查工作。

（三）违反治安管理行为人死亡的

公安机关对违反治安管理行为人实施治安管理处罚的目的在

于惩罚和教育其本人，如果违反治安管理行为人已经死亡，被处罚对象已经不存在，无从进行调查处理。因此，公安机关对违反治安管理行为人死亡的治安案件，也应当终止案件调查工作。

根据《公安机关办理行政案件程序规定》第 197 条的规定，终止案件调查，必须经过公安机关办案部门以上负责人批准，办案人员无权自行决定终止案件调查。同时，决定终止案件调查，必须制作法律文书并通知案件当事人。此外，终止案件调查时，违反治安管理行为人已经被采取行政强制措施的，应当立即解除，不得以任何理由继续对其采取强制措施，否则将构成侵犯公民权利的行为。

四、调查结束后的处理

公安机关对治安案件通过一系列的调查取证活动，完成了证据的收集、查证工作后，在查清全案事实的基础上，结束对案件的调查。根据《治安管理处罚法》第 95 条的规定，公安机关对治安案件调查结束后，应当根据案件的不同情况，分别作出不同的处理：

（一）确有依法应当给予治安管理处罚的违法行为的，根据情节轻重及具体情况，作出治安管理处罚决定

公安机关在对调查结果进行审查后，认定行为人确有依法应当给予治安管理处罚的违反治安管理行为，就应当根据违反治安管理行为的情节轻重及具体情况，根据《治安管理处罚法》和有关法律、法规和规章的规定，对行为人作出相应的处罚决定。

（二）依法不予处罚的，或者违法事实不能成立的，作出不予处罚决定

经过调查，违反治安管理行为人如果具有治安管理处罚法所规定的不予处罚情节，公安机关可以在结合违反治安管理的具体情节、案件的具体情况后，对行为人作出不予处罚的决定。同

时，公安机关经过调查发现行为人违法事实不成立的，也应当依法对行为人作出不予处罚的决定。所谓违法事实不成立，通常包括经过调查后有充分的证据证明违反治安管理行为不存在，没有充分的证据证明违法事实成立，没有证据证明当事人实施了违反治安管理行为等三种情形。

（三）违法行为已涉嫌犯罪的，移送主管机关依法追究刑事责任

经过调查，公安机关认为行为人的违法行为已涉嫌构成犯罪的，应当根据《刑事诉讼法》、《公安机关办理刑事案件程序规定》等法律、法规、规章的规定，将行为人移送给侦查部门依法处理。

（四）发现违反治安管理行为人有其他违法行为的，在对违反治安管理行为作出处罚决定的同时，通知有关主管部门处理

公安机关在查处治安案件的过程中，发现违反治安管理行为人有其他尚未构成犯罪的违法行为，应当在对其依法作出治安管理处罚决定的同时，将违反治安管理行为人的有关情况通知有关行政主管部门依法处理，如果有相关证据材料的，应当一并移交有关行政主管部门。

五、治安案件的中止调查

治安案件调查的中止是指公安机关在对治安案件进行调查的过程中，确实因特殊原因使调查活动无法继续进行，经办案部门以上负责人批准，从而暂时停止案件的调查活动。

在查处治安案件的实践中，当案件的调查出现以下情况之一时，治安案件办案部门便可以中止调查：一是案件受理后，经过长时间调查，没有发现任何线索，使案件事实难以查明的。二是违反治安管理行为人或违反治安管理嫌疑人下落不明的。三是因违反治安管理行为人或违反治安管理嫌疑人患有严重疾病，使案

件调查无法继续进行的。

在办理治安案件的过程中，决定中止案件的调查，首先，应由办案人员制作中止调查报告书，并且必须经办案部门以上负责人批准，才能中止案件的调查。其次，办案部门决定中止调查的，必须通知案件当事人并说明理由。同时，中止调查的情形消失后，办案部门应当及时恢复对案件的调查。

第二节　治安案件的档案管理与统计分析

一、治安案件档案管理

治安案件档案就是公安机关在治安案件调查与处理过程中，所直接形成的文字、图表、声像是当然形态的历史记录，是具有保存价值的专用文书材料，是公安专业档案的重要组成部分。也可以说，治安案件档案是公安机关在查处治安案件过程中产生、形成和积累起来的文件材料。

治安案件的档案管理是指对治安案件档案进行分类、立卷、整理、接收、保管、利用以及销毁等一系列工作的管理活动。它不仅是治安案件调查与处理工作的必要补充，而且也是丰富和完善公安专业档案的重要途径，对查处治安案件乃至整个公安工作都有着积极的意义。

涉及治安案件档案管理的规范文件主要有：《档案法》（1996年）、《公安专业档案管理办法》（2003年）、《公安机关档案类别划分与档号编写办法》（2003年）、《公安派出所档案管理办法（试行）》（1994年）等。

（一）立卷归档

立卷也叫组卷，就是按照一定的方法和原则，将已经处理完毕并有保存价值的文件组成案卷。对治安案件文件材料的立卷，按规定应坚持“依案立卷、一案一卷”的原则。一案一卷，是指把一起治安案件所形成的文件材料组织在一起，不管这起案件涉及多少人，也不管对每个人予以何种治安管理处罚，在立卷时，要把这一案件的所有材料集中在一起组成一个案卷。

治安案件档案的收集、整理、立卷由承办人员、档案工作管理人员负责，谁办结、谁立卷、谁归档。档案管理部门负责监督、检查。

立卷时要顺应文件材料自然形成规律，保持文件之间的相互联系，区分文件的价值，便于查找利用和科学管理。凡立卷归档的案卷材料必须齐全完整，法律文书及定性依据材料要翔实准确。

归档是指按照立卷的原则和方法将治安管理处罚案卷立卷后，按照档案管理制度向档案室移交的工作。公安机关专业档案管理部门验收时要严格进行检查，凡不符合规定的，立卷单位（或立卷人）要加以弥补。接收档案要逐卷点清，并由交接双方承办人在移交目录上签字。

（二）保管

档案管理部门在接收治安管理处罚案卷后，应当根据《公安专业档案管理办法》的规定，及时进行分类、编号和编目，按照档案检索语言，编写全宗号、类别号、目录号、案卷号，其编写方法遵循惟一、合理、稳定、扩充和简明的原则。档案部门按照有关规定排列和存放，应当加强专业档案的日常管理，保管好治安管理处罚案卷档案。除了提高管理人员的素质和管理水平外，还应健全档案库房管理制度，设置档案专用库房和装具，档案库房的建筑结构应坚固适用，并有防盗、防火、防水、防潮、防尘、防鼠、防虫、防高温、防辐射等设施。档案部门应当积极采用先进的档案保护技术，延长档案的寿命，对即将破损和变质的档案，要及时修复和复制。档案部门应当定期对专用档案的管理状况进行全面检查，准确掌握档案的收进、移出、保管利用和销毁的情况，发现问题及时采取有效措施，确保档案的安全。

（三）利用

要建立健全档案借阅制度，档案部门应积极为专业档案的利用创造条件。其基本内容是：

1. 公安机关所属各单位因工作需要，经档案形成部门同意，可以查阅本单位的治安管理处罚案卷档案；经档案形成部门和档案主管部门批准，可以查阅该档案形成部门的治安管理处罚案卷档案。

2. 其他公安机关查阅治安管理处罚案卷档案的，须持县级以上公安机关的介绍信和查档人员的身份证明，经档案形成部门和档案主管部门批准同意，方可查阅。

3. 非公安机关查阅治安管理处罚案卷档案的，原则上不予提供，特殊情况应当经档案形成部门和档案主管部门共同的上级部门批准。

4. 律师或者其他人员查阅公安专业档案依照《刑事诉讼法》、《律师法》等有关法律、法规的规定执行。

（四）销毁手续

根据《公安专业档案管理办法》的规定，治安管理处罚案卷档案的保管期限为长期，即16年至50年；对已到保管期限的案卷，到期后，档案主管部门应当组织鉴定。鉴定工作在档案形成部门负责人的主持下，由档案主管部门和有关部门的人员共同组成鉴定小组，对到期档案提出鉴定意见和工作方案，对不需要继续保存的应当登记造册，经立档单位负责人批准后统一销毁。销毁档案时必须由2人以上进行，实行监销并由销毁人在登记册上签名，注明销毁时间。

二、治安管理处罚案卷的整理与装订

治安管理处罚案卷是根据公安专业档案管理的有关规定，按照一定的原则和方法整理起来的一组有联系的文件，其文件材料的整理与案卷装订应遵循一定的规范或一般的原则。

（一）卷内文件目录

由于治安案件办理过程中形成的文件材料比较复杂，因此为了规范管理，要求治安管理处罚案卷必须在卷首附上卷内文件目录。

卷内文件目录表的项目包括顺序号、文号、责任者、题名、日期、页号、备注。目录表中的顺序号是指文件在卷内的依次顺序。文号是指文件制发机关的发文字号。责任者是指制发文件的单位或个人。题名是指文件的标题或事由，填写题名时应按原文照录，一般不能省略或更改，对复制件和抄录件要加以注明。日期是指文件制发的年月日。页号是对卷内文件所在位置的编号，编写时要标明每份文件的首页号，最后一份文件填写起止页号。备注是指对卷内文件缺损、修改、补充、移出、销毁等情况所作的必要说明。

（二）卷内文件材料

根据《公安机关办理行政案件程序规定》第199条的规定，治安案件案卷中的卷内文件材料主要有：

（1）受案登记表。

（2）传唤证。

（3）证据材料，包括书证、物证、视听资料、电子数据、证人证言、受害人陈述、违法嫌疑人的陈述和申辩、鉴定、检测结论和现场勘验、检查笔录等。

（4）治安管理处罚决定文书。

（5）在办理案件中形成的其他文书。其他文书是指公安机关在办案过程中形成的，除上述四种文书之外的文书，包括治安管理处罚执行拘留通知书，收容教育决定书，强制戒毒决定书，劳动教养决定书，公安机关收缴，扣押物品的清单和收据，告知笔录，听证笔录，各种回执文书等。

（三）案卷装订要求

1. 依案立卷、一案一卷。

2. 案卷材料统一为 A4 纸，大于 A4 纸的，需折叠处理，小于 A4 纸的以及不便装订的材料，需裱糊后再装订。

3. 卷内的文字材料及法律文书应使用具有长期保留性能的笔、墨书写。

4. 案卷材料目录表要按规定填写。

5. 卷内材料一般按结论性材料和办案程序依次排列。

6. 卷内材料要编写页号，页号用阿拉伯数字，顺序标注在正面的右上角、背面的左上角，空白面不编号。

7. 对定案证据不宜装订入卷的，应拍成照片入卷，并附情况说明。

8. 案卷材料最后要附备考表。

9. 装订时，要采用线绳装订，三孔一线，背面打结，不得有金属物、压字和掉页的情况。

三、治安案件的统计分析

所谓统计分析，是根据分析、研究的目的，在科学理论的指导下，以客观统计资料为依据，结合具体实际情况，运用定量分析与定性分析相结合的方法，对社会现象进行系统的分析、研究，阐明问题产生的原因，认识事物的本质和发展规律的一种统计分析方法。在整个统计活动过程中，统计分析是一个重要阶段，是充分发挥统计职能的关键环节。

（一）治安案件统计的意义

治安案件统计，是指运用定量方法反映和研究治安案件及其相关因素的数量表现与数量关系的一种行政管理活动，是为各级政府和公安机关提供决策依据，观察、指导治安案件调查与处理工作，与各有关部门沟通信息的一个重要方面，是治安管理部门从总体、部分或个体上分析、研究治安案件规律、特点的基本方法。治安案件统计的意义与作用十分广泛。概括起来包括以下几个方面：

1. 服务作用。治安案件统计的数据，反映公安工作的某种数量特征，可以为各级公安机关的业务工作服务，为公安机关部署工作提供依据，帮助公安机关了解、掌握治安案件的发案、破案和处罚情况，认识社会治安状况及存在的问题，对于评价各阶段、各地区的公安工作和社会治安，采取相应对策，具有重要意义。

2. 预测作用。科学的预测是决策的前提，而预测的基础是统计调查所获得的各种信息材料。治安案件统计通过统计调查、占有材料、科学汇总，使之条理化、系统化，从对个体的实际表现的认识过渡到对总体数量表现的认识，从客观现象的描述过渡到对现象规律性的认识。因此，通过对治安案件的统计、调查、分析，可以预测治安状况，并就如何防止与减少违法犯罪采取相应的对策。

3. 总结作用。通过治安案件统计的各种数据，可以反映公安机关基层组织的工作与存在的问题。例如，通过治安案件的发案率和破案率等一系列数据，可以部分地反映一个地区、一定时期内治安状况的好坏，治安防范及案件查处工作做得如何，将其作为评价治安管理部门和基层派出所工作业绩的标准之一。

（二）治安案件统计的方法

治安案件统计的方法，运用的是统计学的基本原理。根据目前公安统计工作的任务与性质，治安案件统计一般要经过统计调查、统计整理和统计分析三个阶段，三个阶段相互衔接、承前启后。

治安案件的统计调查，就是根据治安案件统计工作的目的与任务，对各种原始统计材料有计划、有组织地收集的工作程序。

治安案件的统计整理，是指根据研究问题的目的和需要，将治安案件统计调查所取得的大量分散的原始材料进行科学加工处理的工作过程。它是统计调查的继续和深化，又是统计分析的准备与前奏。

治安案件的统计分析，是指在统计调查和统计整理的基础上，对已掌握的各种治安案件汇总资料进行加工、分析、研究，从数量方面揭示某一治安现象的规律，获得科学结论并提交报告的过程。对于获得的统计资料如果不予以分析、研究，充其量只能说明某些治安现象的结果，而不是揭示其原因及发展变化规律，只有统计分析，才能实现对这些现象的本质即规律性的认识。

治安案件统计分析不同于平常所说的治安形势分析和案例分析等，而是建立在数字统计资料的基础上，运用统计学理论和方法进行的。其方法主要有三种：

1. 分组法。分组法是指把要统计的治安案件按类别、性质、阶段或者地区等分成若干组，逐组进行分析。治安案件统计的分组应视统计指标的选定情况而定。

2. 比较法。在进行统计分析时，通常使用统计比较的方法，来研究事物之间的联系、结构和比重关系。所谓统计比较，是将统计指标所反映的实际规模水平与有关标准进行比较对照，计算出数量上的差别和变化，并在此基础上作出评价与判断。治安案件统计的比较是将治安案件统计数字资料相互比较对照，从中发现问题，查明原因，以解决不同治安现象之间，某个治安现象内部各种特征之间的相互关系问题。从而深刻认识其本质特征及发展变化规律。统计比较可以从不同角度划分种类，通常分为：静态比较和动态比较、相对比较和相差比较、单项比较和综合比较。

3. 联系法。这就是根据治安现象自身的客观规律，将反映相互联系、相互影响和相互制约而又不断发展变化的治安现象的治安案件统计数字资料，联系起来进行分析。

当然，统计分析的三种方法不是绝对独立的，而是相互联系、共同起作用的。除此以外，还可以根据需要，运用统计学理论的统计综合指标法、归纳推断法等多种方法予以分析、研究。

思考题：

1. 具备哪些法定情形可以对治安案件结案？
2. 在调查过程中出现什么情形可以终止调查？
3. 治安案件统计有何意义？
4. 治安案件调查终结需要具备哪些条件？

第十六章　治安管理处罚的法律救济和执法监督

治安管理处罚是公安行政执法的重要组成部分。为确保公安机关有效地维护社会治安秩序，保障公共安全，保护公民、法人和其他组织的合法权益，国家赋予公安机关在查处治安管理案件中广泛的职权，包括治安案件调查权、治安管理处罚权和采取其他强制措施等权力。这些权力一旦违法行使或使用不当，就会损害公民、法人和其他组织的合法利益。因此，必须采取一定的法律救济措施，并对警察执法进行监督，真正实现治安管理处罚法维护社会治安秩序和保障人权的双重价值。

治安管理处罚的法律救济，是指公安机关在治安案件调查和处理过程中，侵害了公民、法人和其他组织的合法权益，通过法定的方式和程序得以恢复和补救的法律制度，包括治安行政复议、治安行政诉讼和治安行政赔偿。治安管理处罚执法监督是指公安机关或者人民检察院、行政监察机关依照国家法律、法规以及各种规章制度对公安机关及其人民警察办理治安案件所进行的监督。

第一节　治安行政复议

一、治安行政复议的含义

治安行政复议，是指公民、法人或者其他组织，认为公安机关的治安管理具体行政行为侵犯其合法权益，依法向该公安机关的上一级公安机关或者同级人民政府提请对该具体行政行为进行审查，由上一级公安机关或同级人民政府进行审查并作出决定的法律救济制度。治安行政复议区别于其他司法活动，具有以下法律特征：

第一，治安行政复议的主体是法律规定的行政机关。《行政复议法》第 12 条第 1 款规定："对县级以上地方各级人民政府工作部门的具体行政行为不服的，由申请人选择，可以向该部门的本级人民政府申请行政复议，也可以向上一级主管部门申请行政复议。"由此可见，享有治安行政复议权的主体必须是法定的行政机关即作出治安决定的本级人民政府，也可以是上一级公安机关。除此之外，其他任何机关均不能成为治安行政复议的主体。

第二，治安行政复议的内容是治安行政争议。治安行政争议是指在治安行政执法过程中，被治安管理处罚的人或者其他行政相对人对公安机关的治安管理处罚决定、治安强制措施等具体行政行为不服而发生的争执。

第三，治安行政复议必须以被治安管理处罚的人或者其他行政相对人的申请为前提。治安行政复议不同于治安管理处罚决定行为，它是一种行政司法行为，其程序的启动必须依治安管理相对人的申请，复议机关不能主动实施复议行为，实行"不告不理"的原则。

第四，治安行政复议的性质是一种治安行政救济。治安管理相对人通过提起行政复议，复议机关通过审查公安机关在治安案件查处过程中具体行政行为，可以纠正公安机关的违法或不当行政行为，使治安管理处罚相对人的合法权利免受侵犯，也可以通过对治安管理处罚决定的维持，维护公安机关依法行使职权。

二、治安行政复议的范围

根据《行政复议法》、《治安管理处罚法》和相关治安管理法律、法规的规定，治安行政复议的范围主要包括以下几个方面：

第一，对治安管理处罚决定不服的。

第二，对治安强制措施不服的。

第三，公民、法人和其他组织受到违反治安管理行为的不法侵害，要求公安机关履行保护其人身权、财产权等合法权利的法定职责，而公安机关没有依法履行的。

第四，认为公安机关在治安案件查处过程中侵犯其人身权和财产权的其他行为。

三、治安行政复议机关

治安行政复议机关，是指受理治安行政复议申请，依法对治安管理具体行政行为进行审查并作出裁决的机关。根据《行政复议法》第12条第1款的规定，对县级以上地方各级人民政府工作部门的具体行政行为不服的，由申请人选择，可以向该部门的本级人民政府申请行政复议，也可以向上一级主管部门申请行政复议。根据《行政复议法》第14条的规定，对国务院部门或者省、自治区、直辖市人民政府的具体行政行为不服的，向作出该具体行政行为的国务院部门或者省、自治区、直辖市人民政府申请行政复议。根据《行政复议法》第15条的规定，对政府工作部门依法设立的派出机构依照法律、法规或者规章规定，以自己的名义作出的具体行政行为不服的，向设立该派出机构的部门或者该部门的本级地方人民政府申请行政复议；也可以向具体行政行为发生地的县级地方人民政府提出行政复议申请。根据《行政复议法》的规定，受理治安行政复议的机关为：

1. 对公安部作出的具体行政行为不服的，向公安部申请行政复议。

2. 对省（自治区、直辖市）公安厅（局）、市（地、州、盟）公安局（处）、县（市、旗）公安局作出的具体行政行为不服的，向作出该具体行政行为的公安机关的上一级公安机关或者该公安机关的本级人民政府申请行政复议。

3. 对城市公安分局作出的具体行政行为不服的，向该城市公安分局隶属的城市公安局或者该公安分局的本级人民政府申请行政复议。

4. 对省（自治区、直辖市）公安厅、局直属的公安局、公安分局作出的具体行政行为不服的，向该隶属的公安厅、局申请行政复议。

5. 对公安派出所依法以自己的名义作出的具体行政行为不服的，向设立该公安派出所的县（市、旗）公安局、城市公安分局或者县（市、旗）公安局、城市公安分局的本级人民政府申请行政复议。

6. 对劳动教养管理委员会作出的劳动教养决定不服的，向该劳动教养管理委员会的本级人民政府或者上一级劳动教养管理委员会申请行政复议。

7. 对铁路、交通、民航、森林公安机关作出的具体行政行为不服的，向其上一级铁道、交通、民航、森林公安机关申请复议；如果其上一级公安机关不在同一地区的，向所在地的县、市公安局、城市公安分局申请复议；对客运列车、客运轮船乘警队作出的具体行政行为不服的，可以向乘警队隶属的上一级公安机关申请行政复议。

四、治安行政复议的申请与受理

（一）治安行政复议的申请

治安行政复议的申请，是指公民、法人或其他组织认为公安机关作出的治安管理具体行政行为侵犯其合法权益，依法向有管辖权的行政复议机关提起对该具体行政行为进行审查的行为。一般来说，申请治安行政复议应当具备以下条件：

1. 申请人必须具备法定资格，即申请人是认为公安机关的具体行政行为侵犯其合法权利的公民、法人或其他组织。《行政复议法》第 10 条第 1 款和第 2 款规定："依照本法申请行政复议的公民、法人或者其他组织是申请人。有权申请行政复议的公民死亡的，其近亲属可以申请行政复议。有权申请行政复议的公民为无民事行为能力人或者限制民事行为能力人的，其法定代理人可以代为申请行政复议。有权申请行政复议的法人或者其他组织终止的，承受其权利的法人或者其他组织可以申请行政复议。同申请行政复议的具体行政行为有利害关系的其他公民、法人或者其他组织，可以作为第三人参加行政复议。"

2. 有明确的被申请人。治安管理相对人申请行政复议必须指明被申请人，即作出具体治安管理行为侵犯其合法权益的公安机关及其办案部门。没有明确的被申请人，复议机关可以拒绝受理。作出治安管理处罚决定的公安机关或办案部门被撤销的，继续管辖该区域和行使治安决定权的公安机关是被申请人。

3. 有具体的复议请求和事实根据。申请人一般应有明确、具体的复议请求。复议请求一般有四种情况：一是请求撤销违法的治安管理处罚决定。二是请求变更不适当的治安管理处罚决定。三是确认公安机关具体行政行为违法。四是请求履行法定职责。当然，还可附带提起赔偿请求。任何一种复议请求都必须以一定的事实根据为基础，否则，不可能得到复议机关的支持。

4. 必须向有管辖权的复议机关提出，即必须向作出原决定的公安机关的上一级公安机关或同级人民政府提出复议申请，并且属于可提起治安行政复议的。

这里应当指出的是，申请人必须在法定期限内申请复议，否则，申请人的申请权不受法律保护，申请不会产生预期的法律后果。根据《行政复议法》第 9 条的规定，治安管理行政相对人，自知道具体行政行为之日起 60 日内提出行政复议申请。因不可抗力或者其他正当理由耽误法定申请期限的，申请期限自障碍消除之日起继续计算。

申请人提出复议申请一般应采用书面形式，即向复议机关递交复议申请书，申请书应当载明下列内容：

第一，申请人的姓名、性别、年龄、职业和住所，法人或其他组织的名称、住所和法定代表人或者主要负责人的姓名、职务。

第二，被申请人的名称、地址。

第三，申请复议的理由。

第四，申请的年、月、日。

申请复议也可以口头申请。口头申请的，行政复议机关应当当场记录申请人的基本情况，行政复议请求，申请复议的主要事实、理由和时间。

(二) 治安行政复议的受理

治安行政复议的受理，是指复议机关接受申请人的复议申请，认为符合法定条件而依法予以受理。对复议申请，有下列情形之一的，决定不予受理并告知申请人不予受理的理由：第一，不是本案行政相对人提出的。第二，被申请人不明确的。第三，没有具体的复议请求和事实根据的。第四，超过法定期限的。

行政复议机关收到行政复议申请后，应当在 5 日内进行审查，对不符合治安行政复议条件的，决定不予受理；对复议申请书的内容尤其是法律规定应当载明的内容缺项，复议机关应当把复议申请书发还申请人限期补正；逾期不补正的则依法决定不予受理；对符合复议条件，但又不属于本机关受理的行政复议申请，应当告知申请人向有权的行政复议机关提出。认为符合法定条件的，应当制作《受理复议案件通知书》，交申请人和原作出具体治安管理行为的公安机关。行政复议机关应当自行政复议申请受理之日起 7 日内，将行政复议申请书副本或者行政复议申请笔录复印件发送被申请人。被申请人应当自收到申请书副本或者申请笔录复印件之日起10日内，提出书面答复，并提交当初作出具体行政行为的证据、依据和其他有关材料。

五、治安行政复议的审理

（一）*治安行政复议的审理方式*

复议机关对复议案件的审理以书面审理为主，其他方式为辅的审理方式。所谓书面审理，是指复议机关仅就双方所提供的书面材料进行审查，作出决定的一种审理方式。所谓其他方式，是指复议机关自身或根据申请人提出要求认为有必要时，可以向有关组织和人员调查情况，听取申请人、被申请人和第三人的意见，或者采取听证等公开方式，通过双方对争议的事实、法律依据进行质证、辩论，最后由复议机关作出决定的审查方式。治安行政复议的审查范围有以下几个方面：

1. 进行形式审查。这包括：案卷内各种法律文书、填写的时间是否符合法定程序，有无矛盾之处；卷内所需法律文书是否齐全、完备和规范。

2. 进行实质审查，主要是对办理案件所需材料内容进行核实，具体包括以下几个方面：

（1）审查原治安管理处罚决定认定的事实或其他治安管理行为。审查原决定认定的事实是否清楚，证据材料反映的事实是否准确、全面、真实，有关案发时间、地点、情节、后果、责任等是否明确，从治安案件的构成要件方面审查原决定认定的事实是否已构成违反治安管理行为。

（2）审查判断案卷中的各种证据。对证据是否充分、确凿进行确认，以保证证据的可靠性、全面性，对不足之处进行及时的补正。

（3）审查案件事实与证据材料之间的关系。

(4) 审查法律适用。对原决定的定性是否准确，有无法律依据，原决定内容、幅度等是否合法进行审查，原决定是否违反法定程序，法律手续是否齐全，有无超越或滥用职权行为，处罚有无畸轻畸重和显失公正现象等。

(二) 治安行政复议的期限

根据《行政复议法》的规定，受理治安行政复议申请的机关应按照法律规定，自受理申请之日起 60 日内作出治安行政复议决定。对情况复杂，不能在规定期限内作出复议决定的，经受理的复议机关负责人批准，可以适当延长，但是延长期限最多不超过 30 日，同时要告知申请人和被申请人。

(三) 治安行政复议的审理程序

1. 审理前的准备。为确保审理工作合法、公正地进行，复议机关在审理前必须做好以下几方面的准备工作：

(1) 向被申请人发送复议申请书副本。

(2) 通知被申请人在指定期限内提交案卷材料和答辩书。

(3) 审阅复议材料。

(4) 调查和收集证据。

(5) 确定复议的审理方式、时间和地点等有关事宜。

2. 实体审理。实体审理的具体方法，因审理方式的不同而有所区别。

(1) 采用书面审理方式时，首先由具体承办人员向全体复议人员介绍原决定的案情和证据，然后由全体复议人员对案卷材料以及作出治安管理处罚或强制措施认定的事实和依据进行审查核实。

(2) 采用听证等公开方式时，复议人员通知复议参加人到庭，对复议案件的案件事实、证据和作出处罚决定或采取强制措施的依据进行全面的查证对质。具体包括下列几项内容：

①询问复议当事人并由其陈述。

②证人作证。

③宣读鉴定结论。

④出示证据。

⑤宣读勘验笔录、检测记录和现场检查笔录。

⑥由复议参加人就案件事实证据以及法律适用进行相互辩论和质证。

3. 评议和作出复议决定，即由复议人员在对案件进行实体审理的基础上，就复议决定问题进行讨论研究，确定复议处理意见，呈报复议机关负责人审批，并作出复议决定。

六、治安行政复议决定

（一）治安行政复议决定的作出

治安行政复议决定，是指复议机关通过审理，根据治安案件的事实和证据，依照有关法律、法规，对治安行政争议作出的决定。行政复议机关对被申请人作出的具体行政行为进行审查后，按照下列规定作出行政复议决定：

1. 具体行政行为认定事实清楚，证据确凿，适用依据正确，程序合法，内容适当的，决定维持。

2. 被申请人不履行法定职责的，决定其在一定期限内履行。

3. 具体行政行为有下列情形之一的，决定撤销、变更或者确认该具体行政行为违法；决定撤销或者确认该具体行政行为违法的，可以责令被申请人在一定期限内重新作出具体行政行为：

（1）主要事实不清、证据不足的。

（2）适用依据错误的。

（3）违反法定程序的。

（4）超越或者滥用职权的。

（5）具体行政行为明显不当的。

(二) 复议决定书的制作

复议决定书是复议机关对治安行政复议案件经过复查后的综合认定。复议结束后，复议机关应当填写《行政复议案件审批表》，经领导审批后制作《行政复议决定书》，书写内容要求清楚，结论要肯定，文字简明扼要，逻辑性强。

(三) 治安行政复议决定的效力与执行

复议决定一旦发生法律效力，就具有拘束力、确定力和执行力。当事人双方必须履行，如果被申请人不履行或者无正当理由拖延履行行政复议决定的，复议机关或者上级行政机关应当责令其履行；如果申请人逾期不起诉又不履行行政复议决定的，作出原决定的公安机关可以依法强制执行或申请人民法院强制执行。变更具体行政行为的行政复议决定，由行政复议机关依法强制执行或者申请人民法院强制执行。

第二节 治安行政诉讼

一、治安行政诉讼的含义

治安行政诉讼是指公民、法人或其他组织认为公安机关作出的治安管理具体行政行为侵犯其合法权益而依法诉诸法院，人民法院在双方当事人和其他诉讼参加人的参加下，对治安案件进行审理和裁判的司法活动。它是相对于国家行政机关动用国家行政权对行政争议进行复议的另一类具有国家强制力的解决行政争议的法律制度。

治安行政诉讼具有如下法律特征：

第一，治安行政诉讼的诉讼客体为治安行政争议。治安行政争议，是指公安机关在实施治安行政管理、行使国家治安行政权的过程中与处于被管理地位的公民、法人或者其他组织之间所发生的以治安行政权利和义务为内容的分歧或异议，具体表现为对公安机关在治安案件查处当中作出具体行政行为不服。

第二，治安行政诉讼是人民法院运用国家审判权监督公安机关依法行使职权和履行职责，保护公民、法人或者其他组织的合法权益不受公安机关违法或不当的行政行为侵害的一种司法活动。

第三，治安行政诉讼由治安行政管理相对人主动提起。

第四，治安行政诉讼中的原告、被告资格是恒定的，即公安机关始终是被告，公安机关不能成为原告。

二、提起治安行政诉讼的条件

提起治安行政诉讼的条件，是法律所规定的当事人可以提起治安行政诉讼应当具备的一系列条件的总和，也就是说，起诉的条件不只是一个方面，而是几个方面因素的有机联系体，缺少其中任何一个方面的条件，人民法院将不予受理。根据《行政诉讼法》的规定，提起治安行政诉讼应具备以下六个方面的条件：

（一）原告具有诉讼资格

提起行政诉讼的原告，是指认为公安机关或复议机关的具体行政行为侵犯其合法权益的公民、法人或者其他组织。

（二）有明确的被告

根据规定，作出治安管理处罚决定、采取强制措施等具体行政行为的机关为被告；如果是经过复议的案件，复议机关维持原决定的，作出原决定的公安机关是被告；复议机关改变原决定的，复议机关是被告。

（三）有具体的诉讼请求和事实根据

具体诉讼请求是指原告对被告提出的希望得到司法保护的实体权利要求，它是原告提起行政诉讼的目的所在，也是人民法院审理的关键所在。根据法律规定，原告提出的治安行政诉讼请求有：撤销之诉、变更之诉、赔偿之诉、履行之诉、确认之诉。

（四）属于人民法院受案范围

根据《行政诉讼法》第 11 条的规定，人民法院受理公民、法人和其他组织对下列具体行政行为不服提起的诉讼：

1. 对拘留、罚款、吊销许可证和执照、责令停产停业、没收财物等行政处罚不服的。

2. 对限制人身自由或者对财产的查封、扣押、冻结等行政强制措施不服的。

3. 认为行政机关侵犯法律规定的经营自主权的。

4. 认为符合法定条件申请行政机关颁发许可证和执照，行政机关拒绝颁发或者不予答复的。

5. 申请行政机关履行保护人身权、财产权的法定职责，行政机关拒绝履行或者不予答复的。

6. 认为行政机关没有依法发给抚恤金的。

7. 认为行政机关违法要求履行义务的。

8. 认为行政机关侵犯其他人身权、财产权的。

（五）属于受诉人民法院管辖

根据《行政诉讼法》第 13 条、第 14 条、第 17 条、第 18 条的规定，行政案件由最初作出具体行政行为的行政机关所在地基层人民法院管辖。经复议的案件，复议机关改变原具体行政行为的，也可以由复议机关所在地基层人民法院管辖。对限制人身自由的行政强制措施不服提起的诉讼，由被告所在地或者原告所在地人民法院管辖。对国务院各部门或者省、自治区、直辖市人民政府所作的具体行政行为提起诉讼的案件，由国务院各部门或者省、自治区、直辖市人民政府所在地的中级人民法院管辖。

（六）必须在法律规定的期限内提起诉讼

根据《行政诉讼法》第 38 条、第 39 条、第 40 条的规定，公民、法人或者其他组织提起诉讼的，应当在知道作出具体行政行为之日起 3 个月内提起诉讼。如果经过复议，对复议决定不服，应当在收到复议决定书之日起 15 日内提起诉讼。因不可抗力或其他特殊情况耽误法定期限的，在障碍消除后的 10 日内，可以申请延长期限，由人民法院决定。

三、治安行政诉讼的程序

（一）提起诉讼

行政诉讼法没有直接规定起诉的方式，但是，根据《行政诉讼法》第 42 条的规定，起诉应以书面形式进行，而不能以口头方式进行，即当事人通过向人民法院递交书面形式的起诉状及起诉状副本来提起行政诉讼。采用书面形式起诉，有利于原告更全面、详尽地表达诉讼请求，说明起诉的事实、理由和根据，也有利于被告的答辩和人民法院弄清双方争执的焦点，还有利于减少起诉的随意性。

（二）受理

人民法院接到起诉书后进行审查，7 日内决定是否受理。在立案之日起 5 日内，将起诉状副本发送被告。被告在收到起诉状副本之日起 10 日内向人民法院提交作出具体行政行为的有关材料，并提交答辩状。人民法院在收到答辩状之日起 5 日内，将答辩状副本发送原告。

（三）审理

人民法院在受理、立案后，应当依法组成合议庭，公开审理治安行政案件，但涉及国家秘密、个人隐私和法律另有规定的除外。审理案件过程中，应当以事实为根据，以法律为准绳，对公安机关的治安管理具体行政行为的合法性进行审查，即公安机关作出的治安管理处罚决定和其他强制措施是否有法律依据，事实是否清楚，证据是否充分，定性是否准确，是否违反法定程序，处罚是否公正合理等。

（四）判决

人民法院审理治安行政案件，不适用调解，应当在3个月内作出一审判决。人民法院经过审理，根据不同情况，分别作出以下判决：

1. 具体行政行为证据确凿，适用法律、法规正确，符合法定程序的，判决维持。

2. 具体行政行为有下列情形之一的，判决撤销或者部分撤销，并可以判决被告重新作出具体行政行为：

（1）主要证据不足的。

（2）适用法律、法规错误的。

（3）违反法定程序的。

（4）超越职权的。

（5）滥用职权的。

3. 被告不履行或者拖延履行法定职责的，判决其在一定期限内履行。

4. 行政处罚显失公正的，可以判决变更。

人民法院的一审判决和裁定，如果原告和被告双方无异议的，在法定上诉期满后应当自觉执行。当事人如果不服一审判决的，应当在收到判决书之日起15日内向上一级人民法院上诉；不服一审裁定的，有权在收到裁定书之日起10日内向上一级人民法院上诉。当事人一旦上诉，则启动二审程序。上级人民法院应当在收到上诉状之日起两个月内作出终审判决，人民法院根据不同情况可以维持原判、依法改判或者发回重审。

四、公安机关在治安行政诉讼中的权利和义务

（一）公安机关在治安行政诉讼中的权利

在治安行政诉讼中，公安机关作为被告，在诉讼中享有法律所规定的以下权利：

1. 委托代理权。在治安行政诉讼中，公安机关可以委托诉讼代理人代为诉讼。

2. 查阅庭审材料权。经人民法院许可，被委托的诉讼代理人可以查阅本案材料。

3. 申请回避权。公安机关认为审判人员与本案有利害关系或者其他关系，可能影响公正判决的，有权申请审判人员回避，对回避决定不服的，还可以向上一级人民法院申请复议。

4. 申请证据保全权。证据保全是指对不采取措施就有可能灭失的证据加以保护的一种保护证据的方法。遇有这种情况，公安机关有权向人民法院申请证据保全。

5. 辩论权。在诉讼中，公安机关诉讼代理人可以就案件的事实和争议的问题陈述自己的主张和根据，进行反驳和答辩。

6. 对当事人不停止执行治安管理处罚权。按照治安管理有关法律、法规的规定，当事人在申诉、提起诉讼期间，原决定不停止执行。法律规定可以暂缓执行的情形除外。

7. 改变原治安管理处罚决定权。经人民法院许可，可以在人民法院对治安行政诉讼案件宣告判决或裁定前，改变原来作出的治安管理处罚决定。

8. 上诉权。公安机关不服人民法院的一审判决和裁定，有权向上一级人民法院提起上诉。

9. 申请强制执行权。公安机关对被处罚人在法定期限内不提起诉讼又不履行的，可以申请人民法院强制执行，或者公安机关依法强制执行。

10. 改变原具体行政行为权。在人民法院对治安行政诉讼案件宣告判决或裁定前，公安机关可以改变原具体行政行为。

（二）公安机关在治安行政诉讼中的义务

1. 按时提交有关案件材料和答辩状。公安机关应当在收到起诉书副本之日起10日内向人民法院提交作出治安管理处罚的案卷材料，并提出答辩状。

2. 按时出庭应诉。公安机关的法定代表人或者诉讼代理人应当按人民法院的规定和要求，按时到庭参加诉讼活动。在没有正当理由拒不到庭的情况下，人民法院可以按法定程序作出缺席判决。

3. 举证。公安机关应当提交作出治安管理处罚所依据的事实证据和法律证据，保证审判活动的顺利进行。

4. 遵守法庭秩序，保证人民法院审判的顺利进行。

5. 自觉履行人民法院发生法律效力的判决、裁定。对发生法律效力的判决或裁决，公安机关应当自觉履行。被判决重新作出治安管理处罚决定的，公安机关不得以同一事实和理由，作出与原治安管理处罚相同的处罚决定。对人民法院判决撤销公安机关违法作出的治安管理处罚决定的，应当立即停止治安管理处罚的执行。

6. 承担赔偿责任。公安机关及其人民警察作出的治安管理处罚侵犯了公民、法人或者其他组织的合法权益并造成损害的，由造成损害的公安机代表国家负责赔偿。

7. 依法缴纳诉讼费用。凡是人民法院判决撤销的治安行政诉讼案件，公安机关承担全部诉讼费用。当事人双方都有责任的，公安机关分担部分诉讼费用，对于应承担的诉讼费用，公安机关必须按规定缴纳。

五、治安行政诉讼案件的应诉与上诉

（一）应诉

公安机关的诉讼代理人依照法律规定，受公安机关法定代表人委托后，应积极准备出庭应诉，认真阅卷、拟写答辩状、准备辩论提纲。

1. 阅卷。公安机关的诉讼代理人要认真阅卷，掌握治安案

件案卷的全部内容，并做好阅卷笔录。熟悉案情要围绕行政争议进行。诉讼代理人可以会同作出具体行政行为的治安部门，分析、研究原告的起诉状，针对起诉状的诉讼请求和事实理由，全面了解案件有关问题，如果需要，诉讼代理人还要进行必要的调查访问，摸清办案过程和当事人的心理状态。

2. 提交答辩状。答辩状在形式上要完全符合法律文书的格式，在内容上要针对起诉状的诉讼请求和事实理由进行辩驳。写答辩状一般应注意下列问题：

（1）要清楚地列举作出治安管理具体行政行为的事实根据和法律依据。

（2）要据理驳斥原告不符合事实的陈述和理由。

（3）要反驳原告的诉讼请求。

（4）行文要重点突出，不要面面俱到罗列问题，所列证据不在多而在有力。

（5）语言要简洁。

3. 准备辩论提纲。辩论提纲是应诉人的庭审辩论准备，是应诉人针对庭审中原告一方在辩论时可能提出的问题而作出的反驳准备。庭审前辩论提纲准备得好与差对法庭辩论的效果具有举足轻重的作用。因此，公安机关的诉讼代理人应全面预测法庭辩论中原告、第三人及他们的诉讼代理人将会提出些什么问题，以便做好充分准备，有针对性地写出辩论提纲。

4. 出庭应诉、辩论。庭审中，诉讼代理人应当充分陈述事实和举证，反驳对方的诉讼请求。对审判人员、原告及其诉讼代理人的提问要如实回答。在法庭调查阶段，诉讼代理人经审判长许可，可以向原告、第三人、证人和鉴定人发问。在法庭辩论阶段，可以就双方争议的焦点进行辩论。

（二）上诉

上诉是当事人不服人民法院的第一审判决或裁定，依法要求第二审人民法院审理的诉讼行为。公安机关上诉应当在判决书送达后15日内提出。超过法定期限不提起上诉，原审判决生效，不得再行上诉。提起上诉应当提交上诉状，并按对方当事人的人数提供上诉状副本。

六、判决的执行和庭审后的总结

(一) 判决的执行

当事人必须履行人民法院发生法律效力的判决、裁定。公民、法人或者其他组织拒绝履行判决、裁定的，行政机关可以向第一审人民法院申请强制执行，或者依法强制执行。

对二审人民法院的判决，公安机关应自觉执行。公安机关拒绝履行判决或裁定的，一审人民法院会采取相应措施：第一，对应当归还的罚款或者应当给付的赔偿金，通知银行从该公安机关的账户内划拨。第二，在规定期限内不履行的，从期满之日起，对该公安机关按日处50元至100元罚款。第三，向该公安机关的上一级公安机关或者监察、人事管理部门提出司法建议。第四，拒不履行判决、裁定，情节严重，构成犯罪的，依法追究主管人员和直接责任人员的刑事责任。

(二) 庭审后的总结

庭审后，要及时进行总结，既要总结胜诉的经验，也要总结败诉的教训。通过总结，发现公安机关在查处治安案件过程中存在的问题和不足，改进工作作风，完善办案制度，做到依法行政，执法为民。

第三节 治安行政赔偿

一、治安行政赔偿的含义

根据《治安管理处罚法》第117条的规定，公安机关及其人民警察违法行使职权，侵犯公民、法人和其他组织合法权益的，应当赔礼道歉；造成损害的，应当依法承担赔偿责任。治安行政赔偿是指公安机关及其人民警察在治安行政执法活动中，因违法行使职权侵犯了公民、法人和其他组织的合法权益，由公安机关依法承担赔偿责任的一种法律救济制度。

二、治安行政赔偿的范围

根据《国家赔偿法》及有关法律、法规和司法解释的规定，治安行政赔偿的范围主要有以下几种：

（一）侵犯公民人身权的赔偿

公安机关及其人民警察在治安案件查处中，有下列侵犯公民人身权利行为之一的，受害人有获得赔偿的权利：

1. 违法行政拘留。

2. 违法采取限制人身自由的治安强制措施。

3. 非法拘禁或者以其他方法剥夺公民的人身自由。

4. 违法使用武器、警械造成公民身体伤害或者死亡。

5. 以殴打等暴力行为或者唆使他人以殴打等暴力行为造成公民身体伤害或者死亡的。

6. 造成公民身体伤害或死亡的其他违法行为。

（二）侵犯公民、法人或者其他组织的财产权利的赔偿

公安机关在治安案件查处活动中，有下列侵犯财产权利行为之一的，受害人有获得赔偿的权利：

1. 违法罚款。

2. 违法对财产采取收缴、扣押等行政强制措施。

3. 造成财产损害的其他违法行为。

（三）公安机关不承担治安行政赔偿责任的情形

根据规定，由于以下原因造成损害的，公安机关不承担赔偿责任：

1. 非职权行为，即公安机关人民警察行使与治安管理职权无关的个人行为。

2. 自身损害行为。因公民、法人或者其他组织自己的行为致使损害后果发生的，公安机关不承担赔偿责任。

3. 法律没有规定的，公安机关不承担赔偿责任。

三、治安行政赔偿义务机关

赔偿请求人要求国家赔偿应当先向赔偿义务机关提出，也可以在申请复议和提起诉讼时一并提出。赔偿义务机关应当在收到赔偿申请之日起两个月内依法给予赔偿，逾期不予赔偿或者赔偿请求人对赔偿数额有异议的，赔偿请求人可以在期间届满之日起3个月内向人民法院提起诉讼。赔偿义务机关的确定有以下几种情形：

第一，公安机关及其人民警察在查处治安案件活动中，行使治安管理职权而侵犯公民、法人或者其他组织的合法权益，造成损害的，公安机关是赔偿义务机关。

第二，复议机关维持原决定而侵犯公民、法人或者其他组织的合法权益的，原决定机关是赔偿义务机关。

第三，复议机关的复议决定，加重损害的，复议机关对加重的部分履行赔偿义务。

第四，因不履行法定治安管理职责，造成公民人身权和财产权损害的，不履行法定职责的公安机关是赔偿机关。

公安机关的人民警察不是治安行政赔偿义务人。但是，人民警察在执法过程中，有故意或重大过失的，公安机关可以向其工作人员追偿，即要求违法执法的人民警察承担部分或全部赔偿费用。

四、治安行政赔偿方式与标准

(一) 治安行政赔偿方式

治安行政赔偿方式，是指公安机关承担治安行政赔偿责任的方法和形式。根据我国现行法律、法规的规定，治安行政赔偿的方式有以下几种：

1. 支付赔偿金，即以支付货币的形式给予受害人适当数额的赔偿。这是国家赔偿的主要方式。

2. 返还财产，即赔偿义务机关将违法行使治安行政强制措施和违法治安管理处罚所侵占的公民的财产、钱物（例如，违法罚款，非法收缴、追缴，非法扣押、划拨等）返还给受害人。如果财物灭失的，应当通过折算或估价支付赔偿金。

3. 恢复原状，即公安机关按照受害人的意愿和要求，将因违法行使治安强制权所冻结、查封和损害的财物予以解除或修复，恢复采取强制措施以前的状态。

(二) 治安行政赔偿的标准

1. 对侵犯人身自由权的赔偿标准。公安机关因违法采用留置、非法拘禁、违法传唤和非法拘留等侵犯公民人身自由的，每日的赔偿金按照国家上年度职工日平均工资计算，予以赔偿。

2. 侵犯健康权和生命权的赔偿标准。

(1) 造成公民身体伤害的，应当支付医疗费和赔偿因误工减少的收入。因误工减少的收入的赔偿金按照国家上年度职工日平均工资计算，最高额为国家上年度职工年平均工资的5倍。

(2) 造成部分或者全部丧失劳动能力的，应当支付医疗费以及残疾赔偿金。残疾赔偿金根据丧失劳动能力的程度确定。部分丧失劳动能力的，最高额为国家上年度职工年平均工资的10倍。全部丧失劳动能力的，为国家上年度职工年平均工资的20倍。造成全部丧失劳动能力的，对其扶养和赡养的无劳动能力的人，还应当支付生活费，对未成年人给付到18岁，对其他无劳动能力的给付到死亡为止。

（3）造成死亡的，应当支付死亡赔偿金、丧葬费，总额为国家上年度职工年平均工资的20倍。对其生前扶养和赡养的无劳动能力的人，还应当支付生活费，对未成年人给付到18岁，对其他无劳动能力的给付到死亡为止。

3. 侵犯财产权的赔偿标准。

（1）能够返还和恢复原状的财产，应当及时采取返还财产和恢复原状的赔偿方式。

（2）财产发生灭失或者无法修复的，通过折算或估价支付一定的赔偿金，如果就赔偿金额发生争议的，通过物价部门估算。

（3）已经被拍卖的财产，给付拍卖所得的价款。

（4）给公民的财产权造成其他损害的，按照直接损失给予赔偿。

第四节　治安行政执法监督

《治安管理处罚法》第112条规定：“公安机关及其人民警察应当依法、公正、严格、高效办理治安案件，文明执法，不得徇私舞弊。”《治安管理处罚法》第113条规定：“公安机关及其人民警察办理治安案件，禁止对违反治安管理行为人打骂、虐待或者侮辱。”治安管理处罚法对公安机关客观、公正、文明办理治安案件作了明确要求，同时也规定了比较完善的监督机制和措施。例如，《治安管理处罚法》第114条规定：“公安机关及其人民警察办理治安案件，应当自觉接受社会和公民的监督。公安机关及其人民警察办理治安案件，不严格执法或者有违法违纪行为的，任何单位和个人都有权向公安机关或者人民检察院、行政监察机关检举、控告；收到检举、控告的机关，应当依据职责及时处理。”除此之外，我国还颁布了一系列法律、法规和部门规章，加强对公安机关治安行政执法的监督。例如，《人民警察法》、《公安机关督察条例》、《公安机关内部执法监督工作规定》和《公安机关人民警察执法过错责任追究规定》等，这些法律、法规和规章的颁布构成了比较完整的治安行政执法监督体系，形成了监督执法办案为重点，以内部监督为主，内外监督相结合的治安行政执法监督机制，对保证治安行政机关依法办事，依法行政起到了积极作用。

一、治安行政执法监督的含义

监督，从文字上理解是指监察和督促。一般来说，监督有狭义和广义两种。狭义上的监督，是指行政机关依照国家法律、法规以及各种规章制度对其所属机构和工作人员所进行的监察和督促，也就是通常所说的行政监督。广义上的监督包括党组织监督、国家权力机关监督、专门行政监督机关监督、司法机关监督、人民政协监督、人民团体监督、社会监督、公民的监督等。治安行政执法监督具有以下特点：

（一）主体多样

在治安行政执法监督众多的主体中，虽然强调公安机关内部监督的重要性和特殊作用，但国家权力机关、行政监察机关、检察机关以及社会各界、公民等主体依法进行的监督也非常重要，各个监督主体在进行监督活动时各自依照法律、法规分别独立行使监督权，表现出分散、独立的特点。但从监督内容、监督形式、监督处理、监督整体效益上看，目标是一致的，监督工作中的各个环节、监督管辖等紧密联系，在宏观上形成了一个完整的国家监督体系。

(二) 监督严格

公安机关及其人民警察在治安行政管理活动中，享有广泛的权力，甚至可以直接限制公民的自由权。如不对公安机关及其人民警察的权力加以严格的监督，就有可能出现警察权力的滥用，损害公民的合法权利。所以，对治安行政执法监督标准要严于其他部门。

(三) 内容广泛

治安行政执法监督的客体，包括公安机关和公安机关的人民警察及其治安行政执法活动，监督的内容包括各级公安机关及其人民警察的职责、权限和执法行为。除了对公安机关在查处治安案件过程当中从受理、调查、决定到执行实施全面监督外，在非执行职务期间，同样也受法律的监督，例如，根据《人民警察法》第 19 条的规定，人民警察在非工作时间，遇有其职责范围内的紧急情况，应当履行职责。而维护社会治安和保护人民群众的生命财产安全正是公安机关及其人民警察的神圣职责。

二、治安行政执法监督的意义

加强治安行政执法监督，对于维护社会治安的稳定和保障人权，促进公安机关公正、文明、严格执法具有重要意义。

(一) 治安行政执法监督是实施各项治安管理法律、法规的保证

国家社会主义监督制度的一个重要特点，就是它对于法律、制度、纪律、政策的执行情况有制约力。治安行政执法监督是这种制约制度的一部分，在保证国家治安管理法律、法规的实施中起着重要作用。

（二）治安行政执法监督对促进社会政治生活的健康、稳定发展有重要作用

人民警察是人民民主专政政权的重要工具之一，是武装性质的国家治安行政力量，在保证宪法的实施，保障公民的合法权益不受侵害，预防、打击各种犯罪活动，维护国家政治稳定和社会稳定中负有重要责任，只有加强治安行政执法监督，才能树立人民警察全心全意为人民服务的公仆形象，密切党和政府与人民的关系。

（三）治安行政执法监督可以遏止警察权力的滥用

治安行政执法监督可以使公安机关的权力受到监督，防止和纠正公安机关在治安管理过程当中的违法和不当行政行为，防止滥用治安管理处罚权和治安强制措施权，防止公安机关及其人民警察的失职行为和越权行为。有利于公安机关及其人民警察增强法制观念，严格依法办事，促进社会主义法治的进程。

（四）治安行政执法监督是加强治安行政工作和建设高素质人民警察队伍的保证

治安行政机关担负着维护社会治安秩序和政治稳定，服务群众的艰巨任务，为完成这些任务必须有一支强大的、高素质的人民警察队伍。加强治安行政执法监督是提高治安行政执法水平和队伍素质的必要保证，只有坚持不断地加强治安行政执法监督，不断使监督法制化，才能保证人民警察革命化、正规化、现代化建设得以快速发展，树立人民警察的良好形象，提高人民警察的良好素质。

（五）加强治安行政执法监督，可以使公安机关克服官僚主义作风，提高工作效率

官僚主义在我国行政管理中仍然是一个突出的问题，它严重损害政府的形象和威信，损害了群众对公安机关的信任和感情，甚至激化社会矛盾。把公安机关和人民警察置于人民群众和有关

部门的监督之下，把治安行政执法公开化和透明化，可以督促公安机关在治安案件查处和行政执法过程中，公正、依法、文明、合理办事，克服官僚主义现象，提高工作效率。

三、治安行政执法监督的内容

治安行政执法监督主体的广泛性决定了其监督内容的广泛性。《人民警察法》第 43 条规定："人民警察的上级机关对下级机关的执法活动进行监督，发现其作出的处理或者决定有错误的，应当予以撤销或者变更"。《人民警察法》第 47 条规定："公安机关建立督察制度，对公安机关的人民警察执行法律、法规、遵守纪律的情况进行监督。"治安行政执法监督主要是对公安机关及其人民警察在治安案件查处过程中对执行法律、法规和遵守法律情况进行监督。根据《治安管理处罚法》第 116 条的规定，人民警察办理治安案件，有下列行为之一的，依法给予行政处分；构成犯罪的，依法追究刑事责任：

1. 刑讯逼供、体罚、虐待、侮辱他人的。

2. 超过询问查证的时间限制人身自由的。

3. 不执行罚款决定与罚款收缴分离制度或者不按规定将罚没的财物上缴国库或者依法处理的。

4. 私分、侵占、挪用、故意损毁收缴、扣押的财物的。

5. 违反规定使用或者不及时返还被侵害人财物的。

6. 违反规定不及时退还保证金的。

7. 利用职务上的便利收受他人财物或者谋取其他利益的。

8. 当场收缴罚款不出具罚款收据或者不如实填写罚款数额的。

9. 接到要求制止违反治安管理行为的报警后，不及时出警的。

10. 在查处违反治安管理活动时，为违法犯罪行为人通风报信的。

11. 有徇私舞弊、滥用职权，不依法履行法定职责的其他情形的。

办理治安案件的公安机关及其人民警察有上述所列行为的，对直接负责的主管人员和其他直接责任人员给予相应的行政处分。《治安管理处罚法》第117条规定："公安机关及其人民警察违法行使职权，侵犯公民、法人和其他组织合法权益的，应当赔礼道歉；造成损害的，应当依法承担赔偿责任。"

四、治安行政执法的监督机关

治安行政执法监督的形式，根据其监督主体的不同可以分为几种类型：

（一）公安内部执法监督

公安内部执法监督，是指公安机关自身通过一定的程序和方式，对其治安行政执法活动进行监督制约，以有效地保障国家及治安管理法律、法规和规章正确执行。首先，公安内部执法监督从内容上讲属于法律监督的范畴。公安机关作为我国各级人民政府的一个组成部分，有权监督下级公安机关或者本级公安机关所辖业务部门的执法情况。其次，公安内部执法监督从性质上讲是对公安执法活动的一种自我监督制约，即在公安机关内部，上级公安机关基于隶属关系对下级公安机关，或者本级公安机关对所辖业务部门及其人民警察执法行为是否合法、适当所实施的监督。公安机关内部执法监督主体是具有监督权限的上级公安机关或者本级公安机关的专门监督机构，如法制机构、督察机构；监督对象是公安机关及其人民警察的治安行政执法行为，如上级公安机关通过执法质量考评和责任倒查以及治安行政复议来对下级公安机关的治安执法情况进行监督。

（二）专门行政机关监督

专门行政机关监督，是指国家为保证行政监督的实施而建立专门监察机构进行的监督。这种监督是以国家法律、行政法规和规章制度为依据，对行政机关及其工作人员实施客观、公正的监督。目前，我国专门监察机构主要是指国家各级监察机关。监察机关可以依法向公安机关派驻监察员监督公安机关的遵守和执行法律情况，也可以通过受理群众的检举、揭发和申诉，对公安机关和人民警察的执法情况进行调查、处理。

（三）司法监督

司法监督主要包括检察监督和审判监督，其监督权是国家法律规定的。检察机关对公安机关及其人民警察的执法进行监督的主要形式是：一是可以向人民警察所在机关派驻检察员，对人民警察执法情况进行监督。例如，是否存在将犯罪案件降格为治安案件处理的现象。二是人民检察院通过受理对公安机关及对人民警察的控告、检举等途径对公安机关及其人民警察执法情况进行监督。审判监督主要是通过对治安行政诉讼案件的审理来实现对治安行政执法的监督，通过对公安机关在治安案件查处中的具体行政行为进行合法性审查来促进公安机关依法行政。

（四）人民群众监督

人民群众监督是指人民群众对公安机关及其人民警察在治安案件查处中的执法、遵守纪律、为人民服务等方面情况的监督。我国宪法、人民警察法、治安管理处罚法均对人民群众的监督作出了相应的规定。国家法律的这些规定，都是加强和保证人民群众监督公安机关治安行政执法的重要依据。

（五）社会舆论的监督

社会舆论的监督是指国家利用社会公众的议论和意见监督公安机关的治安行政执法活动，通过广播、电视、报刊等途径进行批评和建议来实施的一种社会监督。社会舆论的监督不具有法律效力，但它却能起到其他监督形式不可替代的监督作用。这种社会监督形式对公安机关的执法监督来说更具有重要意义。

思考题：

1. 什么是治安行政复议？治安行政复议的范围有哪些？
2. 治安行政复议决定的类型有哪些？
3. 提起治安行政诉讼的条件是什么？
4. 什么是治安行政赔偿，治安行政赔偿的范围有哪些？
5. 什么是治安行政执法监督，有何法律特点？

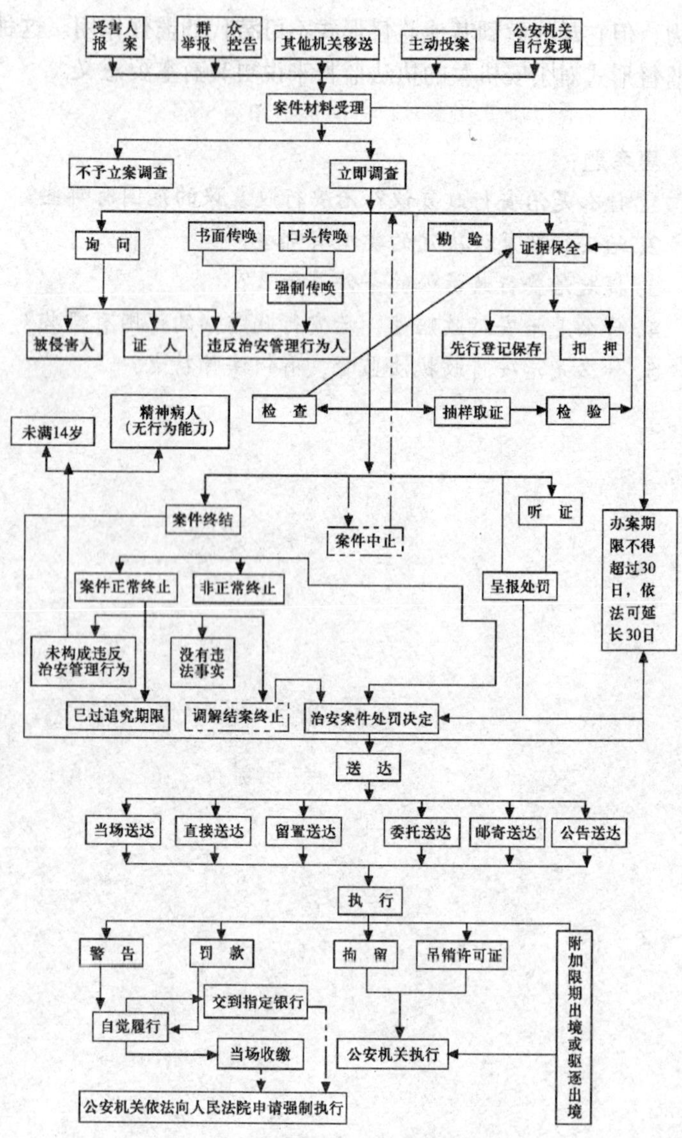

公安机关办理治安行政案件流程图

以上流程图是根据《治安管理处罚法》与现行《公安机关办理行政案件程序规定》以及办案实践绘制的。本流程图中，公安机关办理治安行政处罚案件有期限要求的，请依法遵守，限于篇幅在此未予列入。

《中华人民共和国治安管理处罚法》治安管理处罚种类搭配表

节名 条文 处罚搭配	第一节 扰乱公共秩序的行为 （第23条至第29条）	第二节 妨碍公共安全的行为 （第30条至第39条）	第三节 侵犯人身权利、财产权利的行为 （第40条至第49条）	第四节 妨碍社会管理的行为 （第50条至第76条）
仅处警告				第58条、第75条
仅处罚款				第53条、第56条、第57条、第58条、第59条、第64条、第75条
仅处拘留	第28条、第29条	第30条、第31条、第33条、第34条第1款、第39条	第44条	第55条、第74条
警告或罚款（单处）	第23条、第24条	第32条、第36条		第50条、第63条
拘留或警告（单处）			第41条、第45条	
拘留或罚款（单处）	第25条	第34条第2款、第35条、第37条、第38条	第42条、第43条、第46条、第48条	第51条、第54条、第62条第2款、第66条、第67条、第68条、第70条、第71条、第72条
拘留可并处罚款	第23条、第24条、第25条、第26条、第27条	第32条、第35条、第37条	第41条、第42条、第47条、第49条	第50条、第51条、第52条、第56条、第57条、第65条、第67条、第68条、第71条、第72条
拘留必并处罚款		第38条	第40条、第43条、第46条	第53条、第54条、第59条、第60条、第61条、第62条第1款、第63条、第64条、第66条、第69条、第70条、第73条
吊销公安机关颁发的许可证		第54条		

警告的条文总数是：10 条（只有第 23 条、第 24 条、第 32 条、第 36 条、第 41 条、第 45 条、第 50 条、第 58 条、第 63 条、第 75 条有警告处罚）。

罚款的条文总数是：43 条（仅有第 28 条、第 29 条、第 30 条、第 31 条、第 33 条、第 39 条、第 44 条、第 45 条、第 55 条、第 74 条没有配置罚款处罚）。

行政拘留的条文总数是：50 条（仅有第 36 条、第 58 条、第 75 条没有配置行政拘留处罚）。

主要参考书目

1. 柯良栋、吴明山主编：《治安管理处罚法释义与实务指南》，中国人民公安大学出版社 2005 年版。

2. 王宏君主编：《治安管理处罚法教程》，群众出版社 2005 年版。

3. 国务院法制办公室政法司编著：《〈中华人民共和国治安管理处罚法〉执法必备》，法律出版社 2005 年版。

4. 国务院法制办公室政法司编著：《〈中华人民共和国治安管理处罚法〉公民必读》，法律出版社 2005 年版。

5. 杨景宇、李飞主编：《中华人民共和国治安管理处罚法释义》，中国市场出版社 2005 年版。

6. 冯锁柱主编：《中华人民共和国治安管理处罚法释义与实用指南》，中国人民公安大学出版社 2005 年版。

7. 李健和、熊一新主编：《治安案件查处教程》，中国人民公安大学出版社 1997 年版。

8. 李忠信主编：《公安机关办理行政案件程序规定理解与适用》，吉林人民出版社 2003 年版。

9. 管光承：《治安案件查处》，法律出版社 2004 年版。

10. 宋践主编：《治安案件查处教程》，群众出版社 2000 年版。

11. 黄杰、白钢主编：《行政处罚法及配套规定新释新解》，人民法院出版社 2001 年版。

12. 王国庆、陈万虎主编：《〈公安机关办理行政案件程序规定〉实施手册》，吉林人民出版社 2003 年版。

13. 岳光辉、刘轶、黄曦编著：《治安案件查处教程》，群众出版社 2001 年版。

14. 朱平山主编：《治安管理处罚条例教程》，群众出版社 1991 年版。

15. 时庆本、胡冠武主编：《最新治安案件认定、处罚、法律依据、司法解释及办案程序》，群众出版社 2001 年版。

16. 石宗政主编：《治安行政处罚通论》，中国人民公安大学出版社 2002 年版。

17. 邓国良、杨泽万主编：《公安行政执法的理论与实践》，中国人民公安大学出版社 2003 年版。

18. 王仲方主编：《中国社会治安综合治理的理论与实践》，群众出版社 1989 年版。

19. 倪海英主编：《社区警务教程》，中国人民公安大学出版社 2002 年版。

20. 李春华著：《治安管理处罚释论与案例评析》，中国人民公安大学出版社 2002 年版。

21. 杨小君著：《行政处罚研究》，法律出版社 2002 年版。

22. 马怀德主编：《中国行政法》，中国政法大学出版社 1999 年版。

23. 李三宝、祖铁军主编：《罪名适用新解》，中国人民公安大学出版社 2003 年版。

24. 赵秉志主编：《刑法相邻近罪名界定与运用》，吉林人民出版社 2000 年版。

25. 刘家琛主编：《新刑法条文释义》，人民法院出版社 2002 年版。

26. 马长生主编：《新编刑法学》，湖南人民出版社 1998 年版。

27. 高铭暄、马克昌主编：《刑法学》，北京大学出版社、高等教育出版社 2000 年版。